基礎講座
建築環境工学

朴 賛弼・伏見 建 著

B A S I C L E C T U R E

学芸出版社

はじめに

　建築環境は、建築における健康で快適な生活環境を与える重要な要素であります。建築環境工学とは、「自然現象を数値化して、それを客観的に解釈し、工学的手法で解いてゆく学問」といえます。この自然現象を科学的に理解できればもっと正確で繊細な建築計画が可能であります。そして、建築環境工学の知識を持っていればもっと良い建築の設計ができるはずです。

　しかもその専門分野は、建築だけでなく、地球上におけるすべての自然現象にまたがっており、さらに近年、「都市環境」は、わたくしたち人類にとって、見過ごしてはおけない存在になっています。建築環境工学は今まで多くの研究と発展で、細分化と専門化が進み、その難易度はますます大きくなっています。

　本書はこのような難易度を乗り越えるために、専門性の高い内容は排除して、環境工学分野で必ず必要な基礎部分を漏れなくわかりやすくまとめました。

　本書の内容は建築環境と気候の基礎知識を土台にし、建築環境工学で必修項目である「熱」「空気」「光」「音」環境という順序で解説しました。その上に、最近の趨勢である都市環境の重要性から、建築環境工学と都市環境との関連性を述べました。

　本書の特徴は、長年にわたる独自の建築環境工学の講義録や研究論文をベースにし、図版、表、写真を多用してわかりやすく編集しました。また、各章に親しみやすいコラムを入れております。なお、各章の最後には○×形式の練習問題を入れており、読者がどの程度理解しているかを試すことができます。

　いままでの、建築士試験傾向をみると、"合否の「カギ」は、「環境・設備」の分野"であるといっても過言ではありません。この本は建築各分野で活躍する方々や建築専攻分野の学生たちの教科書または参考書であると同時に、「建築士」を目指すためのテキストとしても十分対応できる内容であり、幅広い活用ができるようになっています。

　したがって、本書が建築を志す皆様方にとって、最良の伴侶となることを望みます。

2020 年 6 月　　朴 賛弼・伏見 建

目次

6章　都市環境　169

1章

建築環境

都市の中の建築環境と自然（京都、鴨川）

　環境問題は大きく分けると環境汚染、エネルギーの不足、地殻の変化などがある。このような環境要因が建築に与える影響は大きい。

　外部気候は、それぞれの地域によって異なり、その地域の気候を十分理解した上で、その地域に相応しい建築物を計画しなければならない。

　室内気候は外部気候から影響を受けるが、その要素として、気温、湿度、気流、放射があり、体感温度に大きな影響を与える。本章では建築環境の概要、外部気候や室内気候および室内の快適さを求める方法を学ぶ。

1-1 建築環境の概要

▶ 1　建築と環境

　人が地球で生存して以来、人類の歴史の中で地球環境が大きく変わったのは産業革命以降である。その後、環境破壊は地球生態系を壊し、現在に至っている。

　環境問題は、巨視的には都市の開発による自然生態系の破壊であり、細部的には建物から発生する汚染物である。総合的な環境汚染は全世界で取り上げられた二酸化炭素が主である。今までは無分別な化石エネルギー消費により地球が汚染され、地球の気候が変化し始め、人類の生存まで脅かしている。

　最近、環境問題の解決のひとつとして、車産業では化石燃料から電気に変わろうとしている。たしかにこれは、産業革命以後の大きな変化である。しかし、建築では建築物による環境への配慮はあまり行われていない。むしろ、巨大化する建物と機械の発達によりエネルギーの消費量は増えているのが現実である。建築家が果たす仕事は、建築や都市などを創造することに止まらず、できるだけ化石エネルギーを使わず、季節や自然に対応した自然エネルギーを使いながら環境汚染をさせないような建物をつくることである。

　地球環境汚染に対する世界的問題に対し、自然環境に順応しながら、自然の恵みを最大限に利用する建築計画が必要である。様々な環境問題に対して建築環境分野が果たす役割はとても大きいことを認識するべきである。

▶ 2　風土と建築

　土着の伝統的な建築手法にはその土地の気候や風土が反映される。例えば、寒冷地域では冷気の侵入を防ぎ、室内からの暖気を外へ放出しないようにした。そのためには断熱が重要であり、壁は厚くし、ドアや窓などの開口部の面積をできるだけ小さくした。すなわち、寒さを除くため、密閉型の断熱の建築手法が発達してきた。

　その反面、温暖地域では暑さ対策として開放的な

図 1.1　自然環境をコントロールする伝統民家（岐阜県白川村）

図 1.2　いろり　火を燃やし、暖をとったり煮たきをする。煙による害虫から建物を守る。

建築手法が発達した。外部と内部を遮断するよりも一体化する方法を優先とし、外気をどのように室内に導入するかが重要であった。そのためには厚い壁ではなく、あくまでも外部と室内の**流動的な空間構成**が必要である。あるいは曖昧な仕切りを許しながら室内の快適さを保つことであった。そして、厚い屋根、深い庇、開放的な平面、樹木と庭の配置など通風がよく、日陰の空間をつくる工夫があった。このような風土と建築は地球上における祖先たちの知恵であるが、ある意味では自然のエネルギーを最大限に利用する建築における**環境工学の原点である**（図 1.1 〜 1.3）。

▶3　都市環境と建築

　都市へ集中する人々の住まいや**都市インフラ**は、都市環境悪化の原因となっている。その中で代表的な現象は**ヒートアイランド現象**[*1]である（**図 1.4 〜 1.5**）。

　都市化が進むほど、ヒートアイランド現象も強まり、高温の長時間化や高温域の拡大が起こる。この対策として、建築では自然のエネルギーを最大限に利用する**パッシブ手法**（**図 1.7** 参照）を計画するこ

寒冷地域の土壁曲屋（旧小原家住宅、岩手県）

寒冷地域の密閉型家屋（韓国ソウル）

温暖地域の開放的間取り（出水麓、鹿児島県）

温暖地域の開放型家屋（インドネシアニアス島）

図 1.3　気候や風土が反映された伝統的な建築手法

＊1　**ヒートアイランド（Heat Island）現象**：人工衛星からみると東京などの大都市は赤く島のように浮いて見える。このように温度分布図から作成した気温の等高線が、都市部では島状に形成される現象である。

1章　建築環境

2章　熱環境

3章　空気環境

4章　光環境

5章　音環境

6章　都市環境

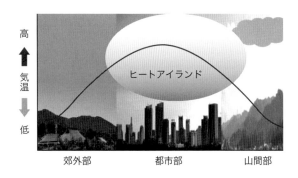

図 1.4　ヒートアイランド現象

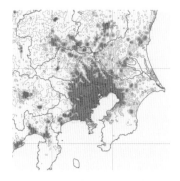

図 1.5　人工衛星からみた東京
赤く島状に見えるのがヒートアイランド現象 (出典：気象庁 HP)

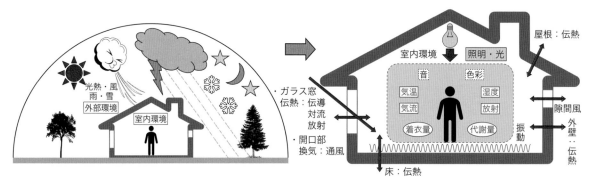

図 1.6　環境と建築

とが挙げられる。その例のひとつとして**屋上緑化**[*2] がある。そして、都市では**グリーンインフラ**[*3] が重要である。単純にいえば、太陽からの赤外線を受けても熱にならないという植物の性質を利用することである。

このような知恵で、我々は環境問題として都市からの地球環境への負荷を削減し、環境に優しい都市づくりを目指すとともに、都市内部の居住環境を改善しなければならない。

▶ 4　建築環境工学と建築設備

建築環境工学は、大きく分けると、建築物を取りまく外部環境と、建築物内部における室内環境の分野を指す。**外部環境**は、自然気候や都市気候環境であり、**室内環境**は、ヒトの生理・心理に関連する（**図 1.6**）。自然のエネルギーを利用しながら科学的で客観的な自然環境を扱う科目が「建築環境工学」である。

建築物は、外部から様々な影響を受けており、有益なものもあれば、過酷なものもある。これらの負荷は、建築および生活環境に影響を与え、さらにはヒトに対する快適性に大きな影響を与える。この影響に対し、機器・機械を使用しながら人工的に最適条件を与えるのが建築設備である。環境工学は、建築意匠、建物形態に与える影響はもちろんのこと、建築設備を考える上で必要不可欠なものである。**表**

＊2　**屋上緑化**：建築物の屋根面や屋上に客土し、植物を植え、緑をつくる手法である。屋根や屋上の表面温度の上昇を抑えることで室内温熱環境を改善する効果があり、ヒートアイランド現象を制御できる。
＊3　**グリーンインフラ**：自然の有する防災や水質浄化などの力を積極的に利用して、施設整備や土地利用を進める手法をグリーンインフラストラクチャー（Green Infrastructure）と呼ぶ。

表 1.1　建築環境工学と建築設備

環境工学の主なジャンル	建築設備	応用となる主な設備項目の例
日照・日射	空調・換気設備	日射熱負荷
	電気設備	照明設備
採光・照明色彩	空調・換気設備	照明による熱負荷
	電気設備	電力設備、照明設備、照度、反射率
室内気候・外部環境	空調・換気設備	熱負荷、温湿度設計条件
	給排水・衛生設備	排水設備、雨水利用
	電気設備	照明設備に関連
換気	空調・換気設備	自然換気、機械換気
熱・結露	空調・換気設備	熱負荷、温湿度設計条件
音響・振動	空調・換気設備	消音・防音装置、防振装置

表 1.2　パッシブ手法の例

パッシブ手法の例	解説
ビニールハウス温室	自然に入射する太陽光で室内を暖める。
ソーラーポンド	大きな塩水などの人工池をつくって周囲を断熱し、太陽熱を蓄熱する方式。低温レベルの熱を大量に蓄積できるのが特徴。
太陽炉ソーラークッカー	太陽光を鏡などで集光し、集光点に加熱対象を置いて暖房や調理などに利用する。

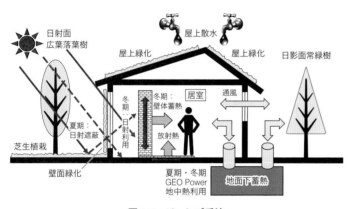

図 1.7　パッシブ手法

壁面緑化（倉敷アイビースクエア）。日本で初めて壁面植栽により、紡績工場の作業環境を改善した例

1.1 は、建築環境工学と建築設備の関わり合いを示したものである。

▶ 5　環境工学の応用手法

建築環境を調節する手法として、パッシブ（自然型）手法とアクティブ（設備型）手法がある。

環境調節ではこの 2 つの方法はなくてはならない手法である。パッシブ手法を優先し、アクティブ手法を補助とすると、省エネ効果が大きいとされ、地球温暖化防止に寄与できる。

（1）パッシブ手法

パッシブ手法とは建物の形態、構造、空間構成、建物の外部構成など各種の設計技法を通じて、**自然**環境が持つ利点を最大に利用することによって、**エネルギーを節約し、室内環境をコントロールする方法である（図 1.7）。パッシブ手法は次のようなものがある（表 1.2）。

① ZEB（Net Zero Energy Building）

年間の一次エネルギー消費量が正味（ネット）でゼロまたは概ねゼロの建物のこと。建物における一次エネルギー消費量を、建物・設備の省エネ性能の向上や、敷地内での再生可能エネルギーの活用等により削減できるようにする。

② ZEH（Net Zero Energy House）

住宅において断熱を強化することによって一次エネルギー消費量が正味ゼロになり、結果的には CO_2 排出量が限りなく**ゼロとなる住宅**のことである。

1章　建築環境

2章　熱環境

3章　空気環境

4章　光環境

5章　音環境

6章　都市環境

(2) アクティブ手法

　アクティブ手法とは、エネルギーを消耗する機械装置を積極的に利用する環境調節の方法であり、外部環境からの負荷を調節しながら、一定の室内環境が提供できるように調節する手法である（図1.8）。

　アクティブ手法では、表1.3に示すような機械設

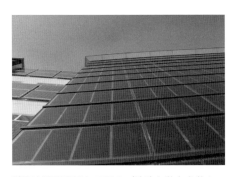

壁面太陽光発電システム（法政大学小金井キャンパス）。ファサードのデザインを太陽光パネルで融合させた例

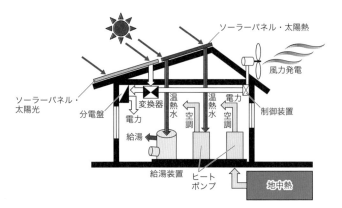

図1.8　アクティブ手法

表1.3　アクティブ手法の例

アクティブ手法の例	解説
太陽光発電	太陽電池を用いて、太陽エネルギーを電力に変換して発電する。
太陽熱発電	集熱器を用いて太陽エネルギーを熱に変換し、熱せられた空気や蒸気によりタービンを回して発電する。
太陽熱利用	集熱器を用いて太陽エネルギーを熱に変換し、加熱した空気や水を暖房や給湯に利用する。太陽熱を直接、炉などに利用する場合もある。それぞれに特徴があり、地域や用途などによって使い分けられる。
太陽熱温水器	加熱した水を暖房や給湯に利用する。
ソーラーヒートポンプ	低沸点の冷媒を蒸発させて動力として利用し、ヒートポンプを駆動して冷暖房などに用いる。
ソーラーウォール	建物の外壁に集熱器を取り付け、暖房や換気などに利用する。構造が単純なのが特徴。
ソーラーハウス	上記のソーラーシステムなどを用いた住宅を指す。パッシブソーラーの場合もある。

表1.4　省エネルギー評価指標

名称	略称	解説
ライフサイクルコスト	LCC	建物の建設から取壊しまでの総費用。消費エネルギー費や、増改築費用を含む。
ライフサイクルエネルギー	LCE	建物の建設から取壊しまでに消費する総エネルギー量。各種材料の製造、輸送等のエネルギーを含む。
ライフサイクルCO_2	$LCCO_2$	建物の建設から取壊しまでに発生するCO_2（二酸化炭素）の総量。地球温暖化関連負荷。
ライフサイクルアセスメント	LCA	資源採掘から、製造、流通、使用・運用、再使用、廃棄に至る環境影響評価。
ライフサイクルマネージメント	LCM	建物のライフサイクルで、各種費用の削減を総合的に検討して、代替案を選択する手法。
ファシリティマネージメント	FM	環境や生産性の向上、コスト削減、資産の有効活用をふまえ、建物の施設管理運営を、ライフサイクルに沿って総合的に運用する手法。
キャスビー	CASBEE	建築物総合環境性能評価システム。ライフサイクルに対して、企画・新築・既存・改修のツールで構成される。
ビー	BEE	建築物の環境・品質に対する外部環境負荷のこと。建築物の環境性能効率。
ベムス	BEMS	省エネルギーを主眼に、コンピューターを使用して総合的に室内環境、機器運用の適正化を図る技法。ビル単体や、広域管理の手法がある。

備を設置することで、**エネルギー費の減少**がみられる。

▶6　省エネルギー評価指標

　室内環境を人為的に調整するために、建築環境と設備は切っても切れないものがある。わたくしたちが、建物で環境の改善や、快適性を追求するための建築設備は、アクティブ手法を駆使して運用されている。建物は、建設当初から取壊しまで、建物が存続する限りエネルギーを消費し、エネルギー費を支出する。当然、建設費ならびに、増・改築費や保守管理のための維持費も必要である。建物が存続する間、運用・管理、コスト等の状況を技術的に解析する各種の省エネルギー評価指標を、**表 1.4** に示す。

▶7　建築環境工学で使用する単位

　単位は数量・数値を扱う上で必要不可欠なものであることはいうまでもない。単位を読み取ることによって定義の内容を読み取ることができる。例えば、〔km/h〕では、"1 時間に何 km 進むか"という意味である。**表 1.5** は、建築環境工学で使用する主な単位を表したものである。

　また、環境工学をはじめ、建築分野ではギリシャ文字が使われるので覚える必要がある（**表 1.6**）。

　現在、単位は**国際単位系（SI）**に統一されている。SI 単位は従来のメートル法を、よりシンプルで合理的なものにするために、1960 年に国際的に決められた（**表 1.7**）。日本では、SI へ切り替えるための猶予期間があり、1999 年ごろからすべて SI 単位を使用することになった。しかし、日常生活においては、伝統的な単位についても完全に無視することはできない。その理由として、単位は文化と密接に関わっていることがいえる。

1章　建築環境

2章　熱環境

3章　空気環境

4章　光環境

5章　音環境

6章　都市環境

Column

環境性能効率（BEE）

　建築環境総合性能評価システム（CASBEE）は、建築物の環境性能を建築物における**環境品質（Q）**と**環境負荷（L）**で評価するものである。これを、建築物の**環境性能効率（BEE）**という。BEE の数値が高いほど建築物の環境性能は高い。

$$\text{建築物の環境性能効率（BEE）} = \frac{\text{環境品質（Q）}}{\text{環境負荷（L）}}$$

　この式により、簡潔に建築物の環境性能を評価できる。図に示すように縦軸の環境品質（Q）の値が横軸の環境負荷（L）にプロットされる時、BEE 値の評価結果は原点 (0, 0) と結んだ直線の勾配で表示される。Q の値が高く、L の値が低いほど勾配が大きくなり、より**サステナブルな建築物**と評価できる。この手法では、傾きに従って分割される領域に基づいて、建築物の環境評価結果をランキングすることが可能になる。これを**環境ラベリング（格付け）**といい、S（大変優れている）、A、B⁺、B⁻、C ランク（劣っている）の 5 段階でランキングされる。

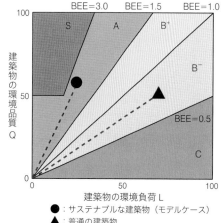

● サステナブルな建築物（モデルケース）
▲ 普通の建築物

環境性能効率（ BEE ）に基づく環境ラベリングによる評価

表 1.5　建築環境工学の単位

a. 基礎単位（物理・熱）

	記号	SI 単位	解説	従来単位	換算
比重量密度	ρ	kg/m³	容積1m³当たりの重量 水：1,000kg/m³ 空気：1.2kg/m³	kgf/m³	1kgf/m³ = 9.8N/m³
圧力	P	Pa	98kPa ≒ 0.1MPa （圧力1キロ=1kgf/cm² ≒ 0.1MPa）	kgf/m² kgf/cm² mmAq mmHg mb	1kgf/m² = 9.8Pa 1mmAq = 1kgf/cm² = 98kPa 1mb = 100Pa = 1hPa 1mmHg = 13.59kgf/m² ≒ 133.15Pa
比熱	C	kJ/(kg・K)	物質を1℃（または1K）上昇させるのに要する熱量	kcal/(kgf・℃)	1kcal/(kgf・℃) = 4.186kJ/kg・K ≒ 4.2kJ/(kg・K)
熱量	Q	J	物体間を伝わる熱	kcal	1kcal = 4.186kJ ≒ 4.2kJ
熱流	q	W	物体を通る熱量 $q = A \times K \times \Delta t$	kcal/h	1kcal/h = 1.163W または、 1kW = 860kcal/h
熱貫流率 熱伝達率	K α	W/(m²・K)	建築躯体等における熱の通りやすさを示す度合	kcal/(m²・h・℃)	1kcal/(m²・h・℃) = 1.163W/(m²・K)
熱貫流抵抗 熱伝達抵抗	R r	m²・K/W	建築躯体等における熱の通りにくさを示す度合 熱貫流率の逆数	m²・h・℃/kcal	1m²・h・℃/kcal = 0.86 m²・K/W
熱伝導率	λ	W/(m・K)	建築材料等における熱の通りやすさを示す度合	kcal/(m・h・℃)	1kcal/(m・h・℃) = 1.163W/(m・K)
熱伝導抵抗	$1/\lambda$	m²・K/W	建築材料等における熱の通りにくさを示す度合 熱伝導率の逆数	m²・h・℃/kcal	1m²・h・℃/kcal = 0.86 m²・K/W
比エンタルピー	h	kJ/kg(DA)	空気の持つ全熱量 =顕熱量＋潜熱量	kcal/kgf	1kcal/kgf = 4.186kJ/kg

b. 音・振動の単位

項目	記号	単位	解説
音速	C	m/s	音の速さ C ≒ 340m/s
高さ	F	Hz、c/s	音の高さ
強さ	I	W/m²	
大きさ	L	dB	騒音レベル
	L	dB(A)	A特性、騒音レベル
	L	phon	1,000Hz のとき、純音
出力	W	W	音響出力
音圧	P	Pa	

c. 光・照明の単位

項目	記号	単位	解説
光束	ϕ	lm、cd・sr	光の量
光度	I	cd	光の強さ
照度	E	lx、lm/m²	照射面の明るさ
輝度	L	cd/m²	発光面の輝き

表 1.6　ギリシャ文字

大文字	小文字	呼び方	大文字	小文字	呼び方	大文字	小文字	呼び方
A	α	アルファ	I	ι	イオタ	P	ρ	ロー
B	β	ベータ	K	κ	カッパ	Σ	σ	シグマ
Γ	γ	ガンマ	Λ	λ	ラムダ	T	τ	タウ
Δ	δ	デルタ	M	μ	ミュー	Υ	υ	ユプシロン
E	ε	イプシロン	N	ν	ニュー	Φ	ϕ	ファイ
Z	ζ	ジータ	Ξ	ξ	クサイ	X	χ	カイ
H	η	イータ	O	o	オミクロン	Ψ	ψ	プサイ
Θ	θ	シータ	Π	π	パイ	Ω	ω	オメガ

1章 建築環境
2章 熱環境
3章 空気環境
4章 光環境
5章 音環境
6章 都市環境

表 1.7　SI 単位

SI 単位の基本

内容	記号	呼称
長さ	m	メートル
質量	kg	キログラム
時間	s	秒
電流	A	アンペア
温度	K	ケルビン
物質量	mol	モル
光度	cd	カンデラ

SI 単位と共用単位

名称	記号	呼称
分	min	$1\text{min} = 60\text{s}$
時	h	$1\text{h} = 60\text{min} = 3{,}600\text{s}$
日	d	$1\text{d} = 24\text{h} = 1{,}440\text{min} = 86{,}400\text{s}$
度	°	$1° = (\pi/180)\,\text{rad}$
分	'	$1' = (1/60)° = (\pi/10{,}800)\,\text{rad}$
秒	"	$1" = (1/60)' = (\pi/648{,}000)\,\text{rad}$
リットル	ℓ	$1\ell = 10^{-3}\text{m}^3$
トン	t	$1\text{t} = 10^3\text{kg}$

SI 単位で用いる接頭語

量	記号	呼称
10^{12}	T	テラ
10^9	G	ギガ
10^6	M	メガ
10^3	k	キロ
10^2	h	ヘクト
10^1	da	デカ
10^{-1}	d	デシ
10^{-2}	c	センチ
10^{-3}	m	ミリ
10^{-6}	μ	マイクロ
10^{-9}	n	ナノ
10^{-12}	p	ピコ

Column

建築とサーモグラフィー

　サーモグラフィー（thermography）は、物体から放射される赤外線を分析し、熱分布を画像として行う装置である。赤外線は絶対零度（－273.15℃）以上のすべての物質から放射されるエネルギーである。絶対温度の 4 乗に比例して赤外線放射量が増えるため、温度が高ければ高いほど放射される赤外線は強くなり、対象の温度変化を赤外線量の変化として可視化することが可能である。医療、軍事的に利用されているが、建築分野でも広く使えるようになった。

　建築ではサーモグラフィーの**画像の温度差**を利用して、熱橋現象、結露現象を調べることができる。また、外壁の中の雨漏りの経路の調査、断熱不良部分の調査、木造建築物の壁の内部に設けられた筋かいの有無の調査にも使われている。さらに、ヒートアイランドの原因となる都市の温熱環境の研究など応用範囲は広い。

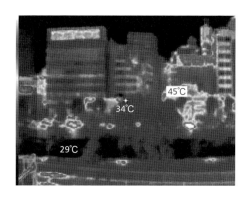

　図は 2018 年夏の東京都心である外濠の丘から外濠の水面と建物をみるサーモグラフィの様子である。丘の下には JR 中央線、総武線が走っている。日射が当たるところ（建物、電柱・電線など）は温度が高く、日影や樹木、水面は低くなっていることが読み取れる。

1-2 外部気候

▶ 1 気候

(1) 気象と気候

「気象」と「気候」は似たような意味を持つ部分があり、混同される場合もある。**気象**（weather）は、気温、湿度、気圧、雨、雲、雪、風など**刻一刻変化**する**大気の状態**を意味する。広い意味では大気の中で生じる様々な現象全般を指し、短期間の大気の総合的な状態を予測することを天気予報または気象予報という。

気候（climate）とは、それぞれの地域に固有な**長期**における**大気の現象**を総合したものを意味する。大気中に起こる様々な現象を個別に分類して考えるのではなく、全体として見る。

例）東京の気候は「夏は蒸し暑く、冬は肌寒い」。沖縄の気候は「夏は蒸し暑く、冬は暖かい」。

(2) 建築と気候

建築物は、建設される地域によって様々な環境負荷にさらされる。建設される地域の特性として、その地域の年間を通じての気温・湿度・降水量・風など自然環境を知る必要がある。**表 1.8** は、国内各地の気象を記したものである。また、外部環境の**温度**と**湿度**の月別表現として、**図 1.9** に示す**クリモグラフ**[*1] がある。温度・湿度等、外気の気象条件の変化は**図 1.10** のように日変化と年変化がある。

一概に間違いではないにしても、日本列島は南北に長く（北緯 45° ～北緯 25°）、夏の平均気温差が約

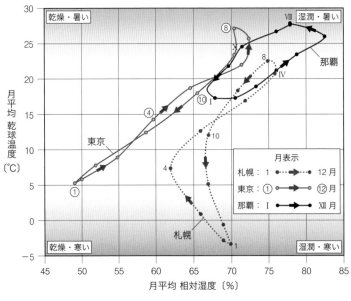

東京のようにグラフが右上がりになる地域においては、夏期は高温・高湿で、冬期は低温・低湿になる。

図 1.9　クリモグラフ　統計期間：1981 ～ 2010（出典：気象庁データ、国立天文台『理科年表』丸善を参考に作成）

＊1　**クリモグラフ**（Climo Graph）：縦軸に乾球温度(気温)、横軸に相対湿度をとり、毎月の平均値を記入し、月の順に直線で結んだ閉多角形の図である（**図 1.9**）。各地域の気候の特性がよく表される。

16

6℃ に対し、冬は約 21℃ の温度差があることを認識する必要がある。**図1.11**のように、気温の差を考慮しなくてはならない。

▶ 2 気温

気温とは、地表面上 1.2 〜 2.0m の高さで測った大気の温度を表したものである。最高気温と最低気温の差を気温較差という。

(1) 気温較差

①日較差

1 日の最高気温と最低気温との差を日較差という。

日較差は、晴天の日より、曇りや雨の日の方が小さい。また、沿海部では小さく、内陸部では大きい。これは海の熱容量が大きいからである。

例）2016 年の東京の 11 月 7 日の最低気温は 9℃ で、最高気温は 16℃ である。この場合、日較差は 7℃ である。

$$16℃ - 9℃ = 7℃$$

②年較差

1 年間の月別平均の最高気温と最低気温との差を年較差という。緯度が低い地域ほど小さく、緯度が高い地域ほど大きい（**図1.11** 参照）。

沿海部では小さく、内陸部では大きい。赤道付近

表1.8　札幌・東京・那覇の気候　統計期間：1981 〜 2010

札幌　43°3.6' N・141°19.7' E

	1月	2月	3月	4月	5月	6月	7月	8月	9月	10月	11月	12月	全年
最高気温（℃）	− 0.6	0.1	4.0	11.5	17.3	21.5	24.9	26.4	22.4	16.2	8.5	2.1	12.9
平均気温（℃）	− 3.6	− 3.1	0.6	7.1	12.4	16.7	20.5	22.3	18.1	11.8	4.9	− 0.9	8.9
最低気温（℃）	− 7.0	− 6.6	− 2.9	3.2	8.3	12.9	17.3	19.1	14.2	7.5	1.3	− 4.1	5.3
相対湿度（%）	70	69	66	62	66	72	76	75	71	67	67	69	69
降水量(mm)	113.6	94.0	77.8	56.8	53.1	46.8	81.0	123.8	135.2	108.7	104.1	111.7	1,106.6
風速 (m/s)	3.5	3.4	3.8	4.5	4.6	3.9	3.8	3.8	3.3	3.4	3.6	3.3	3.7
最多風向	NW	NW	NW	NW	SE	SE	SE	SE	SE	SSE	SSE	NW	SE

東京　35°41.4' N・139°45.6' E

	1月	2月	3月	4月	5月	6月	7月	8月	9月	10月	11月	12月	全年
最高気温（℃）	9.6	10.4	13.6	19.0	22.9	25.5	29.2	30.8	26.9	21.5	16.3	11.9	19.8
平均気温（℃）	5.2	5.7	8.7	13.9	18.2	21.4	25.0	26.4	22.8	17.5	12.1	7.6	15.4
最低気温（℃）	0.9	1.7	4.4	9.4	14.0	18.0	21.8	23.0	19.7	14.2	8.3	3.5	11.6
相対湿度（%）	49	50	55	60	65	72	73	71	71	66	59	52	62
降水量(mm)	52.3	56.1	117.5	124.5	137.8	167.7	153.5	168.2	209.9	197.8	92.5	51	1,528.8
風速 (m/s)	2.7	3.1	3.2	3.2	3.0	2.8	3.3	3.0	2.6	2.6	2.5	2.7	2.9
最多風向	NNW	NNW	NNW	NNW	SW	SW	SW	SW	NNW	NNW	NNW	NNW	NNW

那覇　26°12.4' N・127°41.1' E

	1月	2月	3月	4月	5月	6月	7月	8月	9月	10月	11月	12月	全年
最高気温（℃）	19.5	19.8	21.7	24.1	26.7	29.4	31.8	31.5	30.4	27.9	24.6	21.2	25.7
平均気温（℃）	17.0	17.1	18.9	21.4	24.0	26.8	28.9	28.7	27.6	25.2	22.1	18.7	23.0
最低気温（℃）	14.6	14.8	16.5	19.0	21.8	24.8	26.8	26.6	25.5	23.1	19.9	16.3	20.8
相対湿度（%）	67	70	73	76	79	83	78	78	76	71	69	66	74
降水量(mm)	107	119.7	161.4	165.7	231.6	247.2	141.4	240.5	260.5	152.9	110.2	102.8	2,040.9
風速 (m/s)	5.4	5.3	5.2	5.1	5.0	5.4	5.3	5.2	5.4	5.4	5.5	5.2	5.3
最多風向	NNE	N	N	ESE	E	SSW	SE	SE	ESE	NNE	NNE	NNE	NNE

（出典：気象庁データ、国立天文台『理科年表』丸善を参考に作成）

1章 建築環境

2章 熱環境

3章 空気環境

4章 光環境

5章 音環境

6章 都市環境

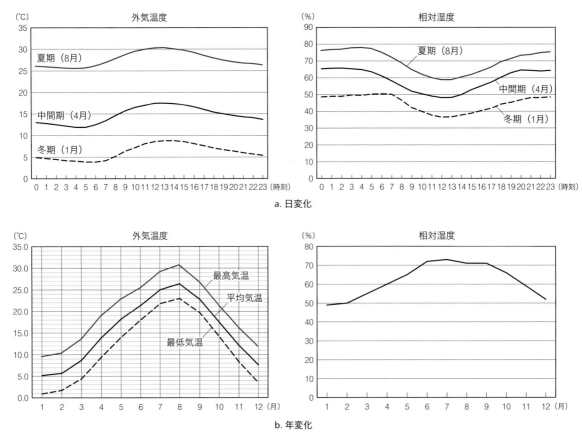

a. 日変化

b. 年変化

図 1.10　東京の温度と湿度の変化 (出典：気象庁データを参考に作成)

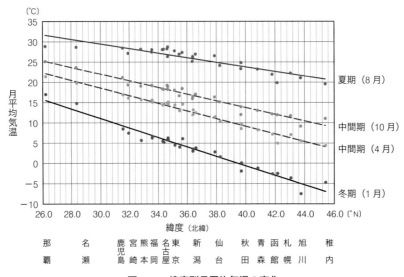

図 1.11　緯度別月平均気温の変化

統計期間：1981 ～ 2010 (出典：気象庁データ、国立天文台『理科年表』丸善を参考に作成)

1章 建築環境
2章 熱環境
3章 空気環境
4章 光環境
5章 音環境
6章 都市環境

表 1.9　気温較差の比較

	沿海部	内陸部	低緯度	高緯度	晴天の日	雲・雨の日
日較差	小さい	大きい	小さい	大きい	大きい	小さい
年較差	小さい	大きい	小さい	大きい		

では極めて小さい。日較差と年較差の気温較差の特徴を**表 1.9** に示す。

例) 2015 年の東京の年間の平均最高気温は 8 月の 26.4℃、平均最低気温は 1 月の 5.2℃ である。この場合の年較差は 21.2℃ である。

$$26.4\,℃ - 5.2\,℃ = 21.2\,℃$$

(2) 温度の測定

①セ氏温度（摂氏温度〔℃〕）

1 気圧での水の氷点を 0 度、沸点を 100 度とし、その間を 100 等分して定めた温度である。水の沸点はセ氏 99.974 度となる。

②カ氏温度（華氏温度〔℉〕）

1 気圧での水の氷点を 32 度、沸点を 212 度とし、その間を 180 等分して定めた温度である。カ氏温度はケルビンの 1.8 分の 1 であり、セ氏温度をカ氏温度で表すとセ氏温度の値の 1.8 $\left(\dfrac{9}{5}\right)$ 倍に氷点 32 度を加えたものとなる。

セ氏温度との関係は　$℉ = \dfrac{9}{5} \times ℃ + 32$

$$℃ = \dfrac{5}{9} \times (℉ - 32)$$

例) セ氏温度 20℃ の場合、カ氏温度 ℉ は？

$$\dfrac{9}{5} \times 20 + 32 = 68\,℉$$

カ氏温度 68 ℉ の場合、セ氏温度 ℃ は？

$$\dfrac{5}{9} \times (68 - 32) = 20\,℃$$

③絶対温度（ケルビン温度〔K〕）

物質に関係なく**熱力学の法則**により定義された温度。

セ氏〔℃〕と絶対温度〔K〕の関係は次の通りである。

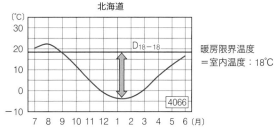

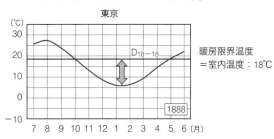

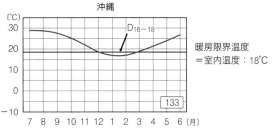

図 1.12　暖房デグリーデー

（出典：国土交通省「次世代省エネルギー基準の地域区分」を参考に作成）

$0K = -273.15℃$、

$0℃ = +273.15K$

「温度差」では $1℃ = 1K$ である。

例) 25℃ は、何 K ？

$$25 + 273.15K = 298.15K$$

(3) デグリーデー（度日）

デグリーデーは暖房や冷房に必要な熱量を計算し、経費を見積もるために用いる。日平均気温が基準の温度を超えた分のみを、その期間にわたって合算した積算温度である。その値が大きいほど冷暖房に必要な熱量（エネルギー）が大きくなる。

表 1.10　各地域の暖房デグリーデー

地域	番号	県名	$D_{18\text{-}18}$	地域	番号	県名	$D_{18\text{-}18}$	地域	番号	県名	$D_{18\text{-}18}$
I	1	北海道	4066	IV	17	石川	2066		33	岡山	1913
	2	青森	3167		18	福井	2114		34	広島	1827
II	3	岩手	3066		19	山梨	2257		35	山口	1739
	5	秋田	2989	III	20	長野	2811		36	徳島	1612
	4	宮城	2648		21	岐阜	2052		37	香川	1712
III	6	山形	2832		22	静岡	1535	IV	38	愛媛	1581
	7	福島	2561		23	愛知	1811		39	高知	1478
IV	8	茨城	2048		24	三重	1778		40	福岡	1589
III	9	栃木	2273		25	滋賀	2032		41	佐賀	1615
	10	群馬	2163	IV	26	京都	2114		42	長崎	1462
	11	埼玉	1998		27	大阪	1708		43	熊本	1586
IV	12	千葉	1830		28	兵庫	1786		44	大分	1677
	13	東京	1888		29	奈良	1910	V	45	宮崎	1363
	14	神奈川	1815		30	和歌山	1566		46	鹿児島	1274
III	15	新潟	2412		31	鳥取	1975	VI	47	沖縄	133
IV	16	富山	2211		32	島根	1968	全国	（約）		2000

（出典：国土交通省「次世代省エネルギー基準の地域区分」を参考に作成）

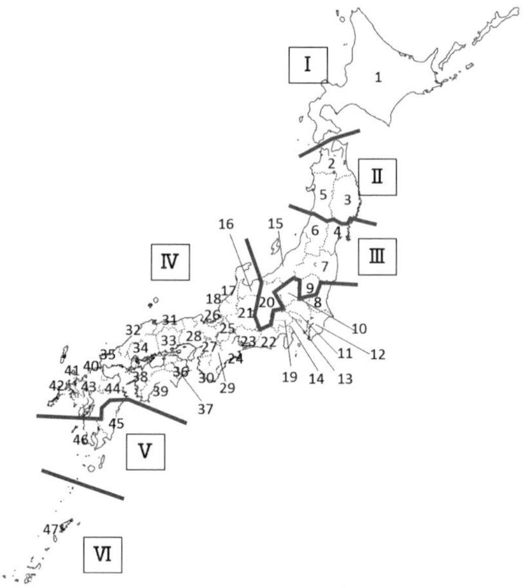

図 1.13　暖房デグリーデー

（出典：国土交通省「次世代省エネルギー基準の地域区分」を参考に作成）

　なお、デグリーデーの単位は〔℃・day〕、〔℃・日〕である。

①暖房デグリーデー

　暖房基準温度（18℃）と日平均外気温との差に日数をかけて合数した値（図 1.12、1.13、表 1.10）。ある地方の暖房度日がわかれば、その地方がどのくらい寒いかを知ることができ、暖房の燃料、暖房設備の規模などがわかる。　例えば、$D_{18\text{-}18}$ は 18℃ を基準とし、外気温が 0℃ の日が冬期中 30 日、−2℃ の日が 20 日としたら 18℃×30 日＋20℃×20 日＝940 ℃・日となる。このような計算方式で 18℃ 以下のすべての日を合算したのが**年間暖房度日**という考え方である。

②冷房デグリーデー

　日平均外気温が 24℃ 以上になると冷房を行うものと仮定し、24℃ 以上の平年の初日と終日をとって冷房期間とする。

　例えば、$D_{24\text{-}24}$ は 24℃ を基準とし、外気温が 33 ℃ の日が、夏期中 10 日、30℃ の日が 20 日としたら 9℃×10 日＋6℃×20 日＝210℃・日となる。この

ような計算方式で 24℃ 以上のすべての日を合算したのが、年間冷房度日という考え方である。

▶ 3　湿度

（1）絶対湿度と相対湿度

①絶対湿度

　絶対湿度とは、水蒸気の重量により表示するもので、図 1.14 のように 1kg の乾き空気と共存する水蒸気量〔kg/kg（DA）〕、〔kg/kg'〕で表す。DA とは Dry Air（乾き空気）のことである。

②相対湿度

　相対湿度とは、ある程度の空気中に含むことのできる水蒸気の最大分圧（飽和水蒸気圧）に対する、実際に含まれている水蒸気の分圧（水蒸気圧）の割合〔％〕を表すものである。

$$\text{相対湿度 RH} = \frac{\text{湿り空気の分圧 } h}{\text{飽和空気の分圧 } h_0} \times 100 \ 〔\%〕$$

　夏では湿度が 70 〜 80％以上なら蒸し暑く、冬は 30％以下ならうすら寒く喉が痛いと感じるが、普段は 50％前後が快適とされる。

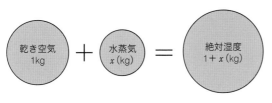

図 1.14　絶対湿度

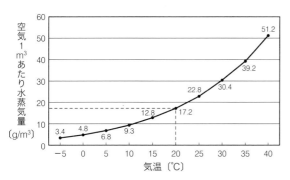

図 1.15　飽和状態時の水蒸気量

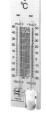

アスマン乾湿計　　　　一般的な乾湿計

乾球温度や湿球温度を同時に測定する温湿度計である。
2個の温度計からなり、右側は水で球部を常に湿らせ、湿球
温度を計り、左側は普通の温度（乾球温度）を計る。
　湿球温度は球部で水の蒸発で熱を奪うため、乾球温度より
も通常は低い値を示す。しかし気温が氷点下時は、湿球
が薄い氷の層で覆われるため、乾球よりも高い温度を示す
ことがある。

図 1.16　乾湿温度計（乾湿計）

③飽和状態

　大気中には、一定容量の水蒸気が必ず含まれており、冷却し続けてその限界以上になると凝結した水になる。これを飽和状態といい、温度と湿度によって異なる。

　図 1.15 は飽和水蒸気量で、その温度で空気中に含むことができる最大の水蒸気量（水分量）である。例えば、20℃ で湿度が 100% であれば、1m³ 当たり 17.2g（＝ 0.0172kg/kg（DA））の水蒸気（水分量）が含まれることになる。

（2）湿り空気線図

　乾球温度、湿球温度をもとにして、絶対湿度、相対湿度、露点温度、比エンタルピーなどを記入し、いずれか 2 つの値を定めることで、他の空気の状態値を可視的に求めることができる線図である。

①乾球温度（DB）・湿球温度（WB）

　乾球温度は空気の温度をいい、日常に使う気温である。一方、空気中の水滴から水が蒸発すると、水滴の温度は空気の温度より低くなるが、この時の水滴の温度を湿球温度という。水滴から水が蒸発する速度は空気の湿度に依存するので、乾球と湿球の温度差から空気の湿度を知ることができる。

　相対湿度は図 1.16 のような乾湿温度計を使用して計測する。

②露点温度

　水蒸気を含む空気を冷却した時、凝結が始まる温度をいう。空気線図を利用し気温と相対湿度から水蒸気圧（湿り空気中の水蒸気分圧）を求め、その水蒸気圧を飽和水蒸気圧とする温度を求めることにより得ることができる。相対湿度が 100% の場合は、現在の温度がそのまま露点温度である。

　例えば、図 1.17 の空気線図において、乾球温度が 20℃、相対湿度が 60% の時（A 点）の絶対湿度は C 点になり、0.009kg/kg（DA）となる。この空気を冷却すると、相対湿度 100% である B 点で飽和状態になる。この点を露点温度という。したがって、露点温度は B 点下の D 点 12℃ と読み取ることができる。

③比エンタルピー（kJ/kg（DA））

　空気が持っている熱量を示し、空気が有する内部

1章　建築環境

2章　熱環境

3章　空気環境

4章　光環境

5章　音環境

6章　都市環境

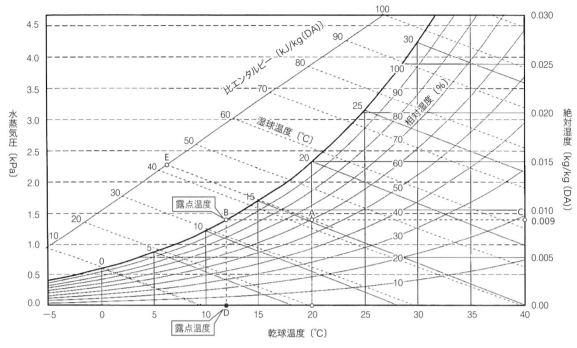

図1.17　空気線図の読み方

エネルギーとその仕事を熱量に換算した値である。等圧条件下で、発熱して外部に熱を出すとエンタルピーが下がり、吸熱して外部より熱を受け取るとエンタルピーが上がる。

1cal[1] = 4.186Joule（ジュール）≒ 4.19Joule、

1Joule[2] = 0.239cal ≒ 0.24cal

図1.17の空気線図において、乾球温度が20℃、相対湿度が60%の時（A点）の比エンタルピー（E点）は約42〔kJ/kg（DA）〕である。

（3）気温と湿度の日変化

相対湿度の日変化は一般に気温と逆の現象になり、日の出前（6時ごろ）に最高湿度、正午過ぎ（14時ごろ）に最低湿度になる（**図1.18**）。

▶ 4　風

（1）風の発生

風は空気の移動によって生じる。地表面において、空気が気圧の高い方から低い方へ流れる時に起こる空気の移動現象である（**図1.19**）。地表は太陽から同じ日射を受けても地表状態によって温度が違い、空気の密度も変わる。その空気の動きが風であり、その密度差が大きいほど風も強まる。

低気圧は強い風で、高気圧は弱い風である。地球では自転により北半球では右の方へ、南半球では左の方へ空気が移動する。

（2）風速

平均風速とは、単位時間内に吹いた風の平均的な速度を意味する。気象庁では10分間の平均値を用

＊1　1cal（**カロリー**）：1gの水を1℃上昇させるのに必要なエネルギー量（熱量）。

＊2　1Joule（**ジュール**）：1ニュートンの大きさの力が物体を1メール動かす時の仕事量に相当するエネルギー量。

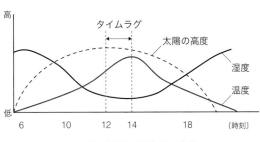

図 1.18　気温と湿度の日変化

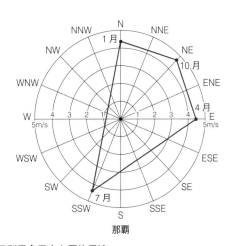

図 1.19　風の形成

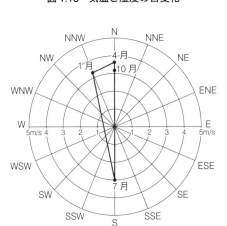

東京

那覇

図 1.20　風配図　1、4、7、10 月の月別最多風向と平均風速
（出典：福田健策・高梨亮子『〈第二版〉専門士課程建築計画』学芸出版社、2004、p.35 を参考に作成）

いている。**瞬間風速**は平均風速の倍程度になることがある。通常、平均風速が 10 〜 15m/s 以上の風を「強風」、20m/s 以上の風を「暴風」と呼び、この場合は強風注意報や暴風警報などが発表される。風速の単位は m/s、km/h、kt（ノット：1kt ＝ 1.852km/h）である。

「**最大風速**」は 10 分間の平均風速の最大値であり、「**最大瞬間風速**」は瞬間風速の最大値である。

（3）風向

風向とは風の吹いてくる方角をいう。北を基準として 16 の方位で表す。風向の呼び方は、基準を南北にするため、東北風、西南風といわないで、北東風、南西風という。**風配図**は、ある地域の風の動きを知るために、季節における風の方位別発生頻度を円グラフで表したものである（**図 1.20**）。

円グラフの中心から遠いほど、その地域における季節の主風向である。

・**最多風向**

ある観測地点の期間中で出現頻度が一番多い風向きをいう。建物の通風計画上、その地域の**夏期**の最多風向に**開口部を設けることが重要である。

（4）季節風

季節風（モンスーン）は陸と海の温度差により生じる風で、季節ごとに吹く。一般的には風向が夏と冬は正反対になる場合が多い。例えば、日本では各地域によって風向の違いがあるが、夏期には**太平洋高気圧**により南あるいは南東からの風が吹き、冬期においては**シベリア高気圧**から北西の風が吹いてくることが多い。

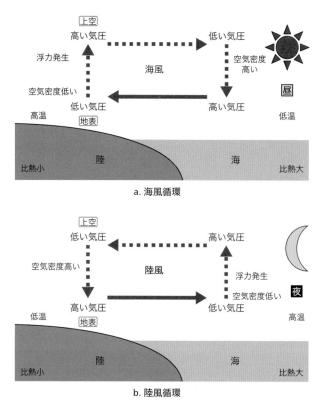

図 1.21 　風の日変化

（5）風の日変化

①海風循環

　陸では比熱と蓄熱量が小さいため空気がすぐ暖まり、すぐ冷える。その反面、海では比熱と蓄熱量が大きいため、暖まったり冷めるのに時間がかかる。このような陸と海の日変化によって風が生じる。

　昼の場合、陸上の空気は海上の空気よりもすぐ暖まり、高温となった空気は密度が低く軽いので上昇気流が生じる（**図 1.21.a**）。この時、陸上は海上よりも気圧が低く、陸の上空では逆に気圧が高くなる。このように陸と海の温度差によって、**地表では海から陸へ風が吹き、上空では陸から海へ風が吹く**。このような自然現象を海風循環という。

②陸風循環

　夜の場合は昼と逆である。陸上の空気は海上より低温になり、下降気流が発生する。すると地表では陸上の方が海上より気圧が高くなり、上空では気圧

が低い状態になる（**図 1.21.b**）。

　この時、地表では陸から海へ風が吹き、上空では海から陸へ風が吹く。このような現象を陸風循環という。最大風速は、海風のほうが陸風より大きい。

　1 日のうち朝と夕方に、陸風と海風が切り替わる時間帯があり無風となる。この現象を凪という。

▶ 5 　雨と雪

（1）雨と雪の発生

　太陽の熱が、海や川を暖める。暖められた海や川や地面などの水分は、水蒸気になって、空へ昇っていく。空にどんどん水分がたまって重たくなると、雨になって地上に降ってくる。雨は川から海に降り注いで、ふたたび海や川になる。この繰り返しを「水の循環」という。

　空の上は気温が低いので、水蒸気は氷の粒になる。氷の粒はどんどん大きくなり、重みで下に落ちてく

a. 前線から発生する雨

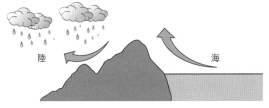

b. 地形上発生する雨

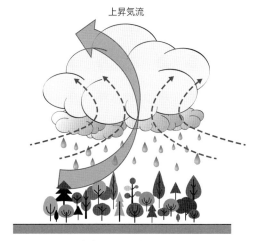

c. 低気圧から発生する雨

図1.22　雨の発生

る。落ちてきた氷の粒に、水の粒が付着して、雪の結晶になって落ちて来るのが雪で、気温が高くなると、雪の結晶が溶けて、水の粒となるのが雨である。雨の発生条件を**図1.22**に示す。

（2）降水量

　空から降った水の量が降水量である。すなわち雨、雪、霰、雹など空から降ってくる水分の総量をいう。

　降水量は0.5mm単位で計測され、10分間降水量、1時間降水量、日降水量などとして発表される。

・ハイサーグラフ

　ハイサーグラフとは、ある地域の**降水量と気温**を表すグラフであり、**雨温図**ともいう。

　月別平均降水量と月別平均気温の交点を折れ線グラフで表したもので、その交点で生じるループの形によって、その地点の気候型を視覚的に判定することができる（**図1.23**）。

（3）積雪荷重

　多雪地域では雪の荷重を検討する必要がある（**図1.24**）。積雪荷重の計算は、積雪の単位荷重に、屋根

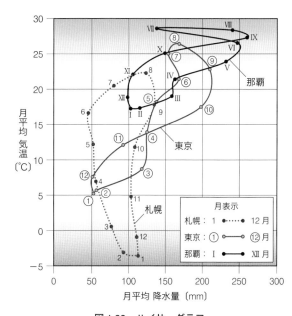

図1.23　ハイサーグラフ

の水平投影面積およびその地方における垂直積雪量を乗じる。積雪の単位荷重は、**図1.25**のように一般の地域の場合は、積雪量1cmごとに1m²につき20Nとして計算する（施行令86条）。例えば50m²の陸屋根（平らな屋根）に雪が1m積もった場合、雪の重さは約10トンになる。つまり1トンの乗用車が10

1章　建築環境

2章　熱環境

3章　空気環境

4章　光環境

5章　音環境

6章　都市環境

図1.24　屋根に積った雪（広島県北広島町）（提供：津山正幹氏）

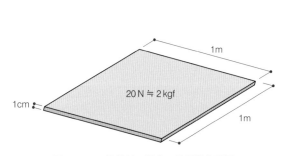

図1.25　一般地域の場合、積雪単位重量

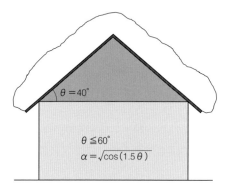

図1.26　屋根形状係数

台屋根に乗っていることと同じ負荷がかかる。

・計算式：$50\text{m}^2 \times 100\text{cm} \times 20\text{N}/(\text{m}^2 \cdot \text{cm})$

　$= 100,000\text{N}$

　$= 100\text{kN} = 10$ トン

　$(10\text{kN} ≒ 1,000\text{kgf} ≒ 1$ トン$)$

　＊ $1\text{kgf} = 9.8\text{N} ≒ 10\text{N}$、

　$1\text{N} = 0.098\text{kgf} ≒ 0.1\text{kgf}$（キログラム・重）

・積雪荷重の算定式

　$W_s = A \times d \times W \times \alpha$

　　W_s：積雪荷重〔N〕

　　A：屋根の水平投影面積〔m^2〕

　　d：垂直積雪量〔cm〕

　　W：深さ1cm 当たり積雪の単位重量〔N/m^2〕

　　　　　多雪区域　30〔N/m^2〕

　　　　　一般区域　20〔N/m^2〕

　　α：屋根形状係数

屋根勾配が 60° を超える場合：0

屋根勾配が 60° 以下の場合

　：$\sqrt{\cos(1.5 \times \theta)}$（**図1.26**）

例題

　図1.26 から一般地域において積雪の単位荷重は $20\text{N}/(\text{m}^2 \cdot \text{cm})$、垂直積雪量は 100cm、屋根勾配 40°、屋根面積 50m^2 の場合、屋根にかかる負荷を求めよ。

解答

　$W_s = A \times d \times W \times \alpha$

　　$= 50\text{m}^2 \times 100\text{cm} \times 20\text{N}/(\text{m}^2 \cdot \text{cm})$

　　　$\times \sqrt{\cos(1.5 \times 40°)}$

　　$= 50 \times 100 \times 20 \times 0.707$

　　$= 70,700\text{N} ≒ 71\text{kN} = 7.1$ トン

※ 40° 勾配の屋根は陸屋根の 0.7 倍の積雪荷重になる。

1章 建築環境

2章 熱環境

3章 空気環境

4章 光環境

5章 音環境

6章 都市環境

1-3 室内気候

▶ 1 室内熱環境と体感

（1）人体の熱生産と熱放射

　人間は、1日約 1,700 〜 3,500W（1,500 〜 3,000kcal）のエネルギーを摂取し、新陳代謝と筋肉運動で熱を生産し、その生産熱は体の表面や呼吸により放出される。人体は生産熱と放熱のバランスを維持しながら体温を一定に保っている。

・エネルギー代謝（metabolic）

　人体の熱生産は主に食べ物の消化と筋肉運動で成り立つが、これを人体の**代謝作用**という。その量を met（メット）という単位を使い測定することが可能である。

　1met は静座する成人男性の人体表面積 1m² から発散する平均熱量で、58.2W/m²（＝ 50kcal/(m²・h)）になる。人体の熱発散量は個人的な差があり、年をとると減少し、成人女性の場合は成人男性の約 85% 程度である。

```
＊ 1kcal/h ＝ 1.16279W、1W ＝ 0.86000kcal/h
・東洋人エネルギーの代謝量：
  1.6m²/人×58.2W/m²（＝ 50kcal/(m²・h)）
    ＝ 93.12W/人（＝ 80kcal/(m²・h)）
  1日の代謝＝ 93.12W/人（＝ 80kcal/(m²・h)）× 24h
    ≒ 2,235W ≒ 1,922kcal
・西洋人エネルギーの代謝量：
  1.8m²/人×58.2W/m²（＝ 50kcal/(m²・h)）
    ＝ 104.76W/人（＝ 90kcal/(m²・h)）
  1日の代謝＝ 104.76W/人（＝ 90kcal/(m²・h)）× 24h
    ≒ 2,514W ≒ 2,162kcal
```

（2）人体の熱損失

　体内の筋肉から生産された熱は皮膚表面へ運搬され、輻射、対流、蒸発、伝導により周囲へ放出される。伝導による熱損失がない場合は、輻射 45%、対流 30%、蒸発 25% による熱損失がある。

▶ 2 温熱感覚

　人間の温熱感覚は、**図 1.27**、**表 1.11** に示すように、環境 4 要素と人体 2 要素の 6 要素で決まる。標準的な人間の快適条件を温度と相対湿度で表すと、**図 1.28** のようになる。温熱感覚条件を設定する上で人間には、一定の順応域があるため、極端な条件に陥らないように室内気候条件を設定する。

　このように、人間には**自己調節機能**が働くほか、人間の温熱感覚は、その人々・個人的要因や、皮膚感覚以外の視聴覚的感覚など複雑な要因がある。これらは定量化しにくいが、個人差はあるものの、間違いなく人間の温熱感覚を左右している。例えば、高齢者は暑寒に弱く、そのためにも高齢者向けの施設には建築計画上の配慮が必要である。

　室内の熱環境を快適にするためには、体内の熱が放射できるように室内気温を皮膚温度より低く維持

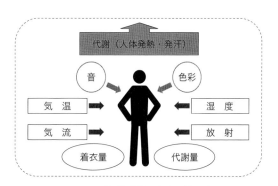

図 1.27　温熱感覚と室内環境要素

表 1.11　温熱感覚の要素

環境要因（4 要素）			
1	気温	K ℃ ℉	ケルビン セルシウス（摂氏） ファーレンハイト（華氏）
2	湿度	% kg/kg（DA）	相対湿度 絶対湿度
3	気流	m/s km/h	他に、MPH（mile/h） kt（ノット）
4	放射 （周壁温度）	K ℃ ℉	ケルビン セルシウス（摂氏） ファーレンハイト（華氏）
人体要因（2 要素）			
5	着衣量	clo（クロ）	$1clo = 0.155m^2 \cdot K/W$
6	代謝量[*1]	met（メット）	$1met = 58.2W/m^2$

＊1　代謝量：活動量、作業量ともいわれる。

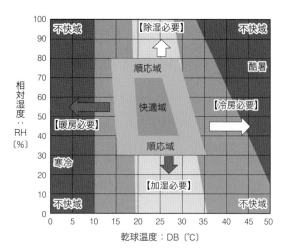

図 1.28　人間の順応感

することが必要である。体内の熱放射が適当に行われる周囲環境の範囲を、快適範囲という。人体の温熱感覚に影響を与える変数（要素）には、物理的変数と主観的（個人的）変数がある。

（1）物理的変数

①気温（DB）

気温は体感に一番多く影響を与える。乾球温度の**快適範囲は 18℃ ～ 28℃**である。空気調和として室内温度は冬期 20℃（省エネ 18℃）、夏期 26℃（省エネ 28℃）が、居住域における推薦値とされる。

②湿度（RH）

湿度が極端に高く、または低い場合でも感覚的にそれほど影響はないが、蒸発には大きな影響を与える。快適な湿度は 55±15%（40 ～ 70%）である。

③気流

気流とは空気の流れであるが、皮膚からの熱発散が増加すると、対流による熱損失が増加し、蒸発による人体の冷却が生じる。

気流速度が人体に与える快適性は**夏期では 1m/s**が快適であり、1.5m/s までが許容範囲である。また、冬期で暖房があった時は 0.2m/s 以下が快適であり、0.1m/s 以上は体感できる。外部の場合、5.0m/s が最大限である。

④放射（MRT 平均放射温度）

輻射ともいい、周壁の温度である。気温に次ぎ温熱感へ影響をもたらす。放射（MRT）は、室内気温より 2℃ 程度高いほうがよい。

（2）主観的（個人的）変数

①着衣量

衣服の断熱性能を測定する無次元単位である clo（**クロ**）で表す。1clo の着衣とは気温 21.2℃、相対湿度 50%、気流 0.1m/s の条件で、安静座でいる人が快適に感じる衣服の熱抵抗の度合いを表す。

例えば、裸体は 0clo、男子の中間期の背広服は 1.0clo、夏の半袖シャツ姿で 0.6clo 程度である。冬は 1.5clo 程度であるが、室温が約 6.8℃ 低くなるごとに 1clo の衣服を着る。

②代謝量

人体の物理的活動による快適範囲変動である。エネルギー代謝率を意味し、単位は met（メット）である。例えば、椅子に座って安静時は 1.0met、歩行（4.8km/h）は 2.5met、重作業時は 3.7met である。

③その他

環境の適応度、年齢と性別、体の健康状態、体の形状、脂量、飲食と飲料、在室時間などがある（**表1.12**）。

表 1.12　室内環境としての温熱感覚の要因

人間的要因		備考
特殊要因①	年齢	老齢者：寒がり
	性別	女性：冷え性が多い
	人種	北方系：寒さに強い／南方系：暑さに強い
	生活習慣	慣れ（順応する）
	感情	怒り：熱くなる
	体調	風邪：発熱悪寒
	体重	肥満：汗かき
	個人差	百人百様

感覚的要因		備考
特殊要因②	色彩	暖色、寒色
	音響	清流：涼感、アブラゼミ：暑苦しい
	視覚（風貌・風体）	肥満の人：暑苦しい
	視覚（景色）	自然：清涼感／都会：雑然暑く感じる

表 1.13　主な温熱感覚指標

温熱感覚指数	呼称	解説	備考
有効温度	ET：effective temperature	DB（気温）、RH（相対湿度）、v（気流）による総合的な温熱感覚、RH＝100%、$v＝0$m/s のときの温度によって表したもの	
修正有効温度	CET：corrected effective temperature	有効温度に輻射の影響を考慮したもの	
新有効温度	ET*：effective temperature*	有効温度に、着衣量＝0.6clo、作業量＝1.0met、$v＝0.1$m/s 以下が標準	
不快指数	DI：discomfort index	$DI = 0.72(DB + WB) + 40.6$ $DI \geqq 75$：やや暑い $DI \geqq 80$：暑くて発汗 $DI \geqq 85$：全員不快	乾球温度 DB・湿球温度 WB が基本
作用（効果）温度	OT：operative temperature	$OT = \dfrac{t_i + MRT}{2}$ t_i：室内温度 MRT：平均放射温度	・DB・$v＝0.1〜0.5$m/s ・平均輻射温度：MRT が基本
予測平均温冷感申告／予測不満足者率	PMV：predicted mean vote／PPD：predicted percentage of dissatisfied	気温、湿度、気流、放射、着衣量、代謝量をもとに、総合的に快適性と不快度を判断する	

▶ 3　温熱感覚指標

快適性の指標は、「熱い・寒い」という単純な温熱感覚から、環境4要素と人体2要素の6要素を総合的に考慮し、快適性と不快度を数値化して判断される。

これまで多くの学者が、温熱要素の組み合わせと体感温度の関係を研究し、色々な方法を提案し、快適範囲を発表してきた（表1.13）。

（1）有効温度

①有効温度（ET）

気温（乾球温度）、湿度、気流を総合的に合わせた体感温度の指標で、1923年にアメリカのヤグロー（Yaglou）らによって提案された。考え方は図1.29に示すように、実験対象者がA室とB室を往復し、参照室Aと同じ温感を得られるように調節した評価対象室Bの気温を有効温度（体感温度、効果温度）という。

湿度40〜60%、気流0.5m/sの時、快適環境の有効温度は、冬：17〜22℃（平均19.5℃）、夏：19〜24℃（平均21.5℃）である。輻射熱を考慮していないことから湿度と気流の影響を受ける。

図 1.30 より気温乾球温度 25℃、湿球温度 20℃ の場合、風速 0.5m/s、1.0m/s、2.0m/s の有効温度を求めよ。

図 1.30 の乾球温度 25℃ と湿球温度 20℃ を結ぶ。その線と風速の線との交点を求め、その時の有効温度 ET の目盛を読む。

風速 0.5m/s の場合、ET ≒ 22℃

風速 1.0m/s の場合、ET ≒ 21℃

風速 2.0m/s の場合、ET ≒ 20℃　　となる。

図からは 37.8℃ までは風速が増すことによって有効温度が下がるが、37.8℃ 以上になると風速が増すことによって有効温度が高くなる。

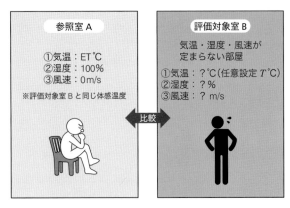

図 1.29　有効温度（ET）の考え方
評価対象室 B の状態と等しい体感の参照室 A の気温が有効温度である。このような有効温度は図 1.30 で求めることができる。有効温度（ET）とは、ある気温・湿度・風速の組合せと同じ体感になる相対湿度 100%、風速 0m/s の時の温度である。

②修正有効温度（CET）

有効温度にグローブ温度計を使用し、周壁よりの放射熱（輻射熱）を考慮した快適指標。すなわち、修正有効温度の要素は気温、湿度、気流、放射である。

③新有効温度（ET*）

有効温度の湿度に温熱 4 要素に着衣量と代謝量を加えた 6 要素の体感温度である。着衣量は 0.6clo、気流 0.5m/s 以下を基準とした場合には図 1.31 から空気線図の相対湿度 50% の時の室温で示される。これを新有効温度という。例えば、図 1.31 において、室温 26℃、相対湿度 80% の場合は、A 点から点線の等 ET* 線に沿って引いた線が相対湿度 50% の曲線に交わる B 点を読み取り、約 27.7℃ が新有効温度（ET*）になる。ASHRAE[*1] での新有効温度（ET*）の快適範囲は室温 22.9～25.2℃、相対湿度 20～60% とされる。

図 1.32 は室温と新有効温度 ET* を表したグラフである。放射温度が等しい室内環境に対して必要な着衣関係が示されている。グラフは次のように読み取る。

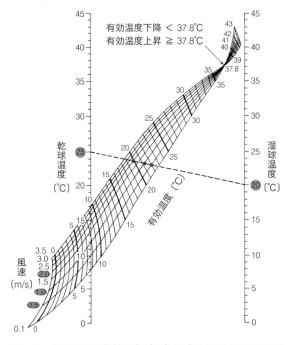

図 1.30　ヤグローの有効温度（ET）を求める図（出典：日本建築学会編『建築設計資料集成 1. 環境』丸善、1978、p.108, 109 ／原出典「ASHRAE」に加筆修正）

例）図 1.32 から 1clo で、室温が 18℃ の場合、新有効温度は 20.8℃ であり、室温が 20℃ の場合、新有効温度は 22.5℃ で、室温が 30℃ の場合、新有効温度は 31℃ である。

＊1　ASHRAE：American Society Heating Refrigerating and Air conditioning Engineers（アメリカ暖房冷凍空調学会）

1章 建築環境

2章 熱環境

3章 空気環境

4章 光環境

5章 音環境

6章 都市環境

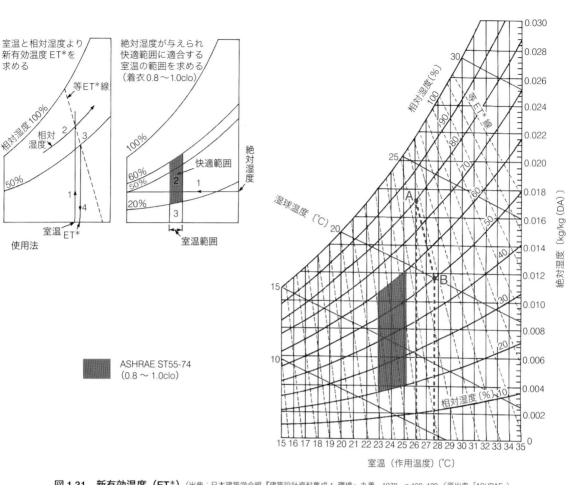

絶対湿度が与えられ
快適範囲に適合する
室温の範囲を求める
（着衣 0.8〜1.0clo）

等ET*線

相対湿度100%

相対
湿度

50%

室温
ET*

使用法

100%

60%
50%

20%

快適範囲

絶対湿度

室温範囲

ASHRAE ST55-74
（0.8〜1.0clo）

相対湿度(%)

相対湿度(%)

等ET*線

絶対湿度 (kg/kg (DA))

湿球温度（℃）

室温（作用温度）(℃)

図 1.31　新有効温度（ET*）（出典：日本建築学会編『建築設計資料集成 1. 環境』丸善、1978、p.108, 109 ／原出典「ASHRAE」）

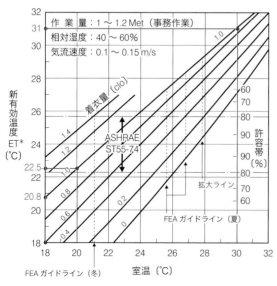

作 業 量：1〜1.2 Met（事務作業）
相対湿度：40〜60%
気流速度：0.1〜0.15 m/s

新有効温度 ET*（℃）

着衣量 (clo)

ASHRAE
ST55-74

許容帯（%）

拡大ライン

FEA ガイドライン（夏）

FEA ガイドライン（冬）　室温〔℃〕

図 1.32　新有効温度と着衣量の影響（出典：日本建築設
計資料集成 1. 環境』丸善、1978、p.108, 109 ／原出典「ASHRAE」に加筆修正）

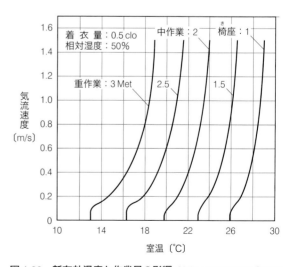

着 衣 量：0.5 clo
相対湿度：50%

中作業：2　椅座：1

重作業：3 Met　2.5　1.5

気流速度（m/s）

室温〔℃〕

図 1.33　新有効温度と作業量の影響（出典：日本建築設
計資料集成 1. 環境』丸善、1978、p.108, 109 ／原出典「ASHRAE」に加筆修正）

図1.33は、室温と気流速度による作業量の影響の図である。着衣量0.5clo、相対湿度50%の条件で、作業の程度に応じた快適な室温と気流速度の組み合わせを示したものである。

④標準有効温度（SET）

新有効温度（ET*）を発展させた快適指標である。相対湿度50%、気流0.125m/s、代謝量1met、着衣量0.6cloの同一な標準環境の条件で環境の変数を調合した快適指標。活動量、着衣量および環境条件によって変化する温熱感、不快的、生理的影響を比較する時、有効である。

⑤標準新有効温度（SET*）

最新快適指標としてASHRAEで採択し、世界的に広く使われている。着衣量を代謝量によって修正しているため、異なる代謝量・着衣量における温冷感、快適感の評価が可能である。湿度50%、気流0.1m、椅子に座った状態の代謝量1met、着衣量0.6cloに標準化した体感指数とした。SET*の室内快適範囲は22.2～25.6℃である。

SET*の求め方は新有効温度（ET*）と同じである。

（2）その他の指標

①不快指数（DI）

人間が生活する上で不快を感じるような体感を、気温と湿度で表した指数。

気温：DB（乾球温度）
WB（湿球温度）
相対湿度：H

不快指数 $a = 0.81 \times DB + 0.01 \times H \times (0.99 \times DB - 14.3) + 46.3$

不快指数 $b = 0.72 \times (DB + WB) + 40.6$

a式は湿球温度がなくても通常の気温（DB乾球温度）と相対湿度で不快指数の計算ができる。b式は相対湿度がわからなくてもDB（乾球温度）とWB（湿球温度）さえわかれば計算ができる。a、b式の値は若干差があるが、b式の方がよく知られている。

不快指数が75を超えると1割の人が不快になり、85を超えると全員が不快になるといわれているが（表1.13参照）、人種によって数値の差異があることや風速が含まれていないため、体感とは一致しないことがある。

例題

DB（乾球温度）：30℃、WB（湿球温度）：28℃、H（相対湿度）80%の時の不快指数を求めよ。

解答

a式：$0.81 \times 30 + 0.01 \times 80 \times (0.99 \times 30 - 14.3) + 46.3 = 82.92$

b式：$0.72 \times (30 + 28) + 40.6 = 82.36$

よって暑くて汗がでる。

---

②予測平均温冷感申告（PMV）

PMVは温熱6要素（気温・湿度・気流・放射・着衣量・代謝量）を考慮したもので、熱的中立に近い状態において、大多数の人が感じる温冷感の平均値をいう。ISO[*1]の推奨値は、-0.5＜PMV＜+0.5である（図1.34）。

③予測不満足者率（PPD）

PPDは予測平均温冷感申告（PMV）で求められた環境で熱的に不快に感じる人の割合のことをいう。PMVの値が0から遠ざかるほど、PPDの値も大きくなる（図1.34）。つまり暑すぎる（もしくは寒すぎる）と、その環境を不満に思う人が多くなるということを表している。

快適域は-0.5＜PMV＜+0.5の範囲で、PPD＜10%となる。

＊1　ISO：国際標準化機構（International Organization for Standardizatio）国際的な標準である国際規格を策定するための非政府組織。ISOは、国際標準の世界最大のボランタリーな開発組織であり、国家間に共通な標準を提供することによって、世界の貿易を促進する。ほぼ2万ある規格は、工業製品や技術から、食品安全、農業、医療まで、すべての分野をカバーしている。

1章 建築環境

2章 熱環境

3章 空気環境

4章 光環境

5章 音環境

6章 都市環境

PMV の適用範囲

PMV	$-2 < PMV < +2$
気温	10〜30℃
相対湿度	30〜70%
気流	0〜1m/s
放射	10〜40℃
着衣量	0〜2clo
代謝量	0.8〜4met

PMV 段階評価と PPD の割合

PMV	温冷感		PPD(%)
+3	暑い	Hot	99
+2	暖かい	Warm	75
+1	やや暖かい	Slightly Warm	25
±0	中立	Neutral	5
−1	やや涼しい	Slightly Cool	25
−2	涼しい	Cool	75
−3	寒い	Cold	99

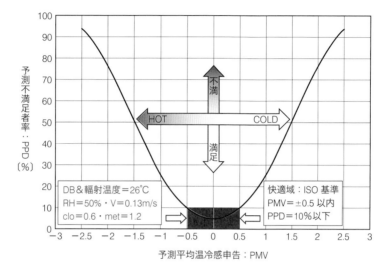

図 1.34　PMV（予測平均温冷感申告）と PPD（予測不満足者率）の関係性

（出典：『ISO-7730』、『空気調和衛生工学便覧 1. 基礎編　第 14 版』空気調和衛生工学会、2010 を参考に作成）

Column

顕熱と潜熱

　物質が固体から液体、液体から気体、固体から気体、あるいはその逆方向へと状態変化する際に必要とする熱のことを「**潜熱**」といい、温度変化はない。

　一方、温度変化を伴う熱を「**顕熱**」という。

　状態変化（顕熱変化／潜熱変化）の種類と、水が状態変化する時の熱エネルギーと温度の関係を図に示す。

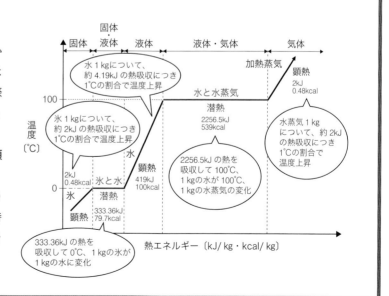

（3）温熱感覚温度

①平均放射温度（MRT）

　室内では室温とともに室内の周囲からあらゆるものの温度を感じる。この周囲の全方から受ける放射熱を平均化した温度を平均放射温度といい、MRTと室温の平均値が体感温度となる。MRTの値が気温より高いと暑く感じ、低いと涼しく感じる。暑さや涼しさなど温熱感覚を測る時に有効である。

②作用温度（OT）

　作用温度は効果温度ともいう。室温が同じであっても、周囲温度と気流、放射の状態により体感温度は異なってくる。湿度を考えず気温、気流、放射の条件で測る体感温度を作用温度という。この指標は暖房時に用いられる。

③グローブ温度（GT）

　グローブ温度計は**図1.35**のように薄い銅製であり、表面には黒体塗装が施されている仮想黒体の球である。銅製の球体の中に温度計を入れて周囲からの熱輻射による影響を観測することができる。最近はセンサーを入れて測ることが多い。気流が静穏な状態では、作用温度とほぼ一致する。**図1.36**はグローブ温度計の仕組みである。

図1.35　グローブ温度計

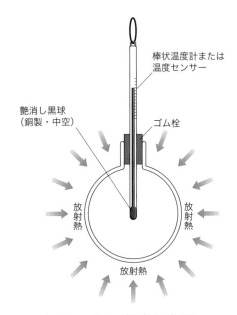

棒状温度計または温度センサー

艶消し黒球（銅製・中空）

ゴム栓

放射熱

放射熱

放射熱

図1.36　グローブ温度計の仕組み

1章　建築環境

2章　熱環境

3章　空気環境

4章　光環境

5章　音環境

6章　都市環境

Column

世界の風土建築

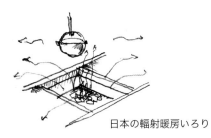

日本の輻射暖房いろり

伝統的な日本の家屋において薪や炭火などを熾すために設けられた一角のことである。主に暖房・調理目的に用いる。

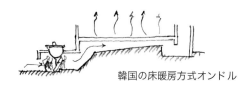

韓国の床暖房方式オンドル

熱風により床面に蓄熱させ、その放射熱で暖房する方式。現在、使われている床暖房の元である。主に暖房・調理目的に用いる。

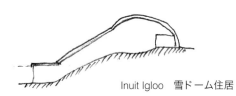

Inuit Igloo　雪ドーム住居

周辺で簡単に得る自然の雪を断熱材として利用し、ドームの形にして表面積を小さくして外気の負荷を少なくする。

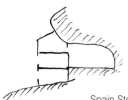

Spain Stenil　洞窟住居

自然の洞窟を利用した住居空間は外気温の影響が少なく快適な室内温熱環境を維持する。

Column

有効なパッシブ形のデザイン

体積 / 表面積の比が大きいほど外部からの負荷が小さい。つまり、球体に近いほどパッシブなデザインといえる。

体積：36unit^3
表面積：96unit^2
体積 / 表面積：0.38

四角形　Rectangular Solid

体積：36unit^3
表面積：62.78unit^2
体積 / 表面積：0.57

半球体　Hemisphere（Igloo）

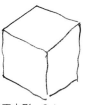

体積：36unit^3
表面積：65.4unit^2
体積 / 表面積：0.55

正方形　Cube

体積：36unit^3
表面積：52.7unit^2
体積 / 表面積：0.68

球体（鳥の巣）　Sphere

【第1章 ○×問題】

1. 高温多湿の地域の多い日本では、伝統民家において雨と通風の工夫がなされている。すなわち、夏の対策である。

2. 寒冷地においては、外部からの冷気を遮断する断熱性が低く、また快適な温度を保つための保温性の高い空間を確保している。

3. ヒートアイランド現象とは温度分布図から作成した気温の等温線が、都市部を高くした島状に形成される現象をいう。

4. パッシブ手法とは、機械設備により、積極的に太陽熱を給湯や冷暖房に利用する方法である。

5. 戸外の湿度は朝最も低く、昼過ぎが最も高い。

6. ハイサーグラフは気温と湿度を表している。

7. 空気線図とは空気中の乾球温度、湿球温度、相対湿度、絶対湿度の関係を表したグラフをいう。

8. 外気温の年較差は、一般に、緯度の低い地域のほうが大きくなる傾向がある。

9. 温湿度の特性を表すクリモグラフが右上がりになる地域においては、高温期に湿度が高く、低温期には湿度が低い。

10. 絶対湿度は乾き空気 1kg に対する湿り空気中の水蒸気量をいう。

11. セ氏温度とは一般的に水が凍る温度を 0 度、沸騰する温度を 100 度をいう。

12. カ氏温度とはセ氏温度に 273.5 度を加えた温度をいう。

13. ケルビン温度とは絶対温度をいう。

14. デグリーデーは暖房や冷房に必要な熱量、あるいは経費を見積もるための指標となる。

15. 一般的には 30 分間の平均風速を風速と呼ぶ

16. 日本では、夏は日本海側から、冬は太平洋側から吹いてくることが多い。

17. 海岸地方では、一般に、日中は海から陸に風が吹き、夜間は風向きが逆転する。

18. 自然風は市街地のどこでも同じ風速の風が吹く。

19. 風配図は、ある地域の風の動きを知るために、季節における風の方位別発生頻度を円グラフで表したものである。

20. 積雪荷重は積雪量 1cm ごとに 10N/m² 以上とするように定めている。

21. 有効温度は気温、湿度、気流の組み合わせである。

22. 気温だけで室内気候の快適条件を示すことは無理である。

23. ET とは気温、気流、周壁温度などの総合指数である。

24. 新有効温度とは気温、湿度、気流、放射の組み合わせである。

25. MRT とは平均輻射温度を意味する。

26. 温熱環境要素のうち体感に関係する 4 要素は気温、湿度、気流、放射（輻射）である。

27. 気温が高くても湿度が低いと不快感は少ない。

28. PMV は予測平均温冷感申告を意味する。

29. 老人と子供では、子供の方が高めの温度を好む。

30. 顕熱とは温度の変化がなく、状態変化によって生じる熱である。

【解答】

1.○ 2.×寒冷地においては、外部からの冷気を遮断する断熱性が高い。 3.○ 4.×パッシブ手法とは、自然のエネルギーだけ利用する手法であり、アクティブ手法は機械設備によるものである。 5.×戸外の湿度は、朝 6 時前後が最も高く、昼過 14 時前後が最も低い。即ち、気温と逆である。 6.×ハイサーグラフは気温と降水量を表している。気温と湿度はクリモグラフである。 7.○ 8.×年較差は緯度の高い地域のほうが大きくなる。 9.○ 10.○ 11.○ 12.×ケルビン温度はセ氏温度に 273.5 度を加えた温度をいう。 13.○ 14.○ 15.×風速は 10 分間の平均風速をいう。 16.×日本の季節風は、夏は太平洋側から、冬は日本海側から吹いてくる。 17.○ 18.×都心や市街地ではビル風があるため場所によって風速が変わる。 19.○ 20.×積雪荷重は積雪量 1cm ごとに 20N/m² 以上である。 21.○ 22.○ 23.× ET（有効温度）とは気温、気流、湿度である。CET（修正有効温度）は気温、気流、湿度に放射（周壁温度）を加えた体感温度の指数である。 24.×新有効温度（ET*）とは気温、湿度、気流、放射の温熱 4 要素に着衣量、代謝量を加えた温熱 6 要素の組み合わせである。 25.○ 26.○ 27.○ 28.○ 29.×平均的に子供は暑がりであり、高齢者は寒がりである。 30.×潜熱とは温度の変化がなく、状態変化によって生じる熱である。顕熱とは温度の変化よって生じる熱である。

2章

熱環境

蔵の置き屋根は空気層を利用した天然断熱材になり、倉の中にある物を長く保存できる（山形県、山居倉庫）

　水は高い所から低い所へ流れることと同じように熱も高温側から低温側へ移動する。すなわち、自然現象では高い所から低い所へ伝わり、平衡を維持する傾向がある。

　冷房の時は室内に熱が流入し、暖房の時は熱が室内から放出される。室内温度は常に熱取得と熱損失が行われる。熱取得は建物が熱を受けることで、熱損失は建物が熱を放出することである。このような熱の移動を防ぐことが断熱であり、熱が蓄えると蓄熱になる。この断熱と蓄熱を理解することが重要であり、本章では温熱について学ぶ。

2-1 伝熱

▶ 1 熱の伝わり方

(1) 熱が伝わる過程

熱と温度は混同する概念を持つ。熱とは物質内から分子が振動するエネルギーで、温度は物質を構成する分子各自の振動エネルギーを平均した値である。すなわち、温度は物質内の熱量を測定する手法である。

熱が高温の物質から低温の物質へ移動することを伝熱という。温度差がなければ伝熱は行われない。例えば、ある部屋で温度が違うものをいくつか置くと仮定すれば、温かいものは冷たくなり、冷たいものは暖かくなる。結局、すべてのものは一定の時間が経過した後に同一の温度に到達することになる。このような伝熱で、温度の平衡になる過程は伝導、対流、放射（輻射）によって成り立つ（図2.1）。

(2) 熱移動

①伝導：conduction

伝導とは、温度の異なる物体間で高温の分子から低温の分子へ熱エネルギーが伝わる時の熱移動現象である（図2.2.a）。つまり、物質の中を熱が伝わることをいい、この伝導の熱の伝えやすさは、「固体＞液体＞気体」の順である。

②対流：convection

ある空間で暖められた流体は膨張すると密度が小さくなり上昇し、その後、周りの低温の流体が流れ込んでくる。これを対流といい、流体の移動と混合によってその空間の熱平衡のため、熱移動が行われる現象である。つまり、熱を持つ気体や液体が移動することをいい、熱を他の物質に伝えることである。

ここで温かい空気は膨張し、比重が小さくなるの

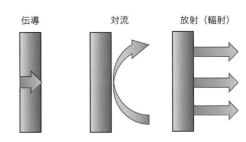

図2.1 熱の伝わり方

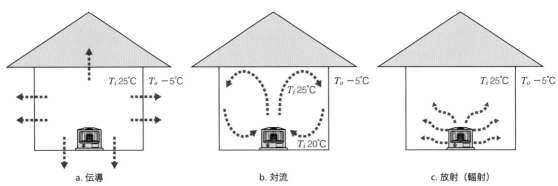

a. 伝導

b. 対流

c. 放射（輻射）

T_i（Indoor Temperature）：室内温度
T_o（Outdoor Temperature）：室外温度

図2.2 伝熱

で、熱は上部に移動する。逆に冷気は暖気よりも比重が大きく、下部に溜まる（図2.2.b）。

③放射（輻射）：radiation

放射とは、物体表面から放たれる赤外線（電磁波）によって熱移動が行われる現象である（図2.2.c）。例えば夏期に日射のあるガラス面を有する室内の状態を意識するとよい。

伝導と対流は必ず熱を伝える媒体が必要であるが、放射の場合は熱が電磁波として伝わるので、空気のない真空状態でも熱は伝わる。また、布や紙でも放射熱の電磁波を防ぐことが可能である。例えば日傘効果がひとつの例である。（図2.3）。

▶ 2　定常伝熱と不定常（非定常）伝熱

定常伝熱とは、時間的に温度が変化しない状態にある伝熱をいう。実用計算上は定常伝熱で行う。その反面、時間的要素を考慮したものを、不定常伝熱または、非定常伝熱という。つまり、周囲温度が変化した場合、室内の温度が平衡状態に達するまでに、一定の時間が必要なことを考慮したものである。

不定常伝熱による計算は、恒温恒湿空間等、厳密な建築環境が要求される室内空間の詳細熱負荷計算に使用されるが、通常の建築計画・建築設備での使用は稀である。

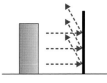

アルミ箔のような滑らかな面を貼ると放射熱（電磁波）は反射する

図2.3　放射熱（電磁波）の性質

Column

魔法瓶の原理

魔法瓶の構造をみるとステンレス2層の真空になっている。内部のステンレスの表面は放射率と吸収率がとても低い銀色にコーティングされている。これは、ほぼ完璧に近い断熱構造になっている。まず、真空状態は固体と流体がないことから熱伝導と熱対流が行われない。また、ステンレス表面の色のコーティングは電磁波を反射する役割で、熱放射が行われにくくなる。したがって、長時間の断熱効果が成り立つわけである。現在、魔法瓶の材質はステンレススチールになっているが、最初に発売された時にはガラスであった。

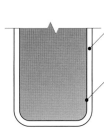

真空状態は物体がないから熱伝導、熱対流が行われない

銀色コーティングは放射熱（電磁波）を反射する

1章 建築環境
2章 熱環境
3章 空気環境
4章 光環境
5章 音環境
6章 都市環境

2-2 熱貫流

熱貫流は熱が物体（建物では窓ガラス・内外壁・屋根・天井・床）を透過することをいう。室内外に温度差があれば、熱は高温側から低温側へと流れる。このような熱の流れを熱貫流といい、熱伝達→熱伝導→熱伝達の順番により伝わる（**図2.4**）。

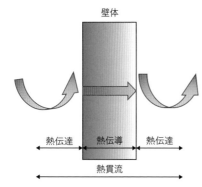

壁体

熱伝達　熱伝導　熱伝達

熱貫流

図2.4　熱貫流（壁における伝熱過程）

表2.1　主要材料の熱伝導率

材料名	熱伝導率 λ〔W/(m・K)〕	密度 P〔kg/m³〕	比熱 c〔kJ/(kg・K)〕
銅板	372	8,900	0.4
アルミ板	209	2,700	0.9
鉄板	44	7,900	0.5
モルタル	乾燥：1.3 湿潤：(80%)1.5	2,200	0.8
コンクリート	1.4	2,200	0.9
板ガラス	0.8	2,500	0.8
軽量コンクリート	0.7	1,700	1.1
煉瓦	0.6	1,700	0.9
合板	0.16	550	2.1
ALC板	0.15	600	1.1
石膏ボード	0.14	860	1.1
木材	0.13	330	2.1
ロックウール板	0.062	35	0.8
グラスウール	0.043	20	0.8
発泡ポリスチレン	0.033	30	1.5
水	0.6	1,000	4.2
空気	0.025	1.2	1.006

▶ 1　熱伝導

熱伝導は厚さ1mの材料（壁など）の両側の温度差が1K（℃）の時、単位時間内に移動する熱量をいう。

（1）熱伝導率

熱伝導率は、個々の材料における熱の通りやすさを示す指標で、**表2.1**に主要材料の熱伝導率：λ〔W/(m・K)〕を示す。λ値は、小さいほど断熱の効果がある。

熱伝導比抵抗〔m・K/W〕は、熱伝導率の逆数 $1/\lambda$ である。

（2）熱伝導量

建築物においての熱伝導とは建築材料中の熱が移動する程度をいう（**図2.5**）。

熱伝導量（熱流）q_{cd}〔W/m²〕は、次式により求めることができる。

$$q_{cd} = \lambda \times \frac{t_1 - t_2}{d}$$

λ：熱伝導率〔W/(m・K)〕

> **＊熱伝導率 λ の特徴**
> ・比重が大きいほど大きい（金属＞石、土＞木材＞発泡系樹脂）。
> ・結露や漏水で水分を含むと大きくなる（断熱性能が低下する）。
> ・同一材料でも温度が高いと大きくなる。
> ・発泡系保温材で同一空隙率では、内部気泡寸法が大きいほど気泡内部の対流により大きくなる。
> ・熱伝導率が大きいほど熱が通りやすい。

d：材料の厚さ〔m〕

t_1：熱流入側の表面温度〔℃〕

t_2：熱流出側の表面温度〔℃〕

▶ 2　熱伝達

熱伝達は建物の表面と流体との間に行われる熱移動をいう（図 2.6）。

（1）熱伝達率

熱伝達率は、壁表面積 $1m^2$ に壁と空気の温度差が $1K$（℃）の時、単位時間に流れる熱量を意味する。通常、壁体の表面は、両面とも空気に接している。表面熱伝達率は、表面とそれに接する空気の影響で、熱の抵抗になっている。これはあたかも、壁体に空気の幕が貼りついているものと考えてよい。したがって、風（対流）の影響が大きく作用する。表面熱伝達率：α〔$W/(m^2 \cdot K)$〕の値は通常、「室外＞室内」である。表面熱伝達率は実用計算上、表 2.2 の数値を使用する。α 値は、熱伝達抵抗：r〔$m^2 \cdot K/W$〕の逆数で、$\alpha = 1/r$ である。

実用計算上は、総合熱伝達率で計算する。

総合熱伝達率：室外 $\alpha_o = 23.0$〔$W/(m^2 \cdot K)$〕、室内 $\alpha_i = 9.0$〔$W/(m^2 \cdot K)$〕が用いられる。

> 熱伝達率 α の特徴
> ・風速が大きくなると対流伝達率は大きくなる。
> ・熱伝達抵抗は熱伝達率の逆数である。

（2）熱伝達量（対流熱量）

対流熱量 q_{cv}〔W/m^2〕は、次式により求めることができる。

$$q_{cv} = \alpha \times (t_a - t_f)$$

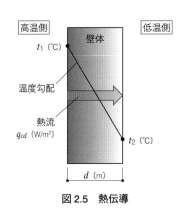

図 2.5　熱伝導

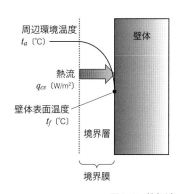

図 2.6　熱伝達

表 2.2　壁表面熱伝達率

内外別	配置	部位	状況・状態	熱伝達率 α〔$W/(m^2 \cdot K)$〕		
				放射 α_r	対流 α_c	総合 α
室外	水平・勾配 垂直	屋根面 壁面	風速 6m/s	4.7 〜 5.8	29.1	23.0 〜 35.0
			風速 3m/s	4.7 〜 5.8	17.4	23.0 〜 35.0
室内	水平	天井	暖房時	4.7 〜 5.8	4.7	7.0 〜 9.0
			冷房時	4.7 〜 5.8	1.74	7.0 〜 9.0
		床	暖房時	4.7 〜 5.8	1.74	7.0 〜 9.0
			冷房時	4.7 〜 5.8	4.7	7.0 〜 9.0
	垂直	壁	暖房時	4.7 〜 5.8	3.5	7.0 〜 9.0
			冷房時	4.7 〜 5.8	3.5	7.0 〜 9.0

＊総合熱伝達率 α は対流と放射による熱の移動を総合的に考えた。

総合熱伝達率（α）＝放射熱伝達率（α_r）＋対流熱伝達率（α_c）

1 章　建築環境

2 章　熱環境

3 章　空気環境

4 章　光環境

5 章　音環境

6 章　都市環境

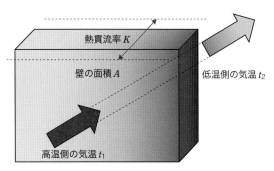

図 2.7　壁の熱貫流量

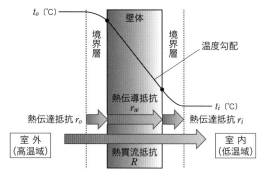

図 2.8　建築壁体の熱貫流抵抗

表 2.3　標準的な壁体の熱貫流率

壁体部位	概略仕様 主要材料	熱貫流率 〔W/(m²·K)〕	標準断面		備考
外壁 A	RC150mm	3.0 ～ 4.1		①外装材 ②RC150 ③内装材	
外壁 B	RC150mm 保温（25mm 厚）付	0.8 ～ 1.7		①外装材 ②RC150 ③保温材 ④内装材	保温材： グラスウール ロックウール
屋根 A	RC120mm	1.4 ～ 1.7		①仕上材 ②防水層 ③RC120 ④空気層 ⑤内装材	
屋根 B	RC120mm 保温（25mm 厚）付	0.6 ～ 1.2		①仕上材 ②防水層 ③RC120 ④保温材 ⑤空気層 ⑥天井仕上材	保温材： グラスウール ロックウール
間仕切壁 A	コンクリートブロック ＋ボード	2.3 ～ 2.5		①内装仕上材 ②コンクリートブロック ③内装仕上材	
間仕切壁 B	軽量鉄骨＋ボード	2.5 ～ 2.8		①内装仕上材 ②空気層 ③内装仕上材	軽量鉄骨下地
床 天井	RC120mm	1.4 ～ 1.7		①床仕上材 ②RC120 ③空気層 ④天井仕上材	
ガラス A	普通板	5.9 ～ 6.4		①普通板ガラス	
ガラス B	二重 G（空気層 10t）	3.0 ～ 3.5		①普通板ガラス ②空気層 ③普通板ガラス	
ガラス C	吸熱（サーモペーン等）	3.5 ～ 6.3		①吸熱ガラス	

α ：熱伝達率〔W/(m²・K)〕

t_a ：周辺環境温度〔℃〕

t_f ：表面温度〔℃〕

▶ 3 熱貫流

熱貫流は建物で熱伝達→熱伝導→熱伝達による熱の流れをいう。定常計算において、熱流は**図 2.7**のように高温側から低温側に、「単位面積当たりの壁体」を通して流れる。

(1) 熱貫流率

熱貫流率は、建築壁体に対して、熱の通りやすさを示す指標で、単位は〔W/(m²・K)〕で示される。壁体において、断熱性が高く、保温性があるものは熱貫流率の数値が小さいほど熱を通しにくい。

熱貫流率：K〔W/(m²・K)〕は、下記により計算できる。

$$K = \frac{1}{R}$$
$$= \cfrac{1}{\cfrac{1}{\alpha_o} + \sum \cfrac{d_n}{\lambda_n} + \cfrac{1}{\alpha_i}}$$

α_o：室外の熱伝達率〔W/(m²・K)〕**表2.2**参照。

α_i：室内の熱伝達率〔W/(m²・K)〕**表2.2**参照。

λ_n：壁体材料の熱伝導率〔W/(m・K)〕**表2.1**参照。

d_n：壁を構成する材料の厚さ〔m〕

熱貫流抵抗：R〔m²・K/W〕は、K（熱貫流率）の逆数である。

$$R = \frac{1}{K}$$
$$= \frac{1}{\alpha_o} + \sum \frac{d_n}{\lambda_n} + \frac{1}{\alpha_i}$$
$$= r_o + r_w + r_i \text{ (図 2.8)}$$

r_o：室外の熱伝達抵抗〔m²・K/W〕

r_w：熱伝導抵抗〔m・K/W〕

r_i：室内の熱伝達抵抗〔m²・K/W〕

熱貫流抵抗：R〔m²・K/W〕は、**図 2.8**のように室内外の境界膜による、熱伝達抵抗：r_o、r_i〔m²・K/W〕

と壁体の熱伝導抵抗：r_w〔m・K/W〕の和である。標準的な壁体の熱貫流率は、**表 2.3**に示す。

(2) 熱貫流量

単位面積当たりの熱貫流量：Q〔W/m²〕は、次の式で求められる。室外側が高温域の場合、

$$Q \text{〔W/m²〕} = K \times A \times \Delta t$$

K：熱貫流率〔W/(m²・K)〕$= \dfrac{1}{R}$

A：壁の面積〔m²〕

Δt：$(t_o - t_i)$ の場合は $t_o > t_i$

$(t_i - t_o)$ の場合は $t_i > t_o$

t_o：外気温度〔℃〕

t_i：室内温度〔℃〕

例題

図の A、B の建物は、壁体の厚さは同一であるが、室内の仕上げの材料によって伝熱量は異なる。冬期における 2 つの建物の熱貫流率と熱貫流量を求めよ。条件は下記の通りである。

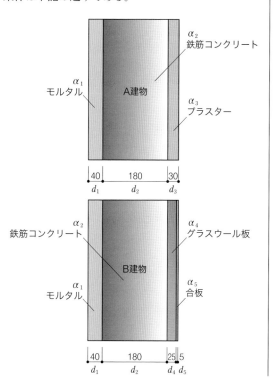

1章 建築環境

2章 熱環境

3章 空気環境

4章 光環境

5章 音環境

6章 都市環境

Q：熱貫流量〔W〕　K：熱貫流率〔W/(m²・K)〕

A：外壁の面積 $= 50$m²　t_o：外気温 $= 0$℃

t_i：室内気温 $= 20$℃

α_i：室内側の熱伝達率 $= 9$W/(m²・K)

α_o：室外側の熱伝達率 $= 23$W/(m²・K)

λ_1：モルタルの熱伝導率 $= 1.3$W/(m・K)

λ_2：鉄筋コンクリートの熱伝導率 $= 1.4$W/(m・K)

λ_3：プラスターの熱伝導率 $= 0.62$W/(m・K)

λ_4：グラスウール板の熱伝導率 $= 0.051$W/(m・K)

λ_5：合板の熱伝導率 $= 0.18$W/(m・K)

d_1：モルタルの厚さ $= 40$mm(0.04m)

d_2：鉄筋コンクリートの厚さ $= 180$mm(0.18m)

d_3：プラスターの厚さ $= 30$mm(0.03m)

d_4：グラスウール板の厚さ $= 25$mm(0.025m)

d_5：合板の厚さ $= 5$mm(0.005m)

解答

A 建物

$$K = \frac{1}{\dfrac{1}{\alpha_i} + \sum \dfrac{d_n}{\lambda_n} + \dfrac{1}{\alpha_o}}$$

$$K = \frac{1}{\dfrac{1}{9} + \dfrac{0.04}{1.3} + \dfrac{0.18}{1.4} + \dfrac{0.03}{0.62} + \dfrac{1}{23}}$$

$$= \frac{1}{0.111 + 0.031 + 0.129 + 0.048 + 0.043}$$

$$= \frac{1}{0.362} = 2.762 \ \text{〔W/(m²・K)〕}$$

$Q = K \times A \times (t_i - t_o)$

$Q = 2.762 \times 50 \times (20 - 0) = 2,762$〔W〕

室内側より室外側へ 2,762〔W〕熱移動（伝熱）する。

B 建物

$$K = \frac{1}{\dfrac{1}{9} + \dfrac{0.04}{1.3} + \dfrac{0.18}{1.4} + \dfrac{0.025}{0.051} + \dfrac{0.005}{0.18} + \dfrac{1}{23}}$$

$$= \frac{1}{0.111 + 0.031 + 0.129 + 0.490 + 0.028 + 0.043}$$

$$= \frac{1}{0.832} = 1.202 \ \text{〔W/(m²・K)〕}$$

$Q = 1.202 \times 50 \times (20 - 0) = 1,202$〔W〕

室内側より室外側へ 1,202〔W〕熱移動（伝熱）する。

＊B 建物は断熱材を入れることによって壁の厚さは同一であっても、伝熱が約 2.3 倍小さい。すなわち、断熱効果が 2 倍以上であることがわかる。

▶ 4　放射（輻射）量

一般材料からの放射熱量 E〔W/m²〕は、

$E = \varepsilon \times \sigma \times T^4$

ε：材料の放射率（$0 \leq \varepsilon \leq 1$）（表 2.4）

σ：ステファン・ボルツマン定数 $= 5.67 \times 10^{-8}$〔W/(m²・K)〕

T：物体表面の絶対温度〔K〕

放射率 $\varepsilon = 1.0$ の時は、完全黒体で、放射エネルギーを完全吸収（放射）することを指す。これを、ステファン・ボルツマンの法則と称する。

図 2.9 の平行壁体間の放射量：$q_{1\cdot2}$〔W/m²〕は、相互放射熱を放出し、差引いたものが高温側 q_1 から低温側に q_2〔W/m²〕として伝熱される。つまり、

$q_{1\cdot2} = \varepsilon_{1\cdot2} \times \sigma \left(T_1^4 - T_2^4\right)$

（1 の壁から 2 の壁への熱移動）

$\varepsilon_{1\cdot2}$：有効放熱率 $= \dfrac{1}{\dfrac{1}{\varepsilon_1} + \dfrac{1}{\varepsilon_2} - 1}$

（1 の壁から 2 の壁への熱放射）

固体表面における熱放射による移動熱量：

q_r〔W/m²〕は、

$q_r = \alpha_r \times (t_a - t_f)$

α_r：放射熱伝達率〔W/(m²・K)〕

t_a：周辺環境温度〔℃〕

t_f：壁体表面温度〔℃〕

＊放射熱伝導率 α_r は固体表面の温度、放射率によって変化する。

1章 建築環境

2章 熱環境

3章 空気環境

4章 光環境

5章 音環境

6章 都市環境

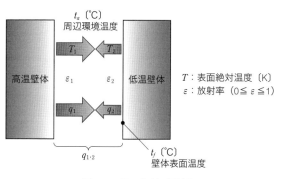

図2.9 熱の放射（輻射）

t_a 〔℃〕 周辺環境温度

T：表面絶対温度〔K〕
ε：放射率（$0 \leqq \varepsilon \leqq 1$）

t_f 〔℃〕 壁体表面温度

表2.4 各種材料の放射率

等級	主な材料等	放射率 ε 通常温度	日射吸収率
0	完全黒体	1.0	1.0
1	箱体	0.97 〜 0.99	0.97 〜 0.99
2	アスファルト、黒ペンキ、黒紙	0.90 〜 0.98	0.85 〜 0.98
3	赤煉瓦、コンクリート、石材、暗色ペンキ	0.85 〜 0.95	0.65 〜 0.80
4	耐火煉瓦、黄土色粘土	0.85 〜 0.95	0.50 〜 0.70
5	白ペンキ、プラスター、紙、ボード	0.85 〜 0.95	0.30 〜 0.50
6	窓ガラス	0.90 〜 0.95	ほとんど透過
7	光沢アルミペンキ	0.40 〜 0.60	0.30 〜 0.50
8	黄銅、銅、トタン板、鉄板	0.20 〜 0.30	0.40 〜 0.65
9	研磨黄銅、銅	0.02 〜 0.05	0.30 〜 0.50
10	アルミ箔、ブリキ板	0.02 〜 0.04	0.10 〜 0.40

（出典：『ASHRAE guide book '69』より抜粋）

Column

伝統民家の倉の浮き屋根

　浮き屋根は置き屋根ともいわれているが、まさに倉の屋根本体の上に屋根を置き二重屋根になっているものである。すなわち、屋根と倉の間に空気層をつくることで夏の日射による倉室内の温度上昇を抑えることができる。これは天然の空気層を利用した断熱材になり、倉の中にある物を長く保存できる先人の知恵である。

　この浮き屋根の伝統的な技術は断熱性、遮音性、結露防止の効果はもちろん、屋根通気工法として現代の住宅にも活かされている。

倉の浮き屋根（福島県南会津前沢、曲家集落）

2-3 室内への熱の出入り

▶ 1 熱取得

室内には、外部から入ってくる熱や室内で発生する熱がある。その種類は窓透過日射熱、室内発熱（人体、電化製品、照明器具からの発熱など）、暖房による熱がある（図2.10）。

・窓透過日射熱取得
＝ガラス窓日射透過率×窓面積×全日射量
・内部発熱取得：人体からの発熱は、静座時90～100W/人、軽作業時105～120W/人
・暖房熱取得：暖房熱が供給されることによって定常状態が保たれる。

▶ 2 熱損失

室内が暖められ、室外と温度差が発生すると室内の熱は室外へ流れ、熱損失になる（図2.11）。

(1) 外壁貫流熱損失と窓貫流熱損失

・外壁貫流熱損失 q_f〔W〕＝$K×A×\Delta t$
・窓貫流熱損失 q_g〔W〕＝$K×A×\Delta t$
K：熱貫流率〔$W/(m^2 \cdot K)$〕

A：外壁（ガラス）面積〔m^2〕
Δt：（室温 t_i － 外気温 t_o、$t_i > t_o$）〔℃〕

外気温には日射の影響で外壁表面温度の変動を考えた相当温度を用いる。

(2) 内壁貫流熱損失

・内壁貫流熱損失 q_i〔W〕＝$K×A×\Delta t×\alpha$
K：内壁熱貫流率〔$W/(m^2 \cdot K)$〕
A：内壁面積〔m^2〕
Δt：（室温 t_i － 外気温 t_o、$t_i > t_o$）〔℃〕
α：隣室温度差係数：冬期≒0.25、夏期≒0.4

(3) 換気による熱損失

・換気による熱損失 q_v〔W〕＝$0.33×Q×\Delta t$
$0.33＝c×\rho$
c：空気の比熱〔$KJ/kg \cdot K$〕
ρ：空気の密度〔kg/m^3〕
Q：換気量 $n×V$
n：換気回数〔回/h〕
V：室容積〔m^3〕
Δt：（室温 t_i － 外気温 t_o、$t_i > t_o$）〔℃〕

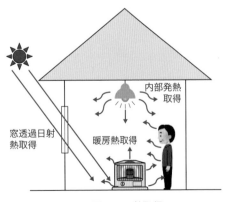

図2.10　熱取得

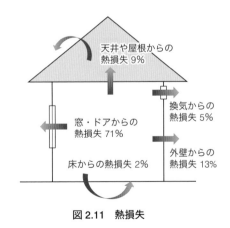

図2.11　熱損失

（4）熱損失係数

熱損失係数とは住宅の総合的な断熱性能を示す指標のひとつである。建物の内部と外気の温度差を1℃とした時に、単位時間当たりの熱損失量を実質の延べ床面積で割った値で、単位は〔W/(m²·K)〕である。建物の天井、外壁などの構造部分、窓などの開口部からの熱損失、換気による熱損失を合算して求める。一般的に「Q値」といわれるもので、値が小さいほど断熱性能が高いことを表す。

熱貫流率や熱抵抗値では判断できない、各部位の断熱性能のバランスを把握することができるなど、断熱性能を住宅全体で判断できる。

・熱損失係数 $Q : \dfrac{q + q_v}{S}$

q：各部位の熱損失量の合計〔W〕
q_v：換気による熱損失量〔W〕
S：延床面積〔m²〕

（5）省エネルギー計算：U_A 値

「外皮平均熱貫流率」を意味する住宅断熱性能の指標値である。住宅の室内から外皮（壁・床・屋根・開口部など）への熱損失量の合計（総熱損失量）を、延べ外皮面積で除した値で、この数値が小さいほど断熱性能は高い。

$$U_A \text{値}〔\text{W/(m}^2\text{·K)}〕= \frac{\text{総熱損失量〔W/K〕}}{\text{延べ外皮面積〔m}^2\text{〕}}$$

Column

相当温度差

相当温度差は、相当外気温度と、壁体の熱容量により異なる温度差をいう。相当外気温度〔℃〕は、室内外の温度差とは異なり、日射量や表面抵抗・外気温度などを考慮したものである。ただ、これは壁材などを熱が伝わる、壁体熱容量によるタイムラグ「時間の遅れ（time-lag）」が考慮されていないので、一般には、このタイムラグを考慮した方法を取る。この方法は、熱負荷計算で、相当温度差（Δt_e）として使われている。このような相当温度差は、壁体の熱容量に影響し、壁厚が厚いほど、外部の影響を受けにくく、タイムラグも大きくなる。

図は、南面と西面の垂直壁体の厚さの違いによる、相当温度差を表したものである。壁厚が厚いほど、外気の最大負荷時から、大きくずれ込んでいるのがわかる。

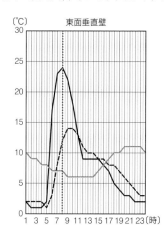

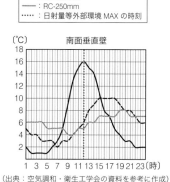

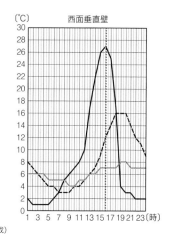

（出典：空気調和・衛生工学会の資料を参考に作成）

1章 建築環境
2章 熱環境
3章 空気環境
4章 光環境
5章 音環境
6章 都市環境

2-4 断熱

▶ 1 断熱効果

断熱とは、居住空間などに対して、外界の熱の室内への流入・流出を防ぐ（低くさせる）ことをいう。熱伝導抵抗〔m・K / W〕・熱伝達抵抗〔m²・K / W〕・熱貫流抵抗〔m²・K / W〕が大きいものは、熱の伝わりが小さく、断熱性は良い。これらの逆数である、**熱伝導率**〔W/(m・K)〕・**熱伝達率**〔W/(m²・K)〕・**熱貫流率**〔W/(m²・K)〕が小さいものほど、熱の伝わりが小さく、断熱性は良い。

表2.5は、熱の伝わる「抵抗」と、熱の伝わる「率」の断熱性を示している。断熱材は、**表2.1**（主要材料の熱伝導率）で示した、熱伝導率〔W/(m・K)〕の小さい値のものを、建築躯体材料と組み合わせて使用する。通常、低密度の材料が該当する。

▶ 2 外断熱と内断熱

外断熱は、**図2.12.a**に示すように、断熱材を躯体の外側に配置するものである。内断熱は**図2.12.b**のように従来工法として、断熱材を室内側に配置するものである。

外断熱でも内断熱でも、外部からの熱の流入・流出量は、定常熱負荷計算の上では同じである。しかし実際には、RCなどの熱容量が大きい材料を使用する建築物では、外断熱の方が断熱工法として冬期結露対策上有効である。外断熱は内断熱より内部温度差が少ないため、壁体内で、低温の場所ができにくいので結露に対して有利となる（**図2.13**）。

(1) 外断熱

内部側の連続暖房や構造物全体の保温に有利である。

・壁の湿気が少なく、壁体内の温度差が少ないため、**内部結露**が防止できる。また、断熱材の乾燥状態を維持できる。

・耐久性があり、外部衝撃に対して有利である。

(2) 内断熱

熱容量が小さいため、短い時間で温めることができる。よって常に使う室より、たまに使う室のほうが有利である。例えば、集会場、講堂等に有効である。

・**表面結露**は発生しにくいが、外の壁が冷いままで、内部結露が発生する危険性がある。

・高温側へ防湿膜をつけることによって内部結露の防止になる。

・**熱橋（ヒートブリッジ）**現象による局部熱損失の防止は難しい（**2-7-3**(3)（p.59）参照）。

表2.5 断熱性に関する熱抵抗と熱抵抗率

断熱性	熱の伝わる「抵抗」			熱の伝わる「率」		
	熱伝導抵抗〔m・K/W〕	熱伝達抵抗〔m²・K/W〕	熱貫流抵抗〔m²・K/W〕	熱伝導率〔W/(m・K)〕	熱伝達率〔W/(m²・K)〕	熱貫流率〔W/(m²・K)〕
・断熱効果が大 ・高断熱	大	大	大	小	小	小
・断熱効果が小 ・低断熱	小	小	小	大	大	大

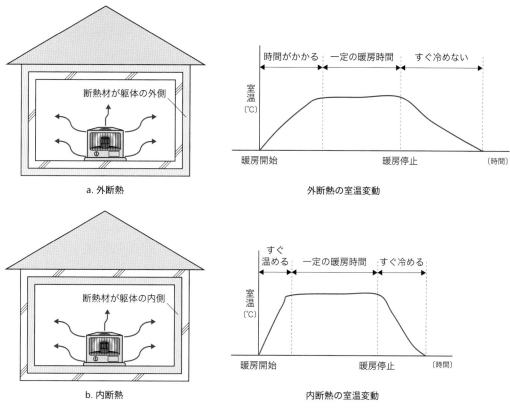

a. 外断熱

外断熱の室温変動

b. 内断熱

内断熱の室温変動

図 2.12　外断熱と内断熱の室温変動

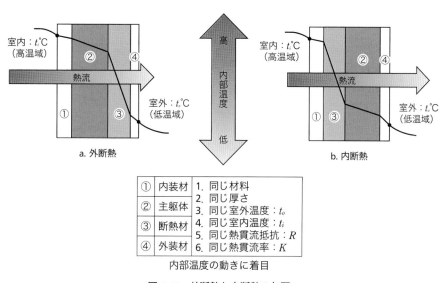

a. 外断熱

b. 内断熱

①	内装材	1. 同じ材料
②	主躯体	2. 同じ厚さ
③	断熱材	3. 同じ室外温度：t_o
④	外装材	4. 同じ室内温度：t_i
		5. 同じ熱貫流抵抗：R
		6. 同じ熱貫流率：K

内部温度の動きに着目

図 2.13　外断熱と内断熱の勾配

1章　建築環境

2章　熱環境

3章　空気環境

4章　光環境

5章　音環境

6章　都市環境

▶ 3 中空層の熱抵抗

　壁体内に、密閉空気層があると断熱性能は向上する。図2.14のように壁体において中空層の厚さが30〜50mmまでは熱抵抗が増大するが、さらに厚さが増すと空気層に対流が生じ、かえって抵抗が減少する（図2.15）。また、層の気密性が低くなると熱抵抗は約1/3に低下し、断熱効果が悪くなる。実際に空気層を利用した窓は旧豪邸などでも使われて、現在でもペアガラスとして使われている（図2.16）。

　中空層における断熱効果は次の通りである。

・中空層内の密閉度が増すと、断熱効果が上がる。
・中空層の内部にアルミ箔を挿入すると、**電磁波で**伝える放射熱を反射することで熱移動が減り、断熱性能が向上する。
・中空層を多く設けると、さらに断熱性能が向上する。
・層内に密閉乾燥空気が封入されると、内部結露を防げる。通常、市販のペアガラスには、密閉乾燥空気が封入されている。

▶ 4 断熱材の種類と特徴

　断熱材は繊維系と発泡プラスチック系がある。空気の熱伝導率が0.022〔W/(m・K)〕に比べて、繊維

系が0.043〔W/(m・K)〕、発泡プラスチック系が0.033〔W/(m・K)〕である。両材料は熱を伝えにくいため、断熱材として最適な建築材である（図2.17）。

（1）繊維系
①グラスウール
　素材がガラス繊維であり、安価である。また、防音効果もあり、映画館やコンサートホールなどにも

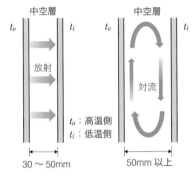

t_o：高温側
t_i：低温側

図2.15　空気層の熱の移動

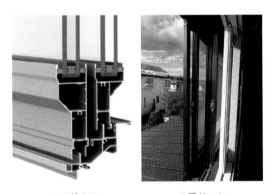

ペアガラス　　　　　二重サッシ

旧角海家住宅（石川県輪島市）

図2.16　空気層を利用した開口部

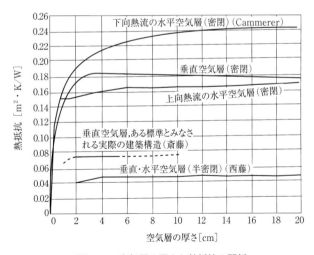

図2.14　空気層の厚さと熱抵抗の関係
（出典：日本建築学会編『建築設計資料集成 1. 環境』丸善、1978、p.122）

多く使われている。

グラスウールはシロアリなどの虫害の防止対策に有効で、火災にも強い。一般住宅では楽器の演奏や音楽鑑賞室、シアタールームの**防音材**としても最適である。

②アスベスト

アスベスト（石綿）は、蛇紋石や角閃石を繊維状に変形した天然の鉱石である。古代エジプトでは、ミイラを包む布として、古代ローマでは、ランプの芯として使われていた。アスベストの繊維1本は直径 $0.02 \sim 0.35 \mu m$（髪の毛の 5,000 分の1）程度である。安価で耐熱性に優れるため、過去には建築断熱材に使用された。しかし、空中に飛散したアスベスト繊維を長期間大量に吸入すると肺がんや中皮腫の誘因となることで、現在では建築材として**使用禁止**されている。

③ロックウール

アスベストの代替材料として広く使用されている鉄炉スラッグや玄武岩などを高温で加工する石綿の一種である。耐火性・吸音性に優れている断熱材である。ビニール袋に包まれた形状で出荷され、家の外壁と内壁の間に詰め込むように使用する。素材そのものが水分を抱えることがなく、**撥水性が高い**ことから、形状の保持が容易である。

(2) 発泡プラスチック系

①ウレタンフォーム

最近は施工する技術が発達してきたため、建築現場で特殊な機械を使用し、外壁と内壁の間にムラなく施工できるようになった。また、特殊な形状の建物でも使用しやすい製品が増えてきた。

プラスチック内部に熱を伝えにくいガスを泡状に抱き込ませることで、泡状の空気層を形成し、断熱効果を増す。ボード状になっている製品もあり、比較的高価であるが、湿気への抵抗力や耐久性に優れるため、ライフコスト的には有利である。

②ポリスチレンフォーム（発泡スチロール）

原材料となるビーズ状のポリスチレンを発泡させ、金型で形をつくる。施工が容易で、比較的安価であり、軽くて水に強いなどの特徴がある。軽量であり、断熱材が自重で捻じれることや壁内部で剥落することがないため、広く使用されている。

ロックウール（岩綿）
（出典：丸日産業ホームページ）

グラスウール
（出典：アオキ産業製品カタログ）

発泡スチロール
（提供：大平茂男氏）

アスベスト
（出典：国土交通省パンフレット「建築物のアスベスト対策」）

断熱材施工実例（提供：大平茂男氏）

アスベスト吹付け

図2.17　断熱材の種類

1章 建築環境
2章 熱環境
3章 空気環境
4章 光環境
5章 音環境
6章 都市環境

2-5 蓄熱

▶ 1 熱容量

　熱容量とは、熱を蓄えることができる容量をいう。材料自体の比重と、質量に比例する。即ち、これらの値が大きいほど、熱容量は大きい。

　建築材料では一般に熱容量が大きい材料はコンクリートで、熱しにくく冷めにくい。その反面、熱量が小さい材料はガラスで、熱しやすく冷めやすい。

　地球環境では、熱容量が大きい海面（水面）は熱しにくく、冷めにくい。熱容量が小さい陸上（陸地）は熱しやすく、冷めやすい。

　熱容量に関連する比熱とは、建築材料等の物質1kgを、1K（1℃）上げるのに必要な熱量をいう。したがって、熱容量と比熱の関係は、熱容量＝比熱×

質量である（表2.6）。

▶ 2 壁体の熱容量と室内温度の変化

　熱容量が大きい鉄筋コンクリート（RC）造の外壁の場合は、日射の影響などによる外気温度の影響は受けにくい。これに伴い、室温の変化は緩慢となり、変動の幅が少ない。

　この時、外気温度の最高点と室温の最高点とは、図2.18のように、時間の遅れ（タイムラグ）が出てくる。最低点にあっても同様である。

　逆に、熱容量の小さい壁体の場合は、日射の影響などによる外気温度の影響を受けやすく、その影響が直ぐに室温に現れて、その変動幅も大きくなる。

表2.6 比熱と熱容量

	空気	コンクリート	水	単位
比熱	0.24	0.25	1	kcal/(kg·℃)
	1	1.05	4.18	kJ/(kg·K)
質量	1.2	2,400	1,000	kg
熱容量	0.29	600	1,000	kcal/℃
	1.2	2,520	4,180	kJ/K

・比熱〔kJ/(kg·K)〕〔kcal/(kg·℃)〕
　：物質1kgを1K（℃）上昇させるのに必要な熱量。
　1J（ジュール）：1N（ニュートン）の大きさの力が物体を1m動かす時の仕事量に相当する熱量。
　1cal（カロリー）：1gの水を1℃上昇させるのに必要なエネルギー量。
　　　　1J ≒ 0.24 cal　1cal ≒ 4.18 J
・熱容量〔kJ/K〕〔kcal/℃〕：比熱×質量（密度×容積）
　壁体などの暖まりにくさ、冷えにくさ、即ち外界の温度の影響の受けやすさ、受けにくさを表す。

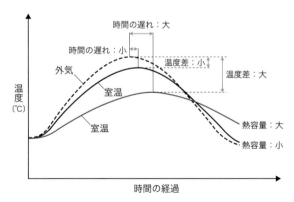

図2.18 熱容量と室温変化

1章 建築環境

2章 熱環境

3章 空気環境

4章 光環境

5章 音環境

6章 都市環境

2-6 湿気

▶ 1 空気の状態と空気の性質

一般的に空気の状態は、乾球温度と相対湿度で表現されるが、空調計算等で用いられる空気の状態は、**表**2.7 に示すものによって表現される。

これらの値は基本的に、空気中の温度と水蒸気圧の状態を表しており、空調設備計画・空調設計上、必要不可欠である。

地表には常時、大気の圧力が**気圧**というかたちで、表現される。

地表の気圧は、

1 気圧 = 10.33mH₂O（水柱）= 1.0332kgf/cm²

= 0.76mHg（水銀柱）= 760mmHg

= 1.01325bar = 1,013mbar

= 1,013hPa = 100kPa = 0.1MPa

環境工学で扱う空気は、特殊な状況下でない限り、0.1MPa の環境下にある。

表 2.7　空気の状態

空気の状態	記号	単位・その他
乾球温度	DB・t	
湿球温度	WB・t'	℃・°F・K
露点温度	DP・t''	
絶対温度	T・K	（K：ケルビン T = 273 + DB）
相対湿度	RH・ϕ	% 湿り空気分圧と飽和空気分圧との比
飽和度（比較湿度）	PH・ψ	% 絶対湿度と飽和空気の絶対湿度との比
絶対湿度	x	kg/kg（DA）水蒸気量 / 乾き空気
比容積	v	m³/kg（DA）比重量 1.2 の逆数 0.83
水蒸気分圧	h	湿り空気の水蒸気圧力
顕熱比	SHF	SHF = SH/TH = SH/(SH + LH)
熱水分比	U	$U = \Delta h / \Delta x$
比エンタルピー	$h・i$	kJ/kg（DA）湿り空気のエネルギー

▶ 2 空気の比重量

空気の単位体積当たりの重さを比重量という。比重量の逆数を比容積と称する。

比重量と比容積の値は、各種環境条件で変わるが、空気調和における計算上は、比重量 γ = 1.2kg/m³（DA）、比容積 ν = 0.83m³/kg（DA）として扱うことが多い。

比熱は、定圧比熱と定容比熱を考慮する必要がある。同じ流体でも水の場合、水は非圧縮性流体であることで、空気に比べて熱（温度）による体膨張は少ない。

・定圧比熱：1kg を 1K（℃）加熱する熱量。

Cp = 0.28kJ/(kg・K) = 0.24kcal/(kg・℃)

・定容比熱：1m³ を 1K（℃）加熱する熱量。

Cp = 0.34kJ/(m³・K) = 0.29kcal/(m³・℃)

▶ 3 湿り空気

（1）湿り空気

湿り空気は乾き空気＋水蒸気である。**図**2.19 のように、建物が存在する地上の空気中には必ず「水蒸気」が包含されている。この水蒸気が、温度だけでなく温熱感覚に大きく働くわけである。室外環境条件における熱量は、この乾き空気の持つ熱量と、水蒸気の持つ熱量の和である。室内環境は温度と水

	湿り空気 =	乾き空気 ＋	水蒸気
圧力	$P_a + P_v$	P_a	P_v
体積	V	V	V
重量	$1 + x$	1	x

図 2.19　湿り空気と絶対湿度

蒸気による絶妙のバランスで構成されていると感じれば、空気調和計画をする意義を見いだせる。空気は、エネルギーを保有している。湿り空気の持つ熱量は、湿り空気のエンタルピーと表現される。

湿り空気の持つ熱量は、温度変化による乾き空気の持つ熱量（顕熱量）と、状態変化による水蒸気の持つ熱量（潜熱量）との和で、**全熱量**と呼称される。

全熱量 H〔kJ/kg(DA)〕＝乾き空気のエンタルピー
　　　　　　　　＋水蒸気のエンタルピー

H〔kJ/kg(DA)〕＝H_S＋H_L＝(1.005×t_1)
　　　　　＋(2501.6＋1.846×t_1)×X

　　　t_1：乾球温度〔℃〕

　　　X：絶対湿度〔kg/kg(DA)〕

(2) エンタルピー

エンタルピーは一定の温度と圧力で持つ物質の**エネルギー**を意味する。発熱して熱を出す時はエンタルピーが下がり、吸熱して熱を受け取る時はエンタルピーが上がる。すなわちエンタルピーは熱だけ考慮した概念である。単位質量当たりのエンタルピーを**比エンタルピー**といい、単位は kJ/kg(DA) で表す。

▶ 4 空気線図

湿り空気線図とは線図上に、乾球温度、湿球温度、露点温度、絶対湿度、相対湿度、比エンタルピーなどを表している。図 2.20 に示す空気（湿り空気）の各状態値は、一気圧下で一定とすると、表中の何らか 2 点例えば、乾球温度と相対湿度の数値を決めればあらゆる状態値が決定できる。これを図式化したものが空気線図である。

(1) 空気線図の見方

図 2.20 から一般的冷房時の室内環境条件である、乾球温度（DB）26.0℃、相対湿度（RH）50％の時、他の状態は、湿球温度（WB）＝18.7℃、露点温度（DP）＝14.7℃、絶対湿度（X）＝0.0105kg/kg(DA)、比エンタルピー（h）＝52.9kJ/kg(DA) となる。

(2) 空気線図の空気調和

①加熱・冷却

空調装置では空気がコイルを通過する時、熱交換される（図 2.21.a）。線図上のある点から、右側への

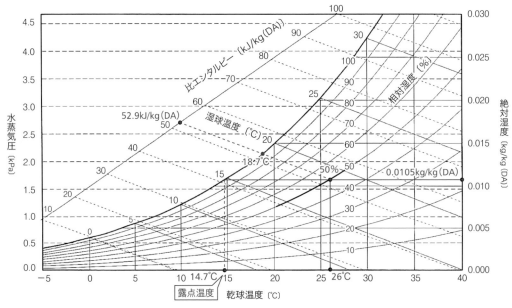

図2.20　湿り空気線図

移動が加熱で、左側が冷却である。加熱・冷却量は、風量を $Q\text{m}^3/\text{h}$ とすると、下記で算出される。

加熱・冷却量 q〔W〕$= 0.33 \times Q \times \Delta t$

$\Delta t =$ 加熱（$t_2 \rightarrow t_1$） 冷却（$t_1 \rightarrow t_2$）

②加湿・除湿

空調装置では装置内で加湿器により蒸気や水を噴霧する。ビル設備での除湿は、冷却コイルによる冷却除湿でまかなわれる（**図2.21.b**）。

線図上のある点から、上側への移動が加湿で、下側が除湿である。加湿量は、風量を $Q\text{m}^3/\text{h}$ とすると、下記で算出される。

・加湿量 L〔kg/h〕$= 1.2 \times Q \times \Delta x$

$\Delta x =$ 加湿（$x_2 \rightarrow x_1$） 除湿（$x_1 \rightarrow x_2$）

③空気の混合

異なる状態の二つの空気流を混合させると混合空気の状態は**図2.21.c**のようになる。ここで、Q_1、Q_2 を Q_3 の風量に対する混合比によって計算すると、下記のようになる[*1]。

乾球温度〔℃〕：$t_3 = t_1 \times Q_1$比$+ t_2 \times Q_2$比

絶対湿度〔kg/kg(DA)〕：$x_3 = x_1 \times Q_1$比$+ x_2 \times Q_2$比

比エンタルピー〔kJ/kg(DA)〕：h_3
$$= h_1 \times Q_1比 + h_2 \times Q_2比$$

[*1] なお、風量は容積表示 Q〔m^3〕と、重量表示 G〔kg〕がある。この関係は、$G = Q/0.83$ で、0.83〔m^3/kg〕は空気の比容積である。比容積の逆数、比重量 1.2〔kg/m^3〕では、$G = 1.2Q$ で表すことができる。

1章 建築環境

2章 熱環境

3章 空気環境

4章 光環境

5章 音環境

6章 都市環境

例題

乾球温度 30℃ の空気 200m^3 と、20℃ の空気 800m^3 を混合した。このとき、混合空気の乾球温度を求め、空気線図上にプロットせよ。ただし、それぞれの空気の相対湿度は、50%である。

解答

空気線図に条件をプロットしたのち線分を 0.8 と、0.2 に分割した点が混合点。

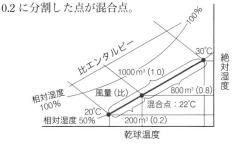

（計算で求める場合）

空気混合の比率は、30℃ は 200m^3 と、20℃ は 800m^3 だから、0.2 と 0.8 である。

したがって、$20℃ \times 0.8 + 30℃ \times 0.2 = 22℃$

【空気の混合：空気線図上での求め方】
①の空気：$t_1 \cdot x_1 \cdot h_1$（例えば、冷房時の外気条件）
②の空気：$t_2 \cdot x_2 \cdot h_2$（例えば、冷房時の室内条件）
③の空気：$t_3 \cdot x_3 \cdot h_3$（①と②の混合空気の状態）
　　線分①③→風量（比）：Q_2　　線分②③→風量（比）：Q_1
　　線分①②→風量（比）：Q_3
ここで、$Q_3 = Q_1 + Q_2$ である。
空気線図上での作図方法の手順は以下のとおり。
・①の空気と、②の空気をプロットする。
・①②間の線分の線図上の長さ Q_3 を 1.0 として、$Q_1 \cdot Q_2$ の比率を求める。
・②③の線分の長さを Q_1 の比、①③を Q_2 の比とすれば、③のポイントが決まる。

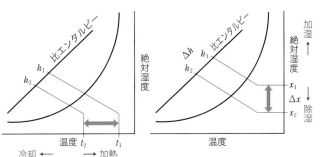

a. 加熱・冷却（温度の変化）　　b. 加湿・除湿（絶対湿度の変化）

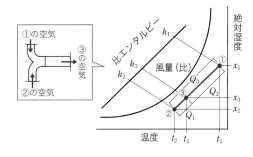

c. 空気の混合（エンタルピーの変化）

図2.21　空気線図での状態

2-7 結露

▶ 1 結露とは

結露とは構造体の表面温度が周辺空気の露点温度より低くなり表面に水滴ができる現象をいう。このような構造体表面の結露を表面結露といい、構造体内部に発生するものは内部結露という。結露の発生原因は、室内の温度差、水蒸気の多量発生、躯体の結合部分の熱橋部位、換気不足、施工不良など複合的な作用による。

空気中の水蒸気は、その空気が露点温度以下になると水蒸気（気体）の状態を保てず、「水」になる。この凝縮されて「水」になることを、結露という。冷蔵庫で約 10℃ に冷やされたビールや飲料水をグラスに注ぐと、グラス表面に水滴が付着する。これが結露であり、室内の空気中の水蒸気がグラス表面で凝縮され水になったものである。

図 2.22、図 2.23 は、ある壁体での条件下で、計算により結露を判定できる方式である。

例えば、図 2.23 から室温 t_i 23℃、湿度 60％の空気は P 点の位置にある。それより低温の個体表面に接すると、空気は冷却されて左方向へ移動し、つい

には飽和状態 P_d に達する。この時の温度 t_d 14.8℃を露点温度という。表面温度 t_o が露点 t_d より低ければ空気はさらに冷却され過飽和状態になる。この時、空気中の余分な水蒸気は表面で凝結し、水滴となる。実用上簡易的な結露の判定は、図 2.24 の線図から判定できる。

▶ 2 結露の害

結露で濡れた壁や床などを放置しておくと、カビが生える。カビは様々な病気の原因になり、住んでいる人に健康面で害を与える。また、ダニの死骸やフンにもカビは発生する。湿気がある限り、カビが増殖し続ける悪循環が起こる。アレルギーを引き起こす原因の 90％以上がカビに起因しているといわれており、子どもや老人のいる家庭では、結露がぜん息のリスクを高くしている。

鉄筋コンクリート造の建物においては、内部結露によって躯体の鉄筋が錆びて膨張することで強度が低下する。そして、地震のような横からの振動荷重を受けると構造上致命的な結果を招く恐れがある。

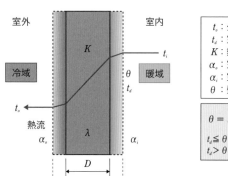

t_o：外気温度（℃）
t_d：室内露点温度（℃）
K：熱貫流率（W/(m²·K)）
$α_o$：室外壁表面熱伝達率 ≒ 23〜35（W/(m²·K)）
$α_i$：室内壁表面熱伝達率 ≒ 9（W/(m²·K)）
$θ$：壁体表面温度（℃）

$$\theta = t_r - \left(\frac{K}{\alpha_i} \right) \times (t_i - t_o)$$

$t_d \leqq \theta$：結露しない（しにくい）
$t_d > \theta$：結露する

図 2.22　結露発生の温度状況

1章 建築環境

2章 熱環境

3章 空気環境

4章 光環境

5章 音環境

6章 都市環境

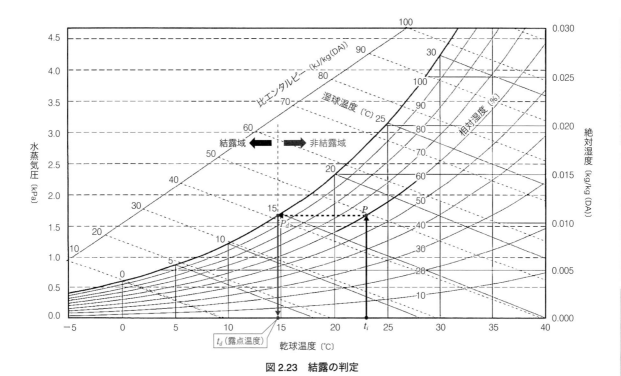

図 2.23　結露の判定

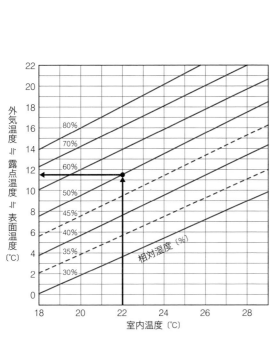

図 2.24　結露の簡易判定法

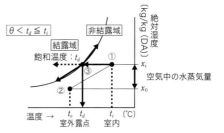

$\theta < t_d \leqq t_i$

非結露域

結露域

飽和温度：t_d

空気中の水蒸気量

x_i

x_0

温度 →　t_o　t_d　t_i　〔℃〕
　　　　外気露点　室内

●空気線図上の動き
①：室内の温度=t_i〔℃〕、絶対湿度=x_i〔%〕
②：室外の温度=t_o〔℃〕、絶対湿度=x_o〔%〕
の条件とき、①の空気が冷却されるか、②の外
気温度が下がり表面が、③飽和温度=t_d〔℃〕
以下になったとき、結露が発生する。

●結露の簡易判定
一般的な冬期室内環境条件の、
　　温度＝22℃
　　相対湿度＝50%
のとき、ガラス面や壁体の表面温度が、
11.5℃になったとき、結露が発生する。
このとき、外気温度≒表面温度になったとして、
室内の露点温度以下になれば、
結露が発生する環境にある。

57

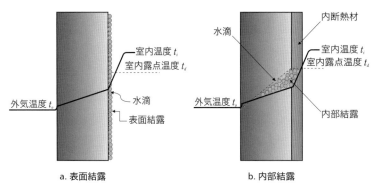
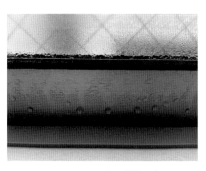

| a. 表面結露 | b. 内部結露 | アルミサッシ窓の結露現象 |

図 2.25　表面結露と内部結露

▶ 3　結露の原因除去防止方法

結露は内外温度差、室内露点温度、壁体などの熱貫流率、室内外壁表面熱伝達率、換気量などが影響する。住宅内で結露が生じやすい場所は、外気に面した室内側入隅部、窓のガラス表面、アルミサッシ、タンスの裏、押入れの中などが挙げられる。

結露防止策は、温度差を大きく取らず、熱貫流率を小さく、室内換気を十分に取るなどの措置が必要である。

・換気：湿った空気をなくす。
・暖房：建物内の表面温度を上げる。短時間の暖房より長時間の暖房の方が有効である。
・断熱：構造体による熱損失を防止し、熱貫流率を小さくできる。

（1）表面結露

建物の表面温度が空気の露点温度より低いと表面に結露が発生する。また、室内空気の水蒸気圧がその空気に接する壁の表面温度による飽和水蒸気圧より高い時に発生する（図 2.25.a）。非暖房室や開放型石油ストーブは結露が発生しやすい。

防止するためには、

・壁表面温度を室内空気の露点温度より高くする。
・室内の水蒸気発生の制御または換気を通して、発生した湿気を排除する。

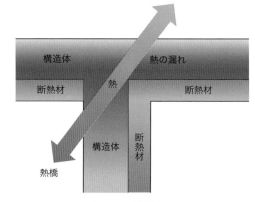

図 2.26　熱橋現象

・適切な透湿抵抗を持つ防湿層を壁の内側に設ける。
・外気より内側の気密性を高くする。例えばカーテンや二重サッシを設置する。

（2）内部結露

外部より室内の湿度が高く、壁の中に透湿力があると水蒸気圧勾配が発生する。その時、壁の中のある部分の温度がその部分の露点温度より低くなると、内部結露が発生する。また、壁体内のある部分の水蒸気圧が飽和水蒸気圧より高い時にも発生する（図 2.25.b）。

防止するためには、

・壁体内の温度をその部分の露点温度より高くする。
・壁体内の水蒸気圧を飽和水蒸気圧より小さくする。
・内部の断熱材に結露が発生すると断熱性能が低下し結露が増すので、室内側に防湿を施す。

・内断熱より外断熱の方が内部結露に有利である。

（3）熱橋現象

熱橋は**ヒートブリッジ**といい、工法上、断熱材で保護されていない箇所から熱の漏れが生じる現象である（**図2.26**）。冷橋ともいう。

壁と屋根、壁と床の接合部位、窓枠など断熱が施工しにくいところで発生しやすく、熱橋現象が発生する部位は表面温度が低くなる（**図2.27**）。防止対策として外断熱工法のほか、接合部位の断熱、断熱材の連続性など細かい断熱施工が必要である。

図2.27　赤外線でみる熱橋部分
赤枠内（赤外線カメラでは赤く見える部分）が熱橋による熱損失。開口部や接合部分が起こりやすい

1章　建築環境

2章　熱環境

3章　空気環境

4章　光環境

5章　音環境

6章　都市環境

Column

韓国の建具―韓屋の窓

伝統的韓屋（ハンオク）（韓国伝統民家）は内側から障子紙をはり、外側からは格子の骨組みが見えるのが、日本の障子紙のはり方と逆で、それが大きな違いである。また、日本の場合、引き戸になっているが、韓国の場合は引き戸と開き戸との二重になっている。その隙間は約4.5cmであり、空気層を持つことにより、断熱効果を増している。環境工学的には壁の空気層は3～5cmが効率的であるとされており、今の空気層断熱の技術に近い。最近では韓屋の建具は、引き戸を障子で二重にし、開き戸をガラスにすることで三重になっている。冬は開き戸のガラスが太陽の日射を受け温室効果を得ている。引き戸の二重障子の空気層は断熱の役割を果たしている。

伝統韓屋建具の窓

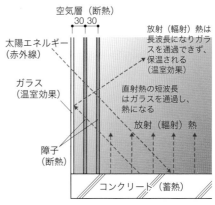

現代風韓屋建具の温熱効果の解析図

空気層（断熱）
30 30
太陽エネルギー（赤外線）
放射（輻射）熱は長波長になりガラスを通過できず、保温される（温室効果）
ガラス（温室効果）
直射熱の短波長はガラスを通過し、熱になる
放射（輻射）熱
障子（断熱）
コンクリート（蓄熱）

練習問題 空気線図の読み方

1. 乾球温度 10℃、相対湿度 60%の空気を、乾球温度 25℃まで暖めると、相対湿度は何%になるか？

2. 乾球温度 30℃、相対湿度 80%の空気を、乾球温度 20℃、相対湿度 40%の状態にするには、冷却と同時に空気 1kg 当たり何 g の減湿が必要か？

3. 乾球温度 25℃、相対湿度 80%の空気を、乾球温度 15℃まで冷却した後に、乾球温度 27℃まで加熱すると、相対湿度は何%か？

4. 乾球温度 30℃、相対湿度 80%の空気を、乾球温度 20℃、相対湿度 30%の空気とを同じ分量だけ混合すると、空気の状態はどのようになるか？

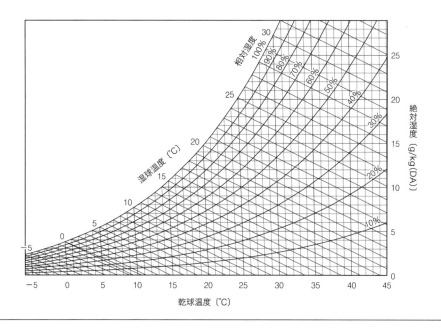

【解答】

1.
乾球温度 10℃ と相対湿度 60%の交わる A 点から、乾球温度 25℃まで移動した B 点が相対湿度になる。
答え：
約 25%

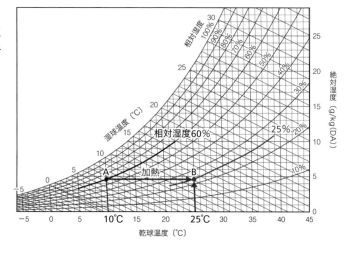

2.

乾球温度30℃と相対湿度80%の空気がA点で、右へ水平線を引くとこの状態の絶対湿度にあたる。上記と同じように乾球温度20℃と相対湿度40%はB点になる。そしてA点の水蒸気量からB点の水蒸気量を引けば減湿量になる。

答え：

A点の空気が含む水蒸気：1kg当たり21.9g

B点の空気が含む水蒸気：1kg当たり5.9g

21.9g − 5.9g = 16g

∴16gの減湿が必要になる。

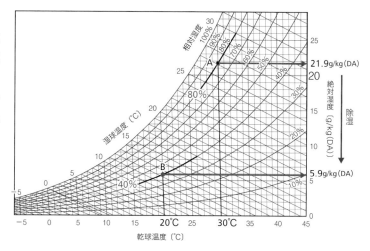

3.

乾球温度25℃、相対湿度80%が交わるA点の空気を乾球温度15℃まで冷却するプロセスは次のようになる。まず左へ水平移動し、相対湿度100%に達すると、水蒸気はこれ以上増えなくなり（過飽和状態）、相対湿度100%のラインに沿って15℃まで左下へ移動してB点になる。その後、乾球温度27℃まで加熱する時は、右へ水平線を引いて、27℃の垂直線と交わるC点が相対湿度になる。

答え：

47%

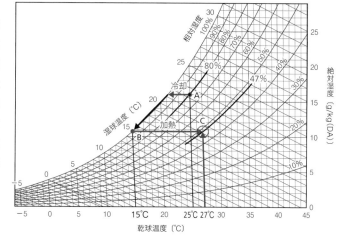

4.

乾球温度30℃と相対湿度80%の空気が交わるA点から、乾球温度20℃と相対湿度30%の空気が交わるB点を斜線で結ぶ。この斜線を二等分した中間C点から垂直に下ろして読むと乾球温度平均値になる。この斜線二等分というのは同じ分量だけ混合するという意味である。この時、C点の相対湿度は65%、絶対湿度は右に水平線を引いた値となる。

答え：

乾球温度の平均値：25℃

相対湿度：65%

絶対湿度平均値：13.0g/kg(DA)

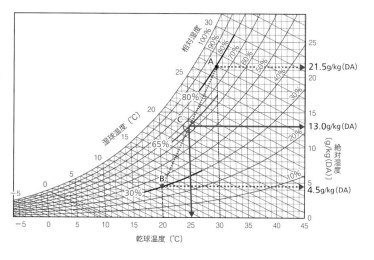

1章 建築環境

2章 熱環境

3章 空気環境

4章 光環境

5章 音環境

6章 都市環境

【第2章　○×問題】

1. アルミ箔を空気層内面に使用すると、熱抵抗が著しく増す。

2. ふく射による熱の移動は、空気がなくても起こる。

3. 空気層は、気密性が劣っても断熱効果には影響しない。

4. 建築材料の熱伝導率は、一般に、その密度が大きいほど小さい。

5. 断面が複数の平行な層からなる壁の熱貫流に関して、熱貫流率は、熱貫流抵抗の逆数である。

6. 熱貫流率の小さい壁を造るには、熱伝導率の小さい材料を用いる。

7. 熱貫流率は、材料をはさんで空気と空気の間の熱の伝わりやすさを示すものである。

8. 壁の熱貫流に関して、熱貫流抵抗は、壁体の両表面の熱伝達抵抗の値と各層の熱抵抗の値を合計した値である。

9. 熱伝達率は、材料と空気の間の熱の伝わりやすさを示すものである。

10. 壁体の表面に当たる風の速さは、壁体の熱伝達には関係がない。

11. 防寒構造計画上、空気層は、一層で厚いものより、数層に分割する方が有効である。

12. 壁の熱貫流に関して、中空層の熱抵抗の値は、中空層の密閉度・厚さ・熱流の方向などによって異なる。

13. アルミ箔を中空層の両面に張ると、片面の時の倍の断熱効果が得られる。

14. 木材の熱伝導率は、普通コンクリートの熱伝導率より小さい。

15. 熱容量は比熱と質量に比例する。

16. 熱貫流率の小さい壁は、熱伝導率が同じであれば吸水性の大きい材料がよい。

17. 熱貫流率は、熱伝導率と熱伝達率を組み合わせたものである。

18. 熱貫流率の小さな壁を造るには、壁を乾式構造にした時は、目地にすき間ができないようにする。

19. 熱伝導率が小さいと熱伝導抵抗が大きく、断熱性が悪くなる。

20. 壁体内の中空層では、放射（ふく射）と対流によって熱が伝わる。

21. 外気に面した壁の内部結露を防止するためには、断熱材を厚くすれば防湿層を設けなくてもよい。

22. 外壁の室内側表面に透湿性の断熱材を張った場合、内部結露を生じることが多い。

23. 住宅における冬期の結露防止のために、外気に面した壁に断熱材を充てんし、断熱材の外気側と室内側の両面に防湿層を設けた。

24. 外断熱は短時間に室を使用する場合に適する。

25. 二重サッシの窓の内部結露防止には、外側よりも内側のサッシの気密性を高くする方がよい。

26. 各室間の温度差を小さくすることは、結露防止上有効である。

27. 床・壁・天井まわりの隙間を減らし、窓まわりの気密度を高めると、表面結露の発生を防止できる。

28. 暖房しない部屋の窓を気密化すると、外気の流入が減り、結露しやすくなる。

29. 冬期において、浴室における結露防止には、浴室に室内空気を導入し、水蒸気を屋外に排出するのが効果的である。

30. 冬期の結露に関して、暖房しない部屋の窓を気密化すると、その部屋の換気量が減って、相対湿度が上がるので、結露しやすくなる。

【解答】

1.○　2.○　3.×空気層は気密性が劣ると熱の対流により断熱効果が落ちる。　4.×熱伝達率は軽いほど小さくなり、重い（密度が大きい、比重が大きい）ほど大きい。　5.○　6.○　7.○　8.○　9.○　10.×空気の対流により風速が早ければ早いほど熱の伝達が大きくなる。　11.○　12.○　13.×アルミ箔の滑らかな面は輻射熱（放射熱）の電磁波を反射させることで断熱効果を得るには1枚でも十分である。　14.○　15.○　16.×吸水性の大きい材料を使うと水の伝導率になるので熱貫流率が大きくなる。　17.○　18.○　19.×熱伝導率が小さいと熱伝導抵抗が大きくなり、断熱性がよくなる。　20.○　21.×内部結露防止には断熱材の厚さに関係なく防湿層を設ける。　22.○　23.×室内側に防湿層を設け、室内からの湿気の侵入を防ぐ。外側は必要ない。　24.×外断熱は長時間室を使用する場合に効果が持続しやすい。内断熱に比べて壁体内の温度が引き上げられるので結露対策上効果である。　25.○　26.○　27.×床・壁・天井まわりなどの熱橋（ヒートブリッジ）部分は断熱性能を高める。断熱材がなく気密性だけでは結露が発生する。28.○　29.○　30.○

3章

空気環境

換気と通風をテーマに建てられた名護市庁舎

　空気環境で重要なことは換気と通風である。換気は室内の汚染された空気を排出し、新鮮な空気を取り入れて室内の空気を清浄に保つことを目的とする。一方、通風は室内へ風を誘引し、涼を得ることで体温調節の役割をする。両者は我々の健康には必須条件であり、建物で発生する結露からの被害を防ぐこともできる。本章では空気汚染物質、換気種類、換気量の計算、通風計画について学ぶ。

3-1　室内の空気汚染

▶ 1　室内空気の成分と汚染物質

空気中の化学的成分で主なものは、都市部、農村部等で多少異なるものの、平均的数値は**表**3.1に示す。

酸素（O_2）は生活環境に加え、燃焼に供するものであり、**二酸化炭素**（CO_2）は、生活環境悪化の一因であり、室内環境の限度値は1,000ppm[*1]以下とされている。なお、**一酸化炭素**（CO）は、人間生活の過程で生成される可能性があるが、人体に有害である。**ビル管理法**（建築物の衛生的環境の確保に関する法律）では、10ppmを超えてはならないと規定されている（**表**3.2）。

ヒトの暮らしにより、様々な汚染物質が発生し、室内空気が汚染されるが、自然換気や機械換気を使い汚染空気を排出しなければならない（**図**3.1）。

▶ 2　室内空気汚染の原因

（1）粒子状汚染

①浮遊粉塵（ほこり）

浮遊粉塵は外から入ってくるよりも家の中で発生することが多い。発生原因となる物質は服、カーテン、カーペット、ふとん、タオルなど、ほとんどは布から発生する。

また、本、新聞、雑誌、ティッシュのような繊維からも発生する。さらに、ほこりの中にはダニが生殖している。

表3.1　新生空気と人間の呼気成分〔容積%〕

成分ガス	窒素 N_2	酸素 O_2	二酸化炭素 CO_2	その他
新鮮空気	78.03	20.99	0.03	若干
呼気	79.1〜80.0	14.5〜18.5	3.5〜5.0	若干

表3.2　ビル管理法上の室内環境基準

温度	17℃以上・28℃以下、居室と外気温の差を少なく
相対湿度	40%以上・70%以下
二酸化炭素	1,000ppm（0.1%）以下
気流	0.5m/s以下
一酸化炭素	10ppm（0.001%）以下
浮遊粉塵	0.15 mg/m³以下
落下細菌	病原体汚染防止の措置を講ずる
ホルムアルデヒド	0.1 mg/m³以下
換気	粉塵・CO_2・CO・気流・VOC：空気を浄化し、流量を調節して供給する

②カビや病原菌

空気中には病原菌となるカビ菌や細菌、ウイルス、動物の毛や皮膚から剥がれ落ちる微粒子などが舞っている。

③アスベスト

1960年代にアスベストによる肺がんや中皮腫の発生が確認され、1972年に国際労働機関（ILO）がアスベストによる職業がんを公認、日本では75年に吹き付けアスベストの使用が禁止された。現在はアスベストの輸入、製造、使用は禁止されている。

＊1　ppm（parts per million）：流体中（ここでは空気中）に含まれる物質の微小濃度の表現で、1/1,000,000のこと。1ppm＝0.0001%（1%＝10,000ppm）である。

＊2　VOC（volatile organic compound）：揮発性有機化合物の総称。大気汚染や土壌汚染の原因となる物質も多く、住居用の接着剤に含まれる有機溶剤などが室内空気汚染物質として問題になっている。

1章 建築環境

2章 熱環境

3章 空気環境

4章 光環境

5章 音環境

6章 都市環境

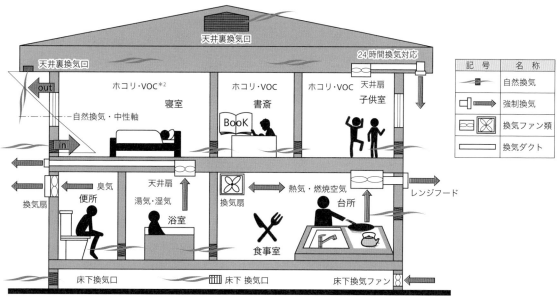

図3.1　室内空気汚染と換気

（2）ガス状汚染

①一酸化炭素

　一酸化炭素は、木炭のように炭素を含んだ物質を燃やした時、酸素が十分にないと発生する気体で、有毒ガスである。酸素が十分あれば二酸化炭素が出る（表3.3）。

　一酸化炭素が発生する可能性のあるものは意外と身近にある。例えば、ガス湯沸し器、ガスストーブ、暖炉などが**不完全燃焼**すると、一酸化炭素が出る。

　一酸化炭素は血液中のヘモグロビンと結び付きやすく、血液の酸素運搬能力が極端に低下して一酸化炭素中毒となる。一酸化炭素の体積濃度が0.05%（500ppm）を超すと中毒症状、0.2%（2,000ppm）になると短時間で死亡する危険性がある。

②二酸化炭素

　二酸化炭素は、少量であれば人体に影響はないが、濃度が高くなると、倦怠感、頭痛、耳鳴り等の症状をもたらす。また、室内の二酸化炭素濃度は全般的な室内空気汚染を評価するひとつの指標としても用いられ、空気中の含有率は「100万分の1,000以下（0.1%、1,000ppm）」と定められている。

表3.3　CO濃度の人体影響

濃度〔ppm〕	濃度〔%〕	暴露時間	影響
5	0.0005	20min	高次神経系の反射作用の変化
30	0.003	8h以上	視覚、精神機能障害
200	0.02	2〜4h	前頭部頭重、軽度の頭痛
500	0.05	2〜4h	激しい頭痛、悪心、脱力感、視力障害、虚脱感
1,000	0.1	2〜3h	脈はくこう進、けいれんを伴う失神
2,000	0.2	1〜2h	死亡

（出典：日本建築学会編『建築設計資料集成1. 環境』丸善、1978、p.140に加筆修正）

表3.4　CO₂濃度の人体影響

濃度〔ppm〕	濃度〔%〕	影響
1,000	0.1	呼吸器、循環器、大脳などの機能に影響
40,000	4	耳鳴り、頭痛、血圧上昇が現れる
80,000〜100,000	8〜10	意識混濁、けいれんなどを起こし呼吸が止まる
200,000	20	中枢障害を起こし生命が危険となる

（出典：日本建築学会編『建築設計資料集成1. 環境』丸善、1978、p.140に加筆修正）

　良好な室内空気環境を維持するためには、1人当たり概ね30m³/h以上の換気量を確保することが必要である（**表3.4**）。

③ラドン

ラドンは放射性があり、無味無臭、無色の気体である。ラドン温泉は放射線が健康に寄与するとの考え方があり、効能が信じられている。しかし、住居内におけるラドンは肺がんのリスク要因とされる汚染物質である。

④臭気

臭気の影響は心理的、精神的なものであるが、悪臭の生理学的影響には、呼吸リズムの異常や咳、刺激臭による血圧上昇や動悸、消化液分泌や水分摂取の低下による食欲不振や吐き気・嘔吐、嗜好やホルモン分泌の変化による生殖系の異常、嗅覚減退などがあげられる。

表3.5は臭気濃度の指数であるが、数値の大きさの差異が感覚的強度の大きさの差異と同程度になるように臭気濃度を表示したものである。

⑤たばこの煙

たばこの煙は室内や服にヤニの匂いがつき、間接喫煙で、目や喉が痛くなり、長期的には肺がんなど、吸っている人と同じリスクがある。

⑥ホルムアルデヒド

ホルムアルデヒドは接着剤や塗料、防腐剤などに使われており、シックハウス症候群の原因となる。安価で、合成樹脂の原料として使われているが、有害なので、使う量は規制されている。しかし、新建材や塗料にはまだ多く使われているので、換気が大切であり、法律上の24時間換気は有効である。

ホルムアルデヒド放散量による等級区分として、「F☆☆☆☆」の材料には使用制限がなく、「F☆☆」の場合は制限があり、「表示なし」は内装などへの使用は禁止されている。すなわち、「☆」が多いほど放散量が小さい（**表3.12**（p.80）参照）。

⑦塗料や接着剤

塗料や接着剤の原材料によっても違うが、乾く時に有毒ガスを発するので室内の空気を汚染する。ほとんどの塗料や接着剤は乾く時に、**揮発性の有機化**

合物（ホルムアルデヒド、トルエン、ベンゼンなど）を出すので、換気を行わないと、頭痛、吐き気、めまいが起きる。

⑧化学物質

柔軟剤など空気や布に不自然な匂いをつける化学物質を含んでいる消臭スプレーなどの商品は、室内の空気を汚染する。

表3.5　臭気濃度指数

指数	示性語	影響
0	無臭	まったく感知しない
0.5	最小限	きわめて微弱で訓練された者により、かぎ出し得る
1	明確	正常人には容易にかぎ出し得るが、不快ではない
2	普通	愉快ではないが不快でもない、室内での許容強さ
3	強い	不快であり、空気は嫌悪される
4	猛烈	猛烈であり、不快である
5	耐え得ず	吐き気を催す

（出典：山田由紀子『建築環境工学』培風館、1989、p.68／原出典は、
C.P.Yaglow, "Ventilation Requirements ASHVE Transaction" No.1031）

1章 建築環境

2章 熱環境

3章 空気環境

4章 光環境

5章 音環境

6章 都市環境

3-2　室内換気

▶ 1　室内換気の目的

　主な室の換気は、室内環境の適切化に必要なもので、室内に汚染した空気を排除し、新鮮な外気を取り入れることが目的である。すなわち、燃焼器具で出る煙や臭気、CO_2 などの汚染空気を排除し、酸素を供給することである。また、換気による湿気除去は、結露防止を含め、建物の寿命の伸延やヒトの健康維持に重要である。必要に応じ、建築基準法等、法的規制を受ける。

▶ 2　換気の種別

　換気の種類は大きく分けると、**自然換気**と**機械換気**がある。自然換気は、風によって起きる室内外の風圧力による換気法と、空気の温度差による浮力に起因する圧力差で、上と下の自然開口部によって行われる換気法をいう（**図 3.2.a**）。機械換気は、送・排風機や換気扇の配置状態により、第1種、第2種、第3種に分けられる（**図 3.2.b**）。

①第1種機械換気

　送風機と排風機を併用する方法である。吸気量と排気量の調整により室内の気圧を外気圧に対して**正圧**または**負圧**に保つことができる。例えば、電気室、機械室、劇場・映画館などの客席部に用いられる。

②第2種機械換気

　給気を送風機で行い、排気を換気口で行う方式である。強制的に給気が行われることで、室内は正圧になり、大気圧より高い状態になるため、室内より室外へ空気を押し出すので、室内への汚染空気の流入を防ぐことができる。例えば、外部からの汚染空気を入れたくない室（手術室や**クリーンルーム**等）や**燃焼空気を必要とするボイラー室**（小規模）などに用いられる。

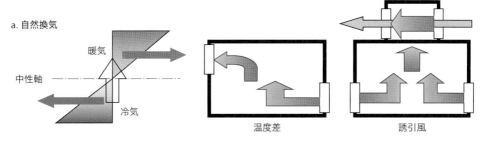

a. 自然換気

種別	第1種	第2種	第3種
形状	正圧・負圧：0	正圧	負圧
給気	送風機	送風機	給気口（自然換気口）
排気	排風機	排気口（自然換気口）	排風機

b. 機械換気

図 3.2　換気の種別

表 3.6 換気の必要な部屋の換気回数

| 室・施設名称 | 換気回数〔回/h〕 | 換気種別 | 主に除去するもの | | | | 外気導入 |
			臭気	熱気	湿気	有害ガス	
便所・洗面	10～15	3	●		●		
浴室・シャワー	5～10	3	●		●		
台所	20～40	1 or 3	●	●	●		●
厨房	30～60	1 or 3	●	●	●		●
物置・倉庫	3～5	3			●		
水槽・ポンプ	10～15	1 or 3			●		
ボイラー室	15～25	1 or 2		●			●
電気室	15～25	1		●	●		
駐車場	10～15	1 or 3				●	
ロッカー室	3～5	3			●		
冷凍機室	5～10	1 or 3		●		●	
エレベータ機械室	10～15	1 or 3		●			
体育館	5～10	1 or 3	●	●			
屋内プール・大浴場	10～15	1 or 3			●		

(出典：空気調和・衛生工学会『換気規格（HASS1022）』を参考に作成)

表 3.7 居室の必要換気量参考値

室名	標準在室密度〔m²/人〕	必要換気量〔m³/(m²・人)〕
事務所（個室）	5.0	6.0
事務所（一般）	4.2	7.2
銀行営業室	5.0	6.0
商店売場	3.3	9.1
デパート（一般売場）	1.5	20.0
デパート（食品売場）	1.0	30.0
デパート（特売場）	0.5	60.0
レストラン（普通）	1.0	30.0
レストラン（高級）	1.7	17.7
宴会場	0.8	37.5
ホテル客室	10.0	3.0
劇場・映画館（普通）	0.6	50.0
劇場・映画館（高級）	0.8	37.5
休憩室	2.0	15.0
娯楽室	3.3	9.0
小会議室	1.0	30.0
バー	1.7	17.7
美容室・理髪室	5.0	6.0
住宅・アパート	3.3	9.0
食堂（営業用）	1.0	30.0
食堂（非営業用）	2.0	15.0

(出典：空気調和・衛生工学会『換気規格（HASS1022）』を参考に作成)

③第 3 種機械換気

排気を送風機で行い、給気を換気口で行う方式である。室内は負圧になり、大気圧より低い状態になるため、室外へ空気が吸い込まれ、室内の汚染空気を排出することができる。例えば台所や便所などに用いられる。

▶ 3 換気回数による必要換気量計算

空気を清浄するのに必要な外気量を必要換気量という。必要換気量は、換気回数に室容積を掛けて求める。換気回数 n〔回/h〕とは、換気をするべき室の空気が、1 時間に何回入れ替わるかを表したもので、表 3.6 に示す。

換気回数は 1 時間当たりの換気量を室容積で除した値であるが、換気の程度を表すために用いられる。換気回数による換気量 Q〔m³/h〕は、以下により求めることができる。

$$Q = n \times V \qquad n = \frac{Q}{V}$$

Q：必要換気量〔m³/h〕　n：換気回数〔回/h〕
V：室の容積〔m³〕

表3.8　作業状況別、1人当たりの必要換気量

作業状況	行為・具体例	二酸化炭素発生量〔m³/(h・人)〕 （一般値）	必要換気量〔m³/(h・人)〕 （室内 1,000ppm のとき）
重作業	スポーツ・重労働等	0.075	120
中程度作業	軽運動・軽労働等	0.05	70
軽作業	食事等	0.03	50
低度作業	事務作業等	0.02	30
安静	教室・観劇等	0.015	20

$Q = \dfrac{k}{P_1 - P_0}$ により計算

（出典：空気調和・衛生工学会『換気規格（HASS1022）』を参考に作成）

1章　建築環境

2章　熱環境

3章　空気環境

4章　光環境

5章　音環境

6章　都市環境

居室の1人当たり必要換気量は表3.7の通りである。また、作業状況別の1人当たりの必要換気量は表3.8で示す。

▶4　換気量の計算

(1) ヒトの呼吸による必要換気量

呼吸による二酸化炭素量は、人から排出される発生量を k〔m³/h〕とした時、次のような式が成立する（図3.3）。

この必要換気量：Q〔m³/h〕は、

$$Q = \frac{k}{P_i - P_o}$$

Q：必要換気量〔m³/h〕

k：室内二酸化炭素発生量（通常：0.02〔m³/(h・人)〕作業状況により変動する）〔m³/h〕

P_i：居室の二酸化炭素の許容濃度（通常基準値：0.001 = 1,000ppm）

P_o：外気の二酸化濃度（一般値）

この式に、室内許容二酸化炭素濃度 P_i = 0.001 を代入し、計算した数値を必要換気量という。一般に、必要換気量は、20〜35m³/h・人を推奨値としている。建築基準法上の必要換気量の最低値は、20m³/(h・人)以上である。

(2) 汚染物質排出の必要換気量

汚染物質の必要換気量の計算式は呼吸による必要換気量と同じである。近年、室内喫煙者の減少によ

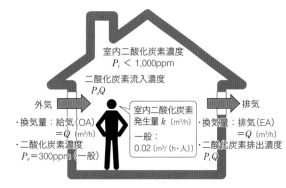

図3.3　必要換気量

> **例題**
>
> 200m² の事務室（天井高 3m）に 50 人が在室している時の CO_2 濃度に基づく必要換気量と換気回数を求めよ。
>
> ただし、外気の二酸化炭素濃度が、400ppm であった時、室内の二酸化炭素濃度を 1,000ppm 以下に保つこと、1人当たりの二酸化炭素発生量は、0.02m³/(h・人)とする。
>
> **解答**
>
> $$Q = \frac{k}{P_i - P_o} = \frac{0.02}{0.001 - 0.0004} \fallingdotseq 33.3 \, \text{m}^3/(\text{h・人})$$
>
> ・必要換気量
>
> $Q = 33.3 \text{m}^3/(\text{h・人}) \times 50 \text{人} = 1,665 \text{m}^3/\text{h}$
>
> $V = 200 \text{m}^2 \times 3\text{m} = 600 \text{m}^3$
>
> ・換気回数 $n = \dfrac{Q}{V}$ より、
>
> $$\frac{1,665 \, \text{m}^3/\text{h}}{600 \, \text{m}^3} \fallingdotseq 2.78 \, \text{回}/\text{h}$$

り、一般建物ではあまり該当しないが、粉塵の発生する室内における計算法は次の通りである。

この必要換気量 Q 〔m³/h〕は、

$$Q = \frac{M}{C_i - C_o}$$

 Q：必要換気量〔m³/h〕

 M：汚染物質発生量〔mg/h〕

 C_i：室内汚染物質許容濃度〔mg/m³〕

 C_o：外気汚染物質濃度〔mg/m³〕

例題

　粉塵発生量（発塵量）が 60mg の室内で、この室内の浮遊粉塵濃度を、0.15mg/m³ に保つために必要な換気量を計算せよ。ただし、外気粉塵濃度は、0mg/m³ とし、室内粉塵は均等に拡散されているものとする。

解答

$$Q = \frac{M}{C_i - C_o} = \frac{60}{0.15 - 0} = 400 \ 〔m³/h〕$$

(3) 人体発熱量の換気量

　人体の発熱による室温の上昇を抑えるための換気量である。下記の式で $(t_i - t_o)$ の上限値は 4 ～ 6℃で、推薦値は 2 ～ 3℃ である。

$$Q = \frac{H}{0.34 \times (t_i - t_o)}$$

 Q：必要換気量〔m³/h〕

 H：室内発生熱量〔W〕

 t_i：室内温度〔℃〕

 t_o：流入外気温度〔℃〕

(4) 燃焼機器の換気量

　ガスやオイルが燃焼する場合には、必ず空気（酸素）が必要である。

表 3.9　排気筒等形状による係数（N）

排気筒等	N値	備考
煙道・煙突	2	直接排気できるもの
フード（Ⅱ型）	20	火源からフード下端までの、$H = 1$m 以下で L が $H/2$ 以上のもの
フード（Ⅰ型）	30	火源からフード下端までの、$H = 1$m 以下で L が $H/6$ 以上のもの
直火・フードなし	40	電熱器や、IH 調理器は燃焼用排気は不要。熱排気は必要
フード図		

表 3.10　燃料の性質

燃料の名称	発熱量 q	理論廃ガス量 k
都市ガス	45〔MJ/m²〕(13A)	0.93〔m³/kWh〕
LPG	50.2〔MJ/kg〕	0.93〔m³/kWh〕
灯油	43.1〔MJ/kg〕	12.1〔m³/kWh〕

　燃焼機器類からの換気量計算法は、建築基準法では、以下の式で計算する。

$$Q = N \times k \times q$$

 Q：換気量〔m³/h〕

 N：排気筒等形状による係数（**表3.9**）

 k：燃料の単位燃焼量当たりの理論廃ガス量[1]〔m³〕（**表3.10**）

 q：火を使用する設備または器具の実情に応じた燃料消費量〔kW または kg/h〕（**表3.10**）

(5) 排熱のために必要な換気量計算

　室内で発熱がある場合、室内温度 t_i〔℃〕を一定に保つために必要な換気量 Q〔m³/h〕は、以下により求めることができる。

$$Q = \frac{q}{1.2 \times C_p \times (t_i - t_o)}$$

＊1　**理論廃ガス量**：完全燃焼したと仮定された時の燃焼廃ガス量。燃料の種類によって変わる。

Q：必要換気量〔m³/h〕

q：室内からの発熱量〔kJ/h〕

1.2：空気の密度〔kg/m³〕

C_p：空気の定圧比熱＝ 1.005〔kJ/(kg・K)〕

t_i：室内温度（設定温度）〔℃〕

t_o：室外温度（外気）〔℃〕

（6）除湿のために必要な換気量

室内での湿度を許容値以下の湿度にするために必要な換気量 Q〔m³/h〕は、以下により求めることができる。

$$Q=\frac{L}{1.2\times(x_i-x_o)}$$

Q：必要換気量（風量）〔m³/h〕

L：水蒸気発生量〔kg/h〕

1.2：空気の密度〔kg/m³〕

x_i：室内絶対湿度〔kg/kg(DA)〕

x_o：室外絶対湿度〔kg/kg(DA)〕

▶ 5　換気用通風口の計算

通風口のサイズ A〔m²〕は、風量 Q〔m³/h〕、面風速 v〔m/s〕、有効開口率 η（外部 30 ～ 50％、室内 50％前後）から求める方法がある。

$$A〔m²〕=\frac{Q}{v\times3,600\times\eta}$$

面風速（v）は、3 ～ 5m/s が標準である。これを遅くすれば、騒音値は低下する。フードの場合は、1m/s 前後が望ましい。

Column

日本の伝統民家の換気と通風

日本の伝統民家で、囲炉裏は暖房、煮炊き、あかりの用途に用いられてきた。直火のため、室内の煙を出す必要があった。その対策として屋根には「煙出し」という換気口があり、囲炉裏からの煙は「重力式自然換気」によって排出された。また、室内の間仕切上部には欄間が設けられ、各室への通風を確保している。

京都は風が少ない地域であったため、できるだけ風を取り入れる手法として格子に組んだ建具が発達していた。このように日本の伝統民家では現行建築基準法でいう 24 時間換気の必要性はなく、それがおのずから形成されている。さらに、換気と通風を得ることで冷感効果を増す。

煙出し（福島県大内町）

欄間

格子の建具（京都）

3-3 換気計画

通風は夏期に涼を得るために室内へ風を通すことである。一方、**換気**は室内に新鮮な空気を維持するために室内の汚染した空気を排気し、室外の新鮮な空気を室内へ給気することである。通風と換気計画では、自然換気と機械換気の特徴を活かして計画することが重要である。

▶ 1 自然換気

（1）風力換気

図 3.4 のように風上から空気が流入し、風下から空気が流出する現象をいう。すなわち、建物の外壁面に風が当たった時、風上側では壁を押し、風下側では壁を引張る力が働く。**図 3.5** のように、風上側では正圧（＋圧）が作用し、風下側では負圧（－圧）となり、その力の大きさは、風圧係数といわれ、それぞれ C_1、C_2 で表される。

換気力は非常に強いが、風速や風上・風下などの建物の状況によって大きく左右される。風力は変動が大きいため、風がなければまったく効果がない。

風力による換気量の計算式は次の通りである。

$$Q = \alpha \times A \times \nu \times \sqrt{C_1 - C_2} \quad \text{〔m}^3\text{/h〕}$$

Q：換気量〔m³/s〕× 3600 ＝〔m³/h〕
α：流量係数（**表 3.11** 参照）
A：合成開口部面積〔m²〕
ν：風速〔m/s〕
C_1：風上側風圧係数（**図 3.6** 参照）
C_2：風下側風圧係数（**図 3.6** 参照）

風力による換気量は、同一風向の場合、風圧係数の差の平方根に比例する。

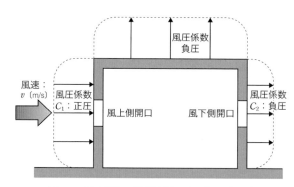

図 3.5　風力換気（外部環境による）の考え方

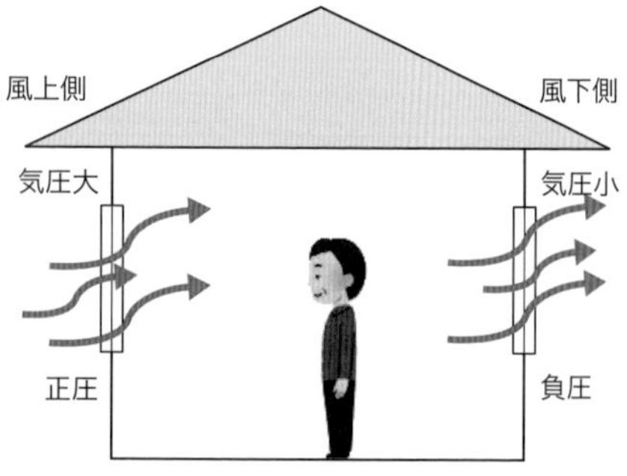

図 3.4　風力換気

表 3.11　流量係数

名称	形状	流量係数α	圧力損失係数ζ	備考
通常開口部		0.65〜0.70	2.4 〜 2.0	単純な窓など
オリフィス型		0.60	2.78	刃型オリフィス
アサガオ型		0.97〜0.99	1.06 〜 1.02	なめらかな吸込口ベルマウス
ルーバー型	90°	0.70		よろい戸ガラリ
	70°	0.58		
	50°	0.42		
	30°	0.23		

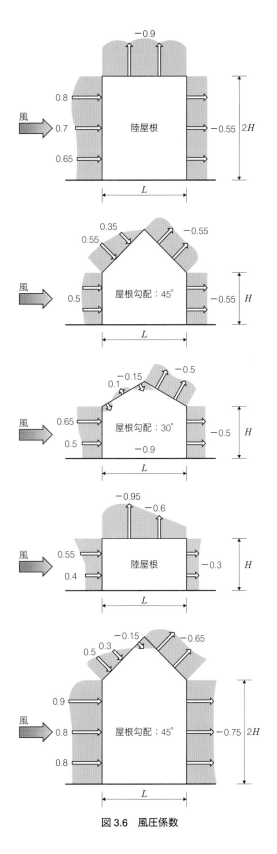

1章 建築環境

2章 熱環境

3章 空気環境

4章 光環境

5章 音環境

6章 都市環境

図3.6　風圧係数

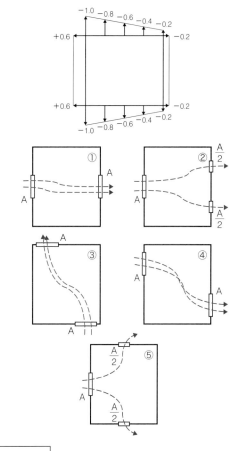

例題

　次の図は、ある風向における建物の平面の風圧係数分布を示している。この建物に開口部を設ける場合、最も通風量が多いのはどれか。ただし、開口部は等しい高さに設けられているものとし、流量係数は等しい値とする。

解答

同一条件は省略し、風圧係数 $C_1 - C_2$ だけ計算して考える。

①：$0.6 - (-0.2) = 0.8$

②：$0.6 - (-\dfrac{0.2}{2} - \dfrac{0.2}{2}) = 0.8$

③：$-0.4 - (-0.8) = 0.4$

④：$0.6 - (-0.2) = 0.8$

⑤：$0.6 - (-\dfrac{0.6}{2} - \dfrac{0.6}{2}) = 1.2$

以上より、⑤の開口部計画が一番良い結果となる。

73

（2）重力換気（温度差換気）

　周囲環境に比べ、温かい空気は軽く上昇し、冷たい空気は下降し、圧力差が生ずる。ここで、**図3.7**のように空間の上部と下部に開口があれば、そこの空間に、温度差、圧力差により空気が流れる。重力換気による換気量の計算式は次の通りである。

$$Q = \alpha \times A \times \sqrt{\frac{2 \times g \times h(t_i - t_o)}{273 + t_i}}$$

　Q：換気量〔m³/s〕

　α：流量係数（**表3.11** 参照）

　A：合成開口部面積〔m²〕

　g：重力加速度（9.8〔m/s²〕）

　h：流入口と流出口と高低差〔m〕

　273：絶対温度〔K〕

　t_i：室内温度　t_o：室外温度

　室内と室外の圧力差がちょうど0となる高さを**中性帯、中性軸**という（**図3.8**）。中性帯は、下部開口部が上部開口部に比べ大きいと床面に移動し、逆に上部開口が大きければ上部に移動する。

　温度差換気は、住宅では自然換気として有効な手法であるが、高層建物では不利な条件をもたらす場合もある。例えば、高層建築物のアトリウム空間や直通の階段室、エレベーター走行路等において、建物内外の温度差による浮力によって生じる上昇気流（煙突効果という）により、室内環境温度の乱れ、建具からの風切り騒音、不快なドラフト、空調時のエアーバランスを乱す等の結果を招くことが多い。

　これらは下部入口に側風を遮断できるような風除室やエアーカーテンを設置して、ドラフトを極力防止するように努めるとよい。

例題

　次の図の自然換気を考えてみよう。風速 1m/s、2m/s の場合について、風力換気と重力（温度差）換気の関係を計算し明らかにせよ。ただし、外気温 4℃、室内気温 22℃ の時、開口部a、bの合成積は 1.6m² であり、流量係数は 0.5 とする。風圧係数の場合、風上側が 0.8、風下が −0.5 とする。

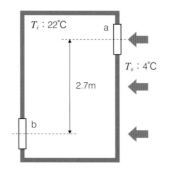

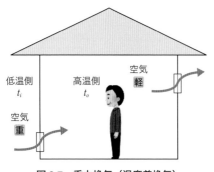

図3.7　重力換気（温度差換気）

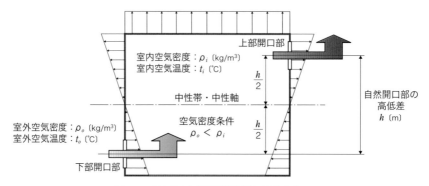

図3.8　重力換気（温度差換気）の考え方

1章 建築環境

2章 熱環境

3章 空気環境

4章 光環境

5章 音環境

6章 都市環境

解答

上記の文章から式に合わせるため整理する。

Q：換気量〔m³/s〕または×3,600＝換気量〔m³/h〕

　＊換気量では秒と時の違いに注意（1h＝3,600s）

α：流量係数 0.5

A：合成開口部面積 1.6〔m²〕

ν：風速 1〔m/s〕、2〔m/s〕

C_1：風上側風圧係数 0.8

C_2：風下側風圧係数 −0.5

t_i：室内温度 22〔℃〕

t_o：室外温度 4〔℃〕

g：重力加速度 9.8〔m/s²〕

h：開口部高低差 2.7〔m〕

①風力換気 $Q = \alpha \times A \times \nu \times \sqrt{C_1 - C_2}$ 〔m³/h〕

・風速1m/sの場合：

$Q = 0.5 \times 1.6 \times 1 \times \sqrt{0.8 - (-0.5)} = 0.912$ 〔m³/s〕

・風速2m/sの場合：

$Q = 0.5 \times 1.6 \times 2 \times \sqrt{0.8 - (-0.5)} = 1.824$ 〔m³/s〕

②重力換気 $Q = \alpha \times A \times \sqrt{\dfrac{2 \times g \times h(t_i - t_o)}{273 + t_i}}$

$Q = 0.5 \times 1.6 \times \sqrt{\dfrac{2 \times 9.8 \times 2.7 \times (22 - 4)}{273 + 22}}$

$= 1.438$ 〔m³/s〕

以上より、

・風速1m/sの場合：

$Q = 0.912$ 〔m³/s〕＜重力換気 $Q = 1.438$ 〔m³/s〕

風がb→aへ向かう。

・風速2m/sの場合：

$Q = 1.824$ 〔m³/s〕＞重力換気 $Q = 1.438$ 〔m³/s〕

風がa→bへ向かう。

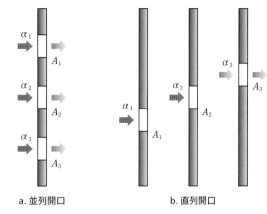

a. 並列開口　　　　b. 直列開口

図 3.9　開口部の合成面積

を通過する風量はそれぞれの開口を通過する風の和に等しい（図3.9.a）。

$$\alpha \times A = \alpha_1 \times A_1 + \alpha_2 \times A_2 + \alpha_3 \times A_3 + \cdots$$

②直列合成

いくつかの開口部を順次通過する時、各開口部を通過する風量が等しい（図3.9.b）。

$$\left(\frac{1}{\alpha \times A}\right)^2 = \left(\frac{1}{\alpha_1 \times A_1}\right)^2 + \left(\frac{1}{\alpha_2 \times A_2}\right)^2 + \left(\frac{1}{\alpha_3 \times A_3}\right)^2$$

$$\alpha \times A = \sqrt{\frac{1}{\left(\dfrac{1}{\alpha_1 \times A_1}\right)^2 + \left(\dfrac{1}{\alpha_2 \times A_2}\right)^2 + \left(\dfrac{1}{\alpha_3 \times A_3}\right)^2}}$$

例題

次の図の開口部の合成面積を求めよ。ただし、各開口部の流量係数は等しく、風力係数は常に一定とする。

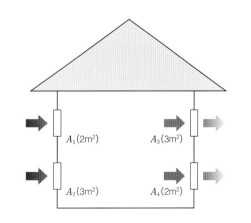

（3）開口部の合成

自然換気で換気量を求める時の開口部の合成面積は次の式で求める。

α：流量係数

A_i：各開口部の面積〔m²〕

①並列合成

同一壁面内に2以上の開口部がある時、その壁面

（4）自然換気の開口部設備

自然換気だけを目的とし、機械などに頼らない装置を備えた開口部の形態を自然換気設備といい、次のようなものがある（図3.10）。

①ベンチレーター（換気筒）

風の吸引作用によって建物内の換気を行うための装置である。風を受けやすい屋根の上などに設置される。風向にかかわらず換気効果が得られ、雨水などが浸入しないように設計される。

②モニター屋根

換気を良くする目的で、屋根の棟の部分を開いて、その部分に一段高く小屋根を設ける形式の屋根。モニタールーフともいう。

③ガラリ

ブラインド状の羽根板を平行に取り付けたもの。視線を遮り、通風をよくできるため、洗面所や浴室、クロゼットの扉に用いられることが多い。ドア下部にガラリを設置したものをドアガラリ、ドア全体に

屋根の養蜂換気口（石川県加賀東谷集落）

床下換気口（京都・本願寺伝道院）

町工場の換気煙突（東京深川）

ベンチレーター

モニター屋根

壁体のガラリ

壁体のガラリ

換気ガラリ（出典：宇佐美工業ホームページ）

図3.10　自然換気の開口部設備

付けたものをガラリ戸、よろい戸ともいう。

▶ 2 機械換気

　機械換気は、送風機・排風機によって、機械的に換気をするもので、換気するには通常、電気動力を必要とする。機械換気は、自然換気に比べ、確実性がある換気法であり、自然換気が困難または不可能な空間の換気ができる。

　機械換気には、ファン（送風機・排風機）を使用する。ファンは大きく分けて次の2種類がある。

（1）機械換気ファン

①軸流式ファン

　ファンがモータと直結のプロペラファンで、通常の換気扇が該当する。換気扇は、**小容量の風量と圧力**の用途に使用される（**図**3.11）。

②遠心式ファン

　一般に送風機・排風機といわれ、羽根車の回転による遠心力で送風する（**図**3.12）。多翼式遠心送風機（通称：シロッコファン）であり、ダクト（風道・風導）を介して、空気を搬送する。

　通常、ファンとモータはファンベルトにより伝搬される。なお、ファンを回転・運転させる動力を軸動力と称し、その**軸動力**は、通常、送風機全圧と風量の積に比例の関係がある。

（2）換気ファンの圧力

　送風機等、流体の圧力は、静圧P_S・動圧（速度圧）P_V・全圧P_Tがあり、単位はPa（パスカル）である（**図**3.13）。

　圧力には、$P_T〔Pa〕=P_S+P_V$の関係があり、動圧は、風速の2乗に比例する。また、ダクトを細くす

モータ直結（換気扇）
（出典：ebm-papst ホームページ）

軸流ファン
（出典：荏原製作所ホームページ）

図 3.11　軸流式ファン

ベルト駆動

モータ直結

図 3.12　遠心式ファン（出典：荏原製作所ホームページ）

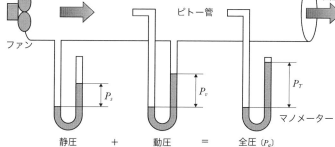

ダクト（風道）

気流

ピトー管

ファン

P_s　　　　P_v　　　　P_T

マノメーター

静圧　　　＋　　　動圧　　　＝　　　全圧（P_a）

$$P_v = \frac{(\rho \times v^2)}{2} \text{ (Pa)}$$
P_v：動圧（Pa）
ρ：空気の密度（kg/m²）
v：風速（m/s）

図 3.13　静圧・動圧・全圧

1章 建築環境
2章 熱環境
3章 空気環境
4章 光環境
5章 音環境
6章 都市環境

れば、静圧は小さくなり、動圧は大きくなる。すなわち、ダクト内風速は大きくなる。この現象を、ベンチュリー効果という。

は、自然換気を利用した全般換気である（**図3.15**）。

▶ 3 全般換気と局所換気

(1) 全般換気

室全体の換気を行うことを全般換気といい、その室における汚染質濃度を薄めることを目的とする。例えば、駐車場、電気室、機械室など、24時間の換気が必要なところは全般換気を使う。

住宅の場合は内部に大きな空気の流れを設定し、収納スペースの中や階段下などで発生しやすい「空気のよどみ」をできる限り排除しなければならない。

その時、給気口や排気口を的確に設置するとともに、換気経路を考慮した間取り・プランを採用したり、換気経路を邪魔しないように家具を配置するなどの工夫が必要である（**図3.14**）。伝統民家の欄間

(2) 局所換気

図3.16、**図3.17**のように室内の汚染物質が室内全体に拡散する前に、発生したその場で排出して換気することをいう。

便所のように臭気を発生する箇所や、台所（または厨房）・浴室のように多量の水蒸気を発生する箇所に設けられた換気設備のことで、例えば台所（または厨房）では、調理中の水蒸気や臭いなどを分散させずに集中的に排気するために、換気能力の高いレンジフードを設置するケースが多い。

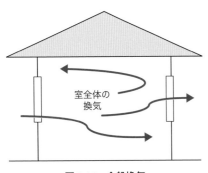

図3.14　全般換気

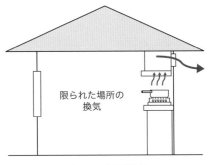

図3.16　局所換気

図3.15　欄間による全般換気

図3.17　キッチンフードによる局所換気

	1章 建築環境
	2章 熱環境
	3章 空気環境
	4章 光環境
	5章 音環境
	6章 都市環境

3-4 換気対策

▶ 1 24時間換気システム

24時間換気は住宅の中に絶えず新鮮な空気を取り込みながら、汚れた空気を常時、排出する換気をいう。24時間換気システムとは室内の空気をファン等により、基本的に0.5回/h（2時間に1回）、家中の空気が入れ替わるように換気して、24時間常に新鮮な空気を導入できるシステムをいう。

住宅の高断熱高気密化にともない、VOCをはじめ化学物質によるシックハウス症候群の増加が問題になった。そのことをふまえ、2003年の建築基準法改正に伴い、24時間換気システムを設置することが義務づけられた。図3.18は24時間換気の例である。

▶ 2 気密性能

住宅等の気密性能は、相当隙間面積（C値）で判定される。判定式は、

$$C値〔cm^2/m^2〕= 0.7 \times \frac{V}{S}$$

0.7：換気回数〔回/h〕
V：隙間を通過する風量〔m³/h〕
　　（内外圧力差が9.8〔Pa〕の時）
S：住宅の床面積〔m²〕

寒冷地では、C値＝2.0以下が要求され、高気密住宅とされる。一方、温暖地にあっては、C値＝5.0以下が気密住宅とされる。

▶ 3 シックハウス

シックハウス対策は、建築基準法施行令や国土交通省告示を遵守する必要がある。

（1）ホルムアルデヒドの使用制限

ホルムアルデヒド発散材料は、DB＝28℃/RH＝50％の状態の発生速度で、表3.12のように分類され、仕上げ材の使用が制限されている。

（2）換気設備設置の義務

機械換気は、住宅の居室での換気回数、0.5回/hとし、居室以外は0.3回/hが必要である。なお1住戸に対しての24時間機械換気の場合は、0.5回/h換気を行う。この時、空気の経路を確保し全室循環さ

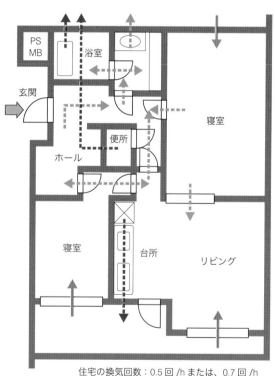

住宅の換気回数：0.5回/hまたは、0.7回/h
　　　　　　　　（建材の等級・使用面積による）

換気量：$Q〔m^3/h〕= n \cdot V$
　　　　n：換気回数〔回/h〕
　　　　V：室容積〔m³〕

←	：外気導入
←---	：自然通風経路
◀---	：強制換気

図3.18　集合住宅の24時間換気経路

せる必要がある。留意点は、室内温度を均一化するのが望ましい。なお、常時外気に開放されているとみなされる有効開口面積が15cm²/m²以上あるような住戸や、同等の効果がある伝統民家は、24時間機械換気の設置は免除される。

（3）天井裏などの制限

　建築基準法による制限では、天井裏だけでなく、床下、壁裏、押入れ、物入れ、小屋裏、収納スペース等が含まれる。当然、これらスペースからのホルムアルデヒドの流入を阻止する必要がある。対策・方策は以下による。

・表3.12に示す、第一種、第二種の建築材料は使用しない。

・気密構造とし、居室とは区画する。

・適切な機械換気により、居室をこれらスペースより負圧にせず、正圧にして空気を引き込まない配慮をする。

表3.12　ホルムアルデヒド発散建築材料の分類

建築材料の区分		表示記号	ホルムアルデヒド発散速度〔mg/(m²·h)〕	内装仕上の使用制限
建築基準法、規制対象外		F ☆☆☆☆	0.005 以下	使用制限なし
ホルムアルデヒド発散建材	第三種	F ☆☆☆	0.005 ～ 0.020	使用面積の制限
	第二種	F ☆☆	0.020 ～ 0.120	
	第一種	表示なし	0.120 以上	使用禁止

Column

韓国の建具—韓屋のドア（分閤：ブンハップ）

　マダン（庭）とマル（板の間：リビングルーム）の間によく使われている建具に、ブンハップ（分閤）という柱間を4等分した襖がある。中の2枚が両開きで脇の2枚に重なるが、脇の2枚は床へ留め金を外すと鴨居に吊られているのでマル側にはね上げられ、

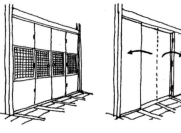

全閉　　　　半開・半閉　　　　全開

かけ金具にかけ水平にして開放する。中2枚の開閉による通常の出入りと、はね上げての全開放ができる仕組みである。すなわち、冬には吊り上げた建具を下げることによって断熱効果を増して寒い冬を凌ぎ、夏には吊り上げることによって、マダンからそのまま風が通る。ソウルを中心とした中部

吊り上げられた分閤

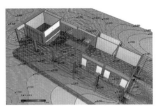

全開時の風の動きのシミュレーション

地方の韓屋ではマルとマダンを仕切るブンハップが多い。ただし、南部地方では寒さが厳しくないため、ブンハップはマルとマダンの間ではなく、マルと部屋の間に設けられることが多い。

1章 建築環境

2章 熱環境

3章 空気環境

4章 光環境

5章 音環境

6章 都市環境

3-5 通風

▶ 1 通風の目的

換気は主として空気汚染防止を目的としているのに対して、通風は室内に風を誘引することによって人体から気化熱をうばい、体温を調節する役割を果たす。即ち風をパッシブ手法として利用し、温熱環境を改善することが目的である。

また、結露防止や、結露によって生じた建築各部から余分な湿気を取り去って室内を乾燥させ、木部などを腐敗から守る目的もある。

▶ 2 通風計画

（1）その土地の夏期の最多風向

風の抜ける家をつくるために、気象データを使ってその土地に吹く風向や最多風量を調べ、通風計画を立てる。図3.19に各地の例を示す。暖かい空気が上に昇る性質を利用することで大きな窓がなくても風は抜ける。部屋の中に高さの違う窓をつくっておくと、空気は自然に低い窓から高い窓へと移動する。風がない時でも、ゆるやかであるが、天窓からは風が抜ける。南と北に風が抜ける風の道をつくる

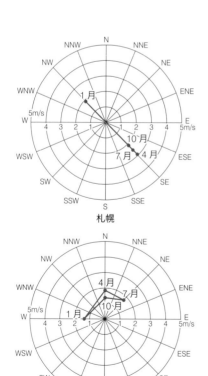

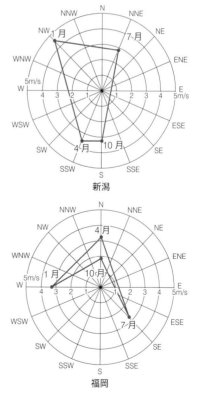

図3.19 各地の1・4・7・10月の最多風向と平均風速（出典：福田健策・高梨亮子『〈第二版〉専門士課程建築計画』学芸出版社、2004、p.35を参考に作成）

のは基本であるが、風の向きはその地域によって違い、それぞれの地域の夏期の最多風向を調べて開口部を計画することが大切である。

（2）開口部の大きさの位置

開口部が大きくなると通風量も増えるが、風の入口と出口の大きさによって通風の質は異なる。風上側の開口部を小さくした場合は、流入速度が増すことになり、強い冷涼感を得ることができる。

その反面、風下側の開口部を小さくした場合には、流入速度は低下し、通風が影響する室内の領域は大きくなるので、全体にやわらかい風を得ることができる。大きい開口部を1つ確保する場合と、同等の面積を複数の開口部で確保する場合には、効果に大きな差はない。このように開口部の取り方によって多様な通風が得られる（図3.20）。

（3）室内通風経路の検討

通風平面計画で開口部の配置による室内風の循環は図3.21のようになる。また、断面計画では建築物に当たる風は、高窓の場合、図3.22のように上向きになることが多い。そのため、高窓の場合は、風は天井付近を流れるので、開口部を低くしたり、開口

図3.20　通風が工夫された沖縄名護市庁舎

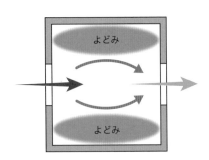

外壁の中央に流入口と流出口が対称で平行にすると通風は良いが、隅はよどみが生じ、中央の室内気流は強くなり、不快感を感じる。

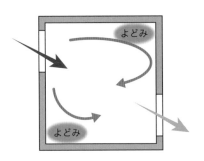

外壁の中央ではなく、流入口と流出口をずらすと、よどみが少なくなり、室内気流は中央配置より弱くなる。

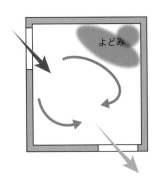

流入口と流出口を直角にずらすと、よどみが少なくなり、室内気流は柔らかくなる。

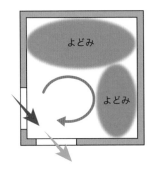

流入口と流出口を直角に近く配置すると、よどみが多く発生し、通風は悪くなる。

図3.21　通風計画（平面）　開口部の配置による室内気流の循環

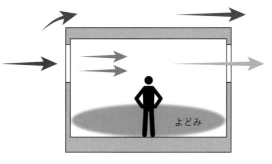

流入口と流出口を高窓に配置すると、天井部分だけ
気流が発生し、床面はよどみが多く生じる。

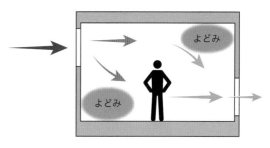

流入口を流出口より高く配置すると、室内気流は悪
くはないが、暖められたよどみが発生する。

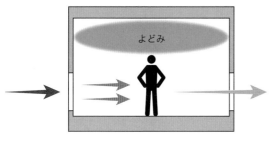

流入口と流出口を床近くに配置すると、床部分だけ
気流が発生し、天井部分はよどみが多く生じる。

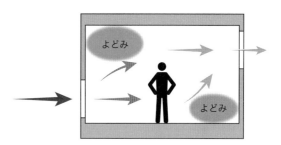

流入口を流出口より低く配置すると、室内気流は均
等になり、よどみも少なく、天井の暖められた空気
は流出する。一番良い配置である。

図 3.22 通風計画（断面） 流入口と流出口の高さによる室内気流の循環

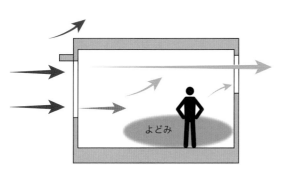

開口部に屋根スラブや庇など突出部があると、流入
気流は減少する。

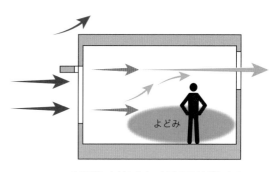

突出部に穴があると、流入気流は増加する。

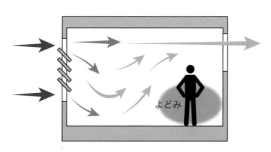

ルーバーにより上下の風向を調節できる。開閉が
60°以上になると、気流は相当減少する。

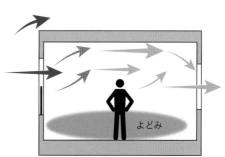

人の背に合わせて上下開閉窓を設けると冷感効果が
ある。

図 3.23 通風計画（断面） 突出部やルーバーによる室内気流の循環

1章 建築環境

2章 熱環境

3章 空気環境

4章 光環境

5章 音環境

6章 都市環境

部の下部に突起を設けたりして、室内の通風経路が低くなるようにする（図3.23）。

高窓ではなくても突起を設けるとやわらかい風を誘引することが可能である。

【第3章　○×問題】

1. ラドン（Rn）は、室内空気汚染に関係が少ない。
2. 屋根裏換気は、結露の防止や日射熱侵入の防止を目的としている。
3. 建物の通風計画に当たって、その土地の夏期の最多風向をよく調べる。
4. ビル管理法上の室内環境基準で、一酸化炭素は10ppm以下である。
5. アスベスト繊維は、室内空気汚染に関係が少ない。
6. オゾンは、室内空気汚染の要素ではない。
7. 換気の本来の目的は、室内の炭酸ガス濃度を低下させることであって、結露防止には効果がない。
8. ホルムアルデヒドは、室内空気汚染物質ではない。
9. 第2種換気は、給気のみ機械で行う換気である。
10. 風力換気は、自然の風力による換気である。
11. 開口のある室内では、室内外の温度差や風速が変化すると、換気量も変化する。
12. 住宅の便所の換気回数は、5〜10回/hである。
13. レストランの厨房の換気回数は、10〜20回/hである。
14. 換気回数とは、1時間当たりの換気量をその室の床面積で割った値である。
15. 居室の必要換気量は、一般に、1人当たり10m³/h程度として算出する。
16. 第1種機械換気は室内の気圧を外気圧に対して正圧または負圧に保つことができる。
17. 局所換気とは、室全体の換気をいう。
18. 第3種換気は、排気のみ機械で行う換気である。
19. 居室の必要換気量は、室内の二酸化炭素濃度を基準として算出する。
20. 建築物に当たる風は、下向きの場合が多い。
21. 自然換気で、温度差換気とは重力差換気ともいえる。
22. 真横に隣り合う窓より、向かい合う窓の方が通風を期待できる。
23. 通風は、室内の風速が遅すぎると効果が少なく、また速すぎても不快である。
24. 木造住宅の床下換気は、湿気を防ぎ、木材の腐朽防止に有効である。
25. 有毒ガスのうち、ヒトの周囲に発生しやすく危険なのは、不完全燃焼による二酸化炭素である。
26. 体臭は、室内空気汚染に関係が少ない。
27. 窒素は、室内空気汚染に関係が少ない。
28. 最多風向の垂直な面についている開口部は、流入口として最も効果的である。
29. 居室の必要換気量は、一般に、室内の酸素濃度を基準にして決められる。
30. 自然換気の効果を上げるためには、床面近くに給気口、天井面近くに排気口を設けることが望ましい。

【解答】

1.×ラジウムによって生じる気体で、放射性があり空気汚染に影響する。　2.○　3.○　4.○　5.×アスベストは断熱材料として使われた有害汚染物であり、現在は禁止されている。　6.×分子式はO₃で、特有な臭いのある微青色の気体。酸化が強く、室内では目や呼吸器などに有害である。殺菌、消毒、漂白などに使用。　7.×換気の目的は、室内の汚染された空気を排出すること、新鮮な空気を入れること、室内の結露を防止することである。　8.×ホルムアルデヒドは接着剤に使われる有害物質である。9.○　10.○　11.○　12.○　13.×料理から出る水蒸気などが多く含まれいるため40〜60回/hは必要である。　14.×床面積ではなく、体積で割った値である。　15.×1人当たり30m³/h程度である。　16.○　17.×局所換気は一部分だけ集中的に行われる換気で、室全体の換気は全般換気である。　18.○　19.○　20.×上向きが多い。　21.○　22.○　23.○　24.○　25.×二酸化炭素（CO₂）も発生するが、致命的で危険なのは一酸化炭素（CO）である。　26.×体臭も汚染物質である。　27.○　28.○　29.×二酸化炭素である。　30.○

4章

光環境

天窓の展示室（上野、国立西洋美術館、ル・コルビュジエ設計）©国立西洋美術館

　太陽の光線は我々に熱エネルギーと光を提供している。赤外線は熱線であり、寒い時は積極的に受け入れて室内を暖かくし、暑い時はその熱線を遮り、日陰をつくる工夫が必要である。可視光線は目に見える光であり、日照をもたらす。だれでも公平に受けられるよう、採光を工夫することが重要である。また、可視光線は色を提供することで人にとって心理的な影響が多く、建築デザインでは重要な要素のひとつである。本章ではこのような赤外線と関わる日射や、可視光線と関わる日照、照明、色について学ぶ。

4-1 太陽の動き

▶ 1 太陽の効果（太陽エネルギー）

太陽エネルギーは毎秒 3.8×10^{26} J の電磁波として放出される。太陽からの電磁波の一部が、主に3つの異なった波長に分けられ、放射エネルギーとして地球に届く。地球が受けるエネルギーはその約22億分の1にすぎないが、地球上のほとんどすべてのエネルギーの源が太陽エネルギーである（図 4.1）。

大気圏内に到達した太陽エネルギーは、大気や地表、海洋を暖め、暫く熱などの形で大気圏内に留まる。そして、大気や水の循環を発生させ、植物の光合成などを通じて多くの生命活動の源となる。最終的には、赤外線などとしてすべて宇宙へ再放射されるが、このエネルギー収支の均衡が崩れると、地球温暖化にもつながる。

（1）紫外線

波長が、可視光線より短くX線より長い電磁波である。**波長約 20 ～ 380nm** [*1]。目には見えないが、太陽光・水銀灯などに含まれ、日焼け、殺菌の作用がある。しばしば光化学反応を起こすなど化学作用が強い。また、太陽光線中の紫外線は大気上層の酸素やオゾンによって吸収され、およそ 300nm 以下のものは地上に到達しない。**化学線、健康線、UV** など

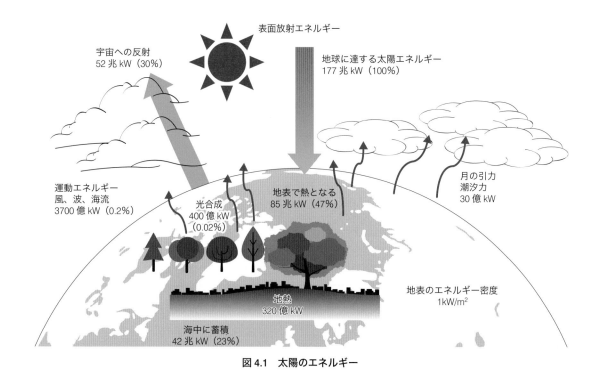

図 4.1　太陽のエネルギー

＊1　nm（nano meter ／ナノメートル）：1nm ＝ 10^{-9}m（10 億分の 1 メートル）

1章 建築環境

2章 熱環境

3章 空気環境

4章 光環境

5章 音環境

6章 都市環境

とよぶこともあり、殺菌力が強くビタミン D の生成作用もある（**図 4.2**）。

（2）可視光線

人が肉眼で光として見ることができる電磁波。波長は約 380 〜 780nm の範囲。昼間の**明るさや色彩**の感知にかかわっている。太陽光線や電気の光などがこれに含まれ、波長の長短によって赤から青紫まで色の感じ方が違ってくる。

（3）赤外線

波長の範囲は約 780 〜 4,000nm の長い光で、**熱線**とも呼ばれる。熱作用が大きく透過力も強いので、医療や赤外線写真などに利用する。テレビのリモコンや携帯電話のデータ転送など、近距離データ通信にも用いられている。

▶ 2　太陽エネルギーの利用

古くから採光や暖房、農業などで利用されてきた太陽エネルギーは、太陽光が当たる場所ならば、どこでもエネルギーが得られる。昔から明かりと熱として利用されてきた太陽エネルギーは、近年は地球温暖化対策の一環として、熱利用と共に発電用途での利用が増えている。この太陽エネルギーはソーラーエネルギー、ソーラーパワーなどとも呼ばれる。

熱や電力としての太陽エネルギーの利用形態は、大別してアクティブ手法とパッシブ手法に分けられる。**アクティブ手法**とは、太陽電池や集熱器を用いて、積極的にエネルギーの利用形態を指す。これに対して、**パッシブ手法**とは、建物の構造などを工夫して自然に入射する太陽光を特別な機器なしに、純粋な自然エネルギーとしてそのまま利用することである（**1-1-5**（p.11）参照）。

▶ 3　太陽の位置

（1）太陽の位置

太陽の位置は、建物が建設される場所、季節、時刻等により、時々刻々変化する。そして、太陽の位置や日照・日射等は建築環境学を知る上で、必要不可欠な要素である。太陽の位置に関する用語は、**表 4.1** による。

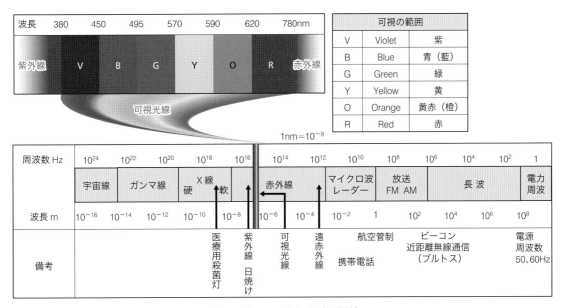

図 4.2　光のスペクトル（電磁波）

表 4.1　太陽の位置に関する用語

基本的用語	解説
太陽高度	太陽と地表面がなす角度。地平線・水平線の日の出・日没時は 0°であり、南中時は最大である。
太陽方位角	太陽の方位と、真南のなす角度。南中時は 0°である。
真太陽時（T）	太陽が南中時を正午としたもの。1 日を 24 等分したものが 1 時間である。
平均太陽時	平均太陽時は経度によって異なる。 日本では、兵庫県明石市の東経 135°（135°E）中央標準時：T_c（時）としている。
均時差（e）	各地域における、真太陽時と平均太陽時との差をいう。月によって変動している。
真北	真北は、ある地点を通過する経線あるいは子午線が示す北（北極点の方向）をいう。
磁北	磁北は、磁石で表示される北（北磁極）を基準にしている。 磁北と真北は日本中央部では、真北に対して磁北が西側に約 7 度ずれている。 これを「西偏（偏角：−7°）」という。
南中時	太陽が真南にくるとき。1 日のうちで、太陽高度は最も高い。

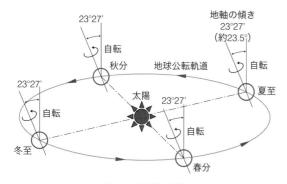

図 4.3　地球の公転

表 4.2　日赤緯 δ

立春	2 月 4 日	− 16°20'
春分	3 月 21 日	0°00'
夏至	6 月 22 日	23°27'
立秋	8 月 8 日	16°20'
秋分	9 月 23 日	0°00'
冬至	12 月 22 日	− 23°27'

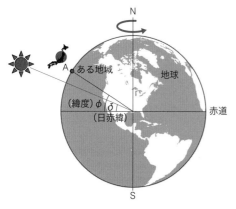

図 4.4　日赤緯と緯度

(2) 地球の自転と公転

　地球は北極と南極を通る直線を軸として、西から東の方向へ自転している。そのため、太陽や月など天体の方が東から西の方向へまわっているように見える。そして地球は地軸を中心にして23°27'傾いて、1 年間かけて太陽の周りを公転する（**図 4.3**）。

　実際には太陽は動かず地球が動いているが、この地球と太陽の関係を、地球を中心にして考えると**図 4.4** のようになる。地球の赤道面と太陽のなす角度 δ を日赤緯といい、**表 4.2** のように季節によって変化する。

(3) 天球

　天球は観測者を中心とした半径で、無限に大きい仮想的球面であり、天体の視位置をその上に投影し、見かけの位置を求める。すなわち、すべての天体がこの仮想球面上にのっていることになる。

　例えば、**図 4.5** の点 A は、赤道から φ の角度（ある地域 A の緯度）にある地表面上の点であり、この A 点にして無限に広がる空間を有限半径の球とみなす。点 L は天球上の太陽の位置であり、点 Z は天頂、点 P は天の北極となる。

(4) 太陽高度と太陽方位角

　太陽高度とは太陽と地表面のなす角度である。季

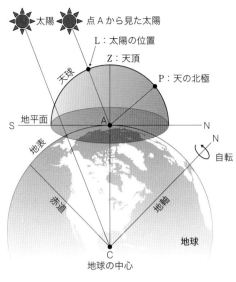

図 4.5　天球

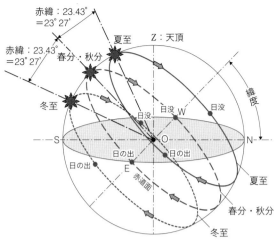

図 4.6　太陽の軌道

節と緯度の差によって太陽高度は変化する。一日の変化は南中時が一番高く、日の出と日没時は 0 度である。**太陽方位角**とは太陽の方位と真南とのなす角度を意味する。即ち、南中時は 0 度となる。建築基準法上、冬至の時、4 時間以上の日照を得られるように計画する。太陽高度計算は重要である。

太陽高度は、各季節により、**図 4.6** のように変化する。このように、太陽高度は基本的に、その地域の緯度（A）と、地軸の傾き（23°27' = 23.4°）により計算できる。

例として、東京における太陽高度（h）と太陽方位角（α）を**表 4.3** で示す。春・秋分、夏至、冬至の太陽高度は**図 4.7**、太陽方位角は**図 4.8** のようになる。

なお、東京における、各季、各時間帯における太陽の位置（太陽高度、太陽方位角）を、**図 4.9** に示す。一方、日本国内各主要都市の緯度・経度は、**表 4.4** を参照されるとよい。**図 4.10** は、日本国内、緯度別対南面太陽高度 h を表したものである。緯度が低くなるほど、対南面太陽高度は高いのがわかる。

太陽が真南に来た時の、ある地域の春・秋分、夏至、冬至における太陽高度の計算は次の通りである。

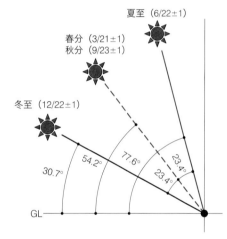

図 4.7　正午の太陽高度 h（東京）

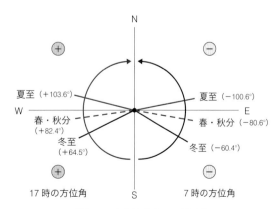

図 4.8　太陽方位角 α（東京）

1章　建築環境

2章　熱環境

3章　空気環境

4章　光環境

5章　音環境

6章　都市環境

＊南中時の太陽高度の計算式

・春分・秋分 $h = 90° - A \pm 0°$

・夏至 $h = 90° - A + \delta$

・冬至 $h = 90° - A - \delta$

　h：その地域の太陽高度

　A：その地域の緯度

　δ：日赤緯 23.43°

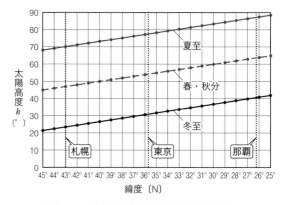

図 4.10　日本国内緯度別対南面太陽高度 h
（出典：国立天文台『理科年表』丸善を参考に作成）

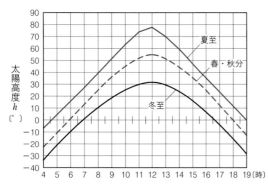

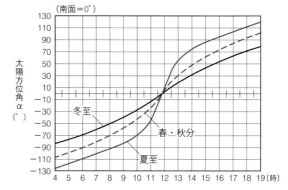

図 4.9　太陽高度と方位角の日変化（東京）（出典：国立天文台『理科年表』丸善を参考に作成）

表 4.3　太陽高度と方位角（東京）

節季	冬至	12/22±1	秋分・春分	3/21, 9/23±1	夏至	6/22±1
時刻〔時〕	太陽高度 h	太陽方位角 α	太陽高度 h	太陽方位角 α	太陽高度 h	太陽方位角 α
4	−34.1	−83.6	−22.8	−107.6	−6.5	−124.6
5	−22.0	−76.1	−10.8	−98.1	4.1	−115.9
6	−10.3	−68.5	1.4	−89.4	15.5	−108.1
7	0.8	−60.4	13.7	−80.6	27.4	−100.6
8	10.9	−51.0	25.6	−70.9	39.6	−93.0
9	19.7	−40.0	36.7	−59.1	51.9	−84.0
10	26.5	−27.0	46.3	−43.7	63.9	−71.1
11	30.6	−12.1	53.1	−22.9	74.5	−45.4
12	31.5	4.0	55.3	2.7	78.2	13.6
13	29.0	19.7	52.1	27.6	70.6	58.5
14	23.4	33.7	44.6	47.2	59.1	77.1
15	15.6	45.7	34.6	61.8	47.0	87.9
16	6.0	55.8	23.2	73.0	34.7	96.1
17	−4.6	64.5	11.2	82.4	22.6	103.6
18	−16.1	72.3	−1.1	91.1	10.9	111.1
19	−28.0	79.8	−13.3	99.9	−0.25	119.3

（出典：国立天文台『理科年表』丸善を参考に作成）

1章 建築環境

2章 熱環境

3章 空気環境

4章 光環境

5章 音環境

6章 都市環境

表 4.4　主要都市の位置（北緯°・東経°）

	北緯		*N*	東経		*E*	時差
	°(度)	'(分)	°(度)	°(度)	'(分)	°(度)	〔分〕
稚内	45	24.9	*45.4*	141	40.7	*141.7*	26.7
旭川	43	45.4	*43.8*	142	22.3	*142.4*	29.5
札幌	43	3.6	*43.1*	141	19.7	*141.3*	25.3
釧路	42	59.1	*43.0*	144	22.6	*144.4*	37.5
函館	41	49.0	*41.8*	140	45.2	*140.8*	23.0
秋田	39	43.0	*39.7*	140	5.9	*140.1*	20.4
盛岡	39	41.9	*39.7*	141	9.9	*141.2*	24.7
仙台	38	15.7	*38.3*	140	53.8	*140.9*	23.6
新潟	37	53.6	*37.9*	139	1.1	*139.0*	16.1
金沢	36	35.3	*36.6*	136	38.0	*136.6*	6.5
前橋	36	24.3	*36.4*	139	3.6	*139.1*	16.2
水戸	36	22.8	*36.4*	140	28.0	*140.5*	21.9
東京	35	41.4	*35.7*	139	45.6	*139.8*	19.0
鳥取	35	29.2	*35.5*	134	14.3	*134.2*	−3.0
名古屋	35	10.0	*35.2*	136	57.9	*137.0*	7.9
大阪	34	41.8	*34.7*	135	31.1	*135.5*	2.1
熊野	34	41.0	*34.7*	136	11.6	*136.2*	4.8
明石	34	38.9	*34.6*	135	0.0	*135.0*	0.0
広島	34	23.9	*34.4*	132	27.7	*132.5*	−10.2
高松	34	19.0	*34.3*	134	3.2	*134.1*	−3.8
福岡	33	34.9	*33.6*	130	22.5	*130.4*	−18.5
高知	33	34.0	*33.6*	133	32.9	*133.5*	−5.8
宮崎	31	56.3	*31.9*	131	24.8	*131.4*	−14.3
鹿児島	31	33.3	*31.6*	130	32.8	*130.5*	−17.8
那覇	26	12.4	*26.2*	127	41.1	*127.7*	−29.3

（出典：日本建築学会編『建築設計資料集成 1. 環境』丸善、1978、p.55 に加筆修正）

（5）太陽位置図

　太陽位置図とは天球上の太陽の軌道、高度、方位円、時刻を平面上に射影したものを意味する（図 4.11、図 4.12）。季節ごとに時刻別の太陽の位置をわかりやすく表すことは、日照や日影を検討する手法として使われる。図 4.11 は東京周辺（北緯 35°）の太陽位置図である。

　横に走る太い実線が日を表し、時刻は中央を南中時として太線の最上部に左右にわたって記してある。日付線と時刻線の交点を、この太い実線上にとると、太陽高度と太陽方位角が読みとれる。太陽高度は同

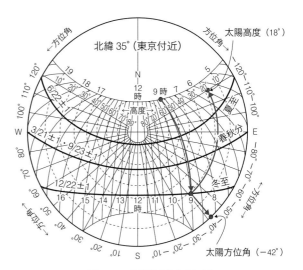

図 4.11　太陽位置図（東京）
（出典：日本建築学会編『建築設計資料集成 1. 環境』丸善、1978、p.56 に加筆）

例題

　東京（緯度 35°41'）における夏至、冬至、春分・秋分の南中時の太陽高度を求めよ。

解答

　緯度 35°41' を同じ単位に統一する。（1°＝60'）

$$35°41' = 35.68°$$

・春分・秋分 $h = 90° − 35.68° ± 0 = 54.32°$

・夏至 $h = 90° − 35.68° + 23.43° = 77.75°$

・冬至 $h = 90° − 35.68° − 23.43° = 30.89°$

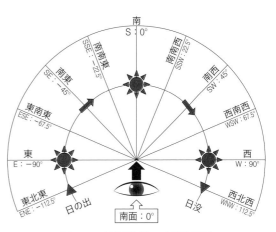

図 4.12　対南面正午の太陽位置図

心円状に記されている。

太陽方位角は円の下側に示され、円周に沿っている。図 4.12 は東京の対南面正午の太陽方位角を図 4.11 からイラスト化したものである。

Column

日本標準時子午線

明治 19（1886）年、日本の標準時の基準として東経 135 度の経線を定めた。この子午線が通過する 13 市には、目に見えない子午線の存在を示すためにモニュメント塔が建てられて可視化されている。英国グリニッジ天文台を通るグリニッジ子午線（経度 0 度線）より 9 時間進んでいる。

兵庫県三木市の子午線モニュメント

▶ 4　均時差と太陽時

(1) 真太陽時

真太陽時は南中時刻を正午とした時刻である。場所によって違う時刻になる。ある地域における南中（真南にくる瞬間）時を正午とし、太陽が南中してから、次に南中するまでの時間を真太陽日という。

真太陽日を 1 日とした場合、1 日の 1/24 を 1 時間として表される。

(2) 平均太陽時

真太陽日の 1 日の長さは、1 年を通して一定とならないため、真太陽日の 1 年間の平均を平均太陽日とし、それを 1/24 にしたものを平均太陽時という。

日本では東経 135° である兵庫県明石市の平均太陽時を日本標準時（中央標準時）として使っている。そのため各地方では真太陽時から考えると実際には時差が生じる。真太陽時を求める計算式は次の通りである。

$$T = T' \pm e + \frac{L-135}{15} \ \text{〔時〕}$$
$$= T' \pm e + \frac{L-135}{15} \times 60$$
$$= T' \pm e + 4(L-135) \ \text{〔分〕}$$

T：真太陽時　　T'：日本標準時

e：均時差　　L：東経

（3）均時差

　各地域における真太陽時と平均太陽時の差を均時差といい、**図 4.13** のように 1 年を通して変化する。実際の 1 日の 24 時間は季節ごとに変化することで一定ではない。その理由は、地球が楕円の軌道を公転しており、地球が 23.4° 傾いているからである。

　このような地球の動きにより新太陽時と平均太陽時とは季節により多少時間の差が生じる。真太陽時を求めるためには、季節によって平均太陽時から一定のずれの時間を加減し、補正する必要がある。この時に用いる係数が均時差である。

　例えば、均時差の年変化で、春分は 7.48 分（7 分 28.8 秒）短く、秋分は 7.33 分（7 分 19.8 秒）長い。

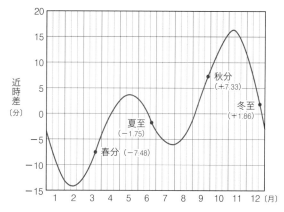

図 4.13　均時差の年変化（出典：〈建築のテキスト〉編集委員会『改訂版 初めての建築環境』学芸出版社、2014、p.83 ／原出典は『理科年表』）

Column

日影を読み取る日時計

日影台
にちえいだい

　首里城の正殿の入口の左側に置かれている日時計である。琉球王朝 1739 年、設置されたと伝えられる。王国時代も同じ場所に置かれていて、今も健在である。沖縄は、日本標準時の基準となる兵庫県明石市より西側にあるため、日本標準時よりも約 27 分遅い。

琉球王朝当時の日影台（日時計、首里城）

日時計

　これは沖縄の日影台と同じ日影を読み取る日時計である。見方は、ひさしの形をした板の影が午後 1 時までは左側、午後 1 時以後は右側の目盛にうつり、その時の時刻がわかる仕組みになっている。この半円形の目盛板は、その中心の周りに回転させて、時間のくるいを直せば、常に正しい時刻を示すことができる。この写真は午後 1 時 7 分 2 秒に撮った写真であるが、この日時計と時刻がほぼ一致している。

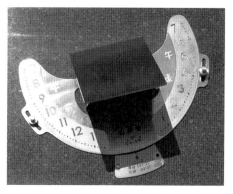

矢橋式日時計（静岡県浜松市 2005 年 11 月 2 日撮影）

1 章　建築環境

2 章　熱環境

3 章　空気環境

4 章　光環境

5 章　音環境

6 章　都市環境

4-2 日照と日影

▶ 1 日照・可照

(1) 日照・可照時間

日照と可照については、**図4.14**の概念図を参照されたい。日照とは、実際に日の照ることで、照っていた時間を、**日照時間**という。つまり、日照時間は、地域、地形、天候の影響を受ける。

可照とは、日の出から日没までのことで、その間を**可照時間**という。日照時間は可照時間より短い。例えば、雨曇等が多いと、日照時間は短くなり、日照率は低くなる。

日照時間と可照時間の関係は、日照率〔%〕で表す。

$$日照率〔\%〕＝\frac{日照時間}{可照時間}×100$$

(2) 壁面可照時間

図4.15は北緯35°地域における周囲に障害物がないことを仮定して壁面の方向による可照時間を示したものである。南面における夏至の場合は、8時30分〜15時30分の約7時間である。一方、冬至の場合は、日の出から日没までの約9時間30分となり、南の可照時間は、夏至よりも冬至の方が2時間30分長くなっていることがわかる。

(3) 窓からの日照

図4.16は季節による窓からの日照による床面の受照面を示したものである。南向きの窓は、夏にはほとんど日が入らず、冬には室の奥まで日が入ることがわかる。

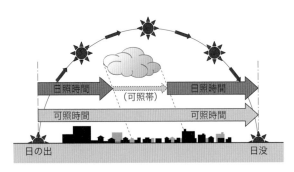

図 4.14 日照時間と可照時間

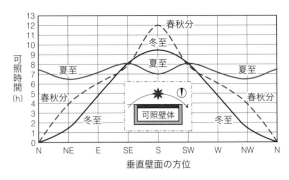

図 4.15 壁面における日照時間

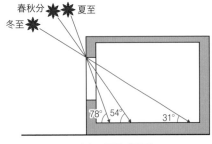

南窓の日照（断面）

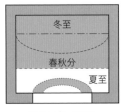

南面の窓（平面）

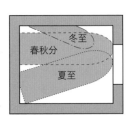

東面の窓（平面）

図 4.16 季節による窓からの日照範囲

1章 建築環境

2章 熱環境

3章 空気環境

4章 光環境

5章 音環境

6章 都市環境

▶ 2 日影曲線

(1) 日ざし曲線

水平面日ざし曲線は、**図 4.17** に示すように、日影曲線と点対象の関係にある。日影曲線において東西南北を入れ替えれば、水平面日ざし曲線図になる。

(2) 日影曲線

日影曲線は、ある地点の水平面上に立てた鉛直棒の先端の影の軌跡を表したもので、**図 4.18** では太陽の高度・方位角・日影の長さ等をまとめて表している。日影曲線は、太陽の光線が建物に当たる影響や、近隣を含め建物の日影の検討、室内への日照の検討、直射日光の防御・採り入れ方法の検討等のために重要な要素である。

日影曲線は各地の緯度によって異なる。**図 4.19** は、東京付近（北緯 35°）の日影曲線である。

日影曲線図の見方は、次による。

① 日影曲線図に示す破線は、時刻である。

② 太線で示す日影曲線と、破線の時刻線との交点から棒の位置まで引いた線は、その時刻における棒の影を表し、ここで方位角を読み取る。

③ 同心円の数値は、棒の長さを 1 とした場合の倍率を表す。この倍率を実際の建物の高さに乗じることにより、実際の影の長さがわかる。**図 4.19** を簡略したのが**図 4.20** であり、日影図と照合されるとよい。

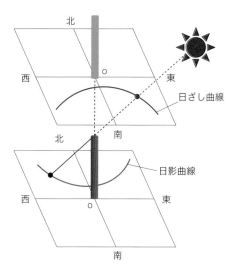

図 4.17　水平面日ざし曲線と日影曲線

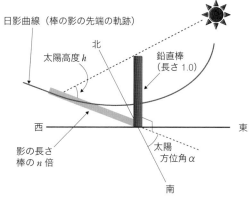

図 4.18　水平面の日影曲線

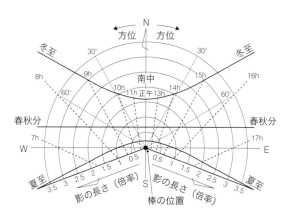

図 4.19　日影曲線（東京付近、北緯 35°）

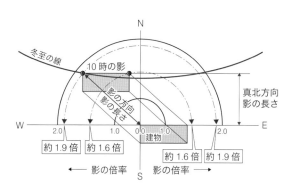

図 4.20　日影図の見方

　次の図は、ある建築物がつくる日影を示している。12月21日（冬至）の10時と12時の日影の長さを求めよ。ただし、建物の高さは10mとする。

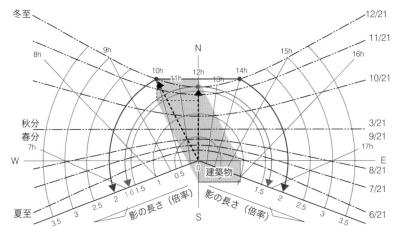

日影曲線のよみ方と作図のしかた（例）

　12/21の二点鎖線と10時の破線との交点から左へ円を描いて影の長さ（倍率）を読み取る（赤矢印）。したがって、10時の日影の長さは10m × 2 ＝ 20mである。また12時の場合は10m × 1.6 ＝ 16mになる。

▶ 3　日影曲線の特徴

　日影図は、平面の各ポイントを基準点に合わせて、建築物の最高高さが、各時刻に北方向につくる影を結んだものである。

　日影は、建築される場所の緯度、方位・向き、季節、時刻によって変化する（図4.21）。冬至において日影が最も顕著になるのは言うまでもない。重要なのは、影の方向・影のできる時刻・影の長さである。終日日影と永久日影は室内日照環境や植物に影響を与える。

・終日日影

　日の出から日没まで一日中、日影となる場所を終日日影という。北向きの鉛直壁面には、北側に障害物がない限り6ヶ月間は日照がない。逆にいうと6ヶ月間は日照があるので、北側からの日照も無視できない。

・永久日影

　夏至でも日影となる場所を、永久日影または恒久日影という。このような建築計画は極力避けた方がよい。この永久日影は、北側の凹部に起こりやすい。

▶ 4　n時間日影

　図4.22はおおよそ北緯35°の地域における春秋の季節における1時間ごとの日影図である。図から2時間ごとの日影の交点を結ぶ線が2時間日影線になり、建物の北側になる日影の範囲が2時間以上日影となる範囲を表す。このようなn時間ごとの日影の交点を連ねた範囲は、n時間以上日影範囲となるので、その交点を連ねた曲線をn時間日影線といい、この線で囲まれた範囲をn時間日影という。

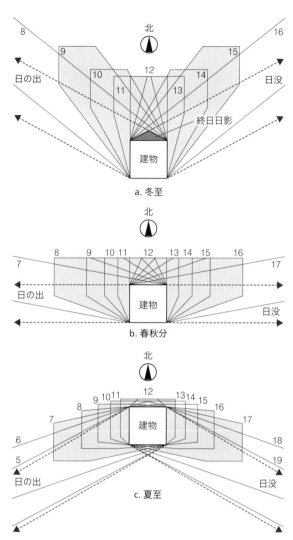

図4.21　季節による日影曲線と1時間ごとの日影図（東京付近、北緯35°）

a. 冬至

b. 春秋分

c. 夏至

▶ 5　日影規制

北には、方位磁石が指す**磁北**と、太陽の南中によって求める**真北**がある。磁北と真北には 5 〜 10° の差がある。日影規制の検討には、真北を使わなければならない。日影規制は、**表 4.5** のように建築物の形態を制限して、日影を一定の時間内に抑えるように日照居住環境を保護するため制定された（建築基準法第 56 条 2 項、1976 年改正）。

（1）規制日時と範囲

一定規模以上の建築物は、冬至の午前 8 時から午後 4 時までにできる日影の時間が規制対象となる。

図 4.23.a は朝 8 時から 16 時までの日影時間図である。日影図や日影時間図を描く場合、平均地盤面ではなく、**表 4.5** に示した、平均地盤面からの高さにある水平面上に描く。その測定面は**図 4.23.b** のようになる。

日影時間の規制において、敷地境界線から水平距離 5m、10m の線を設定し、それぞれの線内に規制時間の日影が納まるようにしなければならない。敷地境界線からの水平の距離が 5m を超え 10m 以内の範囲と、10m を超える範囲において、冬至の真太陽時 8 時から 16 時の間に、**表 4.5**（A）（B）の日影時間以

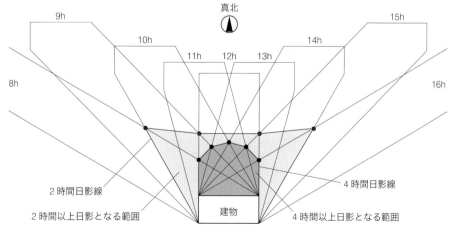

図 4.22　n 時間日影の求め方

2 時間日影線
2 時間以上日影となる範囲
4 時間日影線
4 時間以上日影となる範囲
建物
真北

1章　建築環境
2章　熱環境
3章　空気環境
4章　光環境
5章　音環境
6章　都市環境

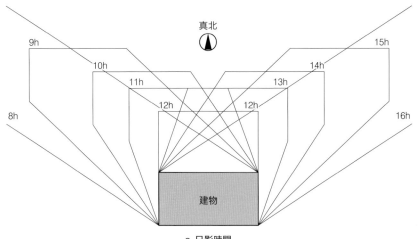

a. 日影時間

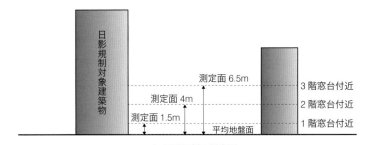

b. 日影規制の測定面

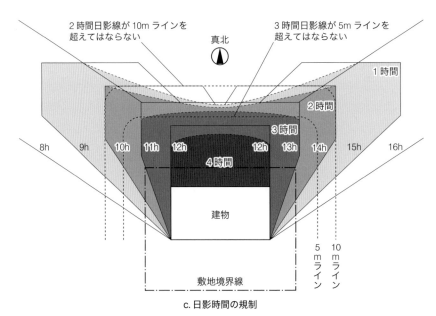

c. 日影時間の規制

図 4.23　日影規制の基準解説図

1章 建築環境

2章 熱環境

3章 空気環境

4章 光環境

5章 音環境

6章 都市環境

表 4.5　日影規制の基準

地域	制限を受ける建築物	平均地盤面からの高さ*1	種別*2	敷地境界線からの水平距離が5mを超え10m以内の範囲における日影時間 (A)		敷地境界線からの水平距離が10mを超える範囲における日影時間 (B)	
				一般地域	北海道	一般地域	北海道
(1) 第1種低層住居専用地域 第2種低層住居専用地域	軒の高さが7mを超える建築物または地階を除く階数が3以上の建築物	1.5m	(一)	3時間	2時間	2時間	1.5時間
			(二)	4時間	3時間	2.5時間	2時間
			(三)	5時間	4時間	3時間	2.5時間
(2) 第1種中高層住居専用地域 第2種中高層住居専用地域	高さが10mを超える建築物	4mまたは6.5m	(一)	3時間	2時間	2時間	1.5時間
			(二)	4時間	3時間	2.5時間	2時間
			(三)	5時間	4時間	3時間	2.5時間
(3) 第1種住居地域準住居地域 第2種住居地域準住居地域 近隣商業地域 準工業地域	高さが10mを超える建築物	4mまたは6.5m	(一)	4時間	3時間	2.5時間	2時間
			(二)	5時間	4時間	3時間	2.5時間
(4) 用途地域の指定のない区域	高さが10mを超える建築物	4m	(一)	3時間	2時間	2時間	1.5時間
			(二)	4時間	3時間	2.5時間	2時間

＊1：該当建築物が周囲の地面と接する位置の平均の高さにおける水平面からの高さをいう。
＊2：地方公共団体にていずれかを定める。

内に抑えなければならない。この日影時間は地方公共団体の条例で決められる。

　例えば、第1種低層住居専用地域で、対象建築物が7m、測定面の高さが1.5mの条件で検討すると、北海道地域を除いて地方公共団体が条例(一)の場合、**図4.23.c**のように日影時間が規制値を超えるので、建物の高さを低くするか、敷地内で建物を南に寄せるかにして、規制値範囲内に納まるようにしなければならない。

(2) 日影の形状

　建物の形は日影に大きく影響を与える。**図4.24**は北緯35°付近で建築面積がそれぞれ等しい場合、冬至における4時間以上日影となる範囲を示したものである。ただし、敷地と屋根は水平とする。

　ここで、北側の平面形状が特殊な正方形45°や円形の場合、時刻によって影の形に影響を及ぼす基点が異なる。北側の日影は直線になるので気をつける。

(3) 隣棟間隔

　日影曲線によって、近隣建物への影響を知ることができる。これにより、南側の建物が、北側の建物に影響を与えないように配慮し、一定時間以上の日照を確保しなくてはならない。日照を確保するために建物同士の間隔を定めたものを隣棟間隔という。

　隣棟間隔は、冬至にも居室に4時間以上の日照が得られるように決める。**図4.25**は、2、4、6時間の日照を得るために必要な、各地の緯度別隣棟間隔を示したものである。

・隣棟間隔係数（比）

　隣棟間隔係数（比）とは隣棟間隔の距離をこれから建設する建物の高さで割った数値をいう。

　緯度が高くなるほど、隣棟間隔係数（比）ε は、大きくなり、隣棟間隔は大きくする必要がある。

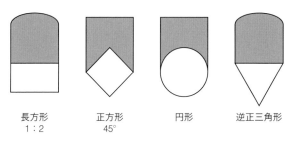

長方形 1：2	正方形 45°	円形	逆正三角形

図4.24　建物の形による冬至4時間以上の日影形状

冬至の日に4時間の日照を期待する場合、東京では約1.9、札幌では約2.6である。隣棟間隔の計算は次の通りである。

$$D = \varepsilon \times H \qquad \varepsilon = \frac{D}{H}$$

D：隣棟間隔〔m〕

H：これから建設する建物の高さ〔m〕

ε：隣棟間隔係数（比）

例えば、北側の建物から南に10m離れて（D）高さ7m（H）の建物を建てると、隣棟間隔係数（比）εは10/7 = 1.4になる。その結果、北側の建物は冬至の日に4時間の日照を得ることができない。

住棟の側面隣棟間隔は、基本的に日照や採光を考慮しなくてもよい。しかし、住棟の通風・視界を妨げないこと、火災が発生した時に延焼を防ぐためには、住棟の長さの0.2〜0.3倍以上の距離が必要である（図4.26）。

▶ 6 日照調整

日照のマイナス効果を避けるために、建築的工夫として古くからひさしを利用してきた。現在は、単純に日照を遮断するだけではなく、多様な手法が開発されている。日照は、夏はやかましいな熱になるが、冬は有難い暖かさを与える。快適な室内熱環境を求めるために日照、日射に対して積極的に建築的工夫を行うことを日照調整という。

具体的には、建物の方向や配置計画等の建築の基本的計画をもとに、開口部の構造的、材料的な工夫やひさし設備の利用など、多様な方法や製品が開発されている。

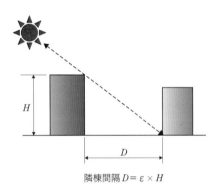

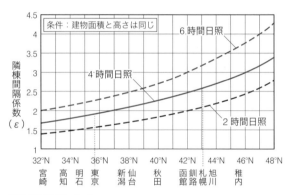

図4.25　各地の隣棟間隔係数（ε）

図4.26　集合住宅における隣棟間隔の実例

1章 建築環境

2章 熱環境

3章 空気環境

4章 光環境

5章 音環境

6章 都市環境

例えば、よく使われているものにルーバーがある。可動ルーバーは角度調節が可能で、刻々と変わる日照の変化に対して室内に適当な日照調節ができる。

太陽高度が高い**南側**には**水平ルーバー**（図 4.27.a）、太陽高度が低い**東・西側**には**垂直ルーバー**（図4.27.b）を設置するのが有効である。

a. 水平ルーバー（集合住宅）

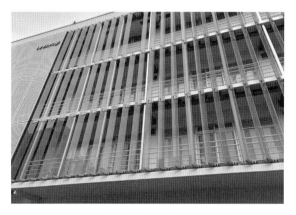

b. 垂直ルーバー（法政大学田町校舎）

図 4.27　日照調整ルーバー

Column

アナログ時計で方位がわかる

　太陽はどんな季節でも、太陽高度の差こそあれ、「正午」になると、必ず「真南」に昇っている。太陽は地球の周りを1日に1回、東から昇り、正午に南に来て、西に沈んでいく。つまり1日に「1回転」する。アナログ時計の短針（小針）は、1日に「2回転」し、天空がみえる角度も、時計の文字盤も同じ「360°」である。

　太陽は1日に1回転だから、1時間当たり15°動く。時計の短針は、「12時」を基準にして1日に2回転だから、1時間当たり30°動く。正午、太陽が南中する時には、短針は当然12時のところにあり、1時間ごとに、太陽は15°、時計の短針は30°動く。もっとわかりやすくいえば、「短針は太陽の倍の速さで回転」している。

　だから、太陽が出ているどの時刻でも、短針を太陽へ向ければ、「12の文字盤と短針との中間（30° ÷ 2＝15°）」が真南になる。方法は、①時計を水平に設置。②短針を太陽の方向へ向ける。③短針と文字盤の12でつくる角度の半分が、真南になる。その線が文字盤の中央を通る線が、真北になる。

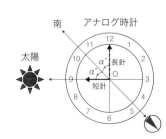

4-3 日射

▶ 1 日射

建物が太陽から受ける日射は、**図 4.28** のように、太陽の放射で、熱エネルギーとして地上に様々な影響を及ぼしている。太陽エネルギーは地表に達するまで、大気圏内で水蒸気や塵・微粒子によって乱反射・拡散され到達エネルギー量は減衰する。

・太陽定数

太陽定数は、地球大気表面に垂直に入射する太陽の単位時間当たりのエネルギー量であり、一般的に約 1,360W/m² （＝1,164kcal/(m²・h)）である。太陽定数は季節・時間・距離などによって周期的に変化しているが、その変化量は 0.1％程度であり、これを定数として扱っている。

▶ 2 日射量

ある面積が 1 時間当たりに受ける太陽の熱量を、日射量という。単位は W/m²（＝kcal/(m²・h)）である。**図 4.29** のように、壁体等に受ける熱量は、入射角が小さいほど大きくなる。

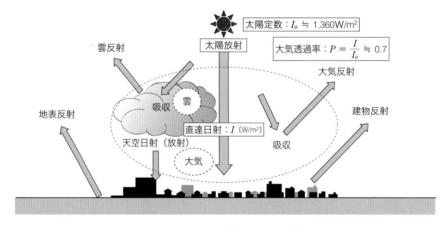

図 4.28 地上の建物が受ける日射

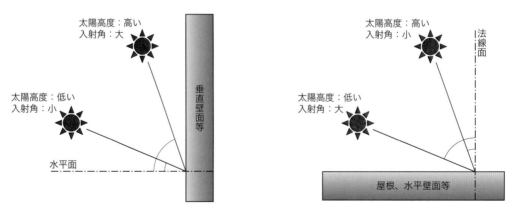

図 4.29 壁体等に受ける日射

1章 建築環境

2章 熱環境

3章 空気環境

4章 光環境

5章 音環境

6章 都市環境

図4.30は、東京における1日の単位面積当たりの受熱変化を季節別、方位別に表したものである。夏期には、南側のよりも、東・西に開放している窓の方が受熱量は大きいことがわかる。

即ち、**夏期**において建物が受ける日射量は、**水平面＞東・西側壁面＞南側壁面＞北側壁面**という関係となり、南面より東・西側の方が日射量が多いため、冷房負荷は高くなる。

①直達日射量

直達日射とは、図4.28に示したように、太陽の放射が、大気中を透過して地表面に到達する日射量のことをいう。

②天空日射量（天空放射量）

天空日射（天空放射）とは、図4.28に示したように、太陽の放射が、大気中を透過して水蒸気や雲、塵等によって乱反射して地表面に到達する日射量のことをいう。天空日射量（放射量）は、**快晴時には小さく**、**曇り時には大きく**なる。また、都市部は一般に大気透過率が小さいので、郊外部に比べ大きな値を示す。

③全天日射量

全天日射量は、直達日射量と天空日射量を加算したものである。

▶ 3　大気透過率

大気透過率は、**大気の清澄度を示す**とともに天空

放射量と太陽高度の関係を表す値である。大気放射量は大気中で散乱した後、地表に到達する熱の量である。一般に薄曇りの時のほうが快晴時より多い。

図4.31で示すように、大気透過率が大きくなれば、天空日射量（放射量）は少なく、太陽高度は高い。大気透過率の通常値は、概ね $0.6 \sim 0.7$ である。

大気透過率 P は下記により求められる。

$$P = \frac{I}{I_o} \fallingdotseq 0.6 \sim 0.7$$

　　I：直達日射量〔W/m²〕

　　I_o：太陽定数（1,360W/m²）

▶ 4　日射熱

建物は日射を受けると、屋根や壁面で一部の日射熱が吸収された後、室外や室内に再放射される。建物の屋根や壁体の熱容量と熱貫流率の大小によって、室内温度は大きく変わる。ガラス面に流入する日射熱は、一部は反射、一部が吸収、残りが透過する。この室内に透過した日射熱を**ダイレクトゲイン**といい、日射熱を蓄熱される方式をダイレクトゲイン方式という。この透過する日射熱のエネルギーの影響がかなり大きいので、ガラスの種類を選ぶことは重要である。

（1）窓からの熱負荷

窓からの熱負荷は、伝導・対流によるものと、日

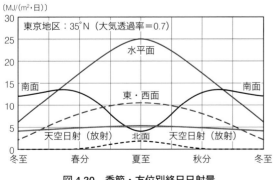

図4.30　季節・方位別終日日射量

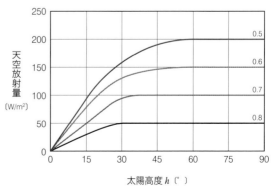

図4.31　大気透過率（P）

射によるものがあり、それらを加えた値で検討する。伝導・対流によるものは、ガラスの面積にガラスの熱貫流率と室内外の温度差を掛けて求められる。一方、日射によるものは、ガラスの面積にガラスを透過する**日射量**と**遮蔽係数**を掛けて求める（**表** 4.6、**表** 4.7、**図** 4.32）。即ち、

伝導・対流　$q_c = A \times K \times (t_o - t_i)$

日射　　　　$q_r = A \times I_{gr} \times \kappa$

計　　　　　$q = q_c + q_r$

q_c：ガラスの伝導対流による負荷量〔W〕

q_r：ガラスの日射による負荷量〔W〕

A：ガラスの面積〔m²〕

K：ガラスの熱貫流率〔W/(m²・K)〕

t_i：室内温度〔℃〕　　　t_o：室外温度〔℃〕

I_{gr}：ガラスを透過する日射量〔W/m²〕

κ：遮蔽係数（**表** 4.7）

　冬期の暖房負荷計算時には、ガラスの伝導・対流による負荷量〔kW〕に方位係数（δ）を掛ける。冬期（暖房期）における日射負荷は、暖房側に有利に作用するため、安全を見て参入しないことが多い。

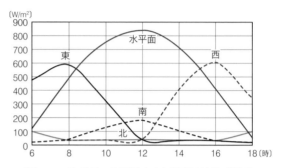

図 4.32　窓ガラスを透過する方位別日射量（夏至）

表 4.6　窓ガラスを透過する日射量 I_{gr}〔W/m²〕（東京 / 7 月下旬）

方位	時間							備考
	6 時	8 時	10 時	12 時	14 時	16 時	18 時	
日影	24	38	43	43	43	36	20	天空輻射量
N	100	38	43	43	43	38	99	
E	480	591	319	43	43	36	20	
S	24	46	131	180	108	36	20	
W	24	38	43	50	400	609	349	
H	122	498	765	843	723	419	63	天窓

・日影は天空輻射で、直達日射＝ 0〔W/m²〕の値　　　　　　　　　　　　　　（出典：空気調和・衛生工学会資料）

表 4.7　遮蔽係数（κ）

状態	遮蔽箇所	遮蔽係数	備考
普通板ガラス	―	1.0 〜 0.95	ガラス本体
吸熱ガラス	―	0.8 〜 0.65	ガラス本体
熱線反射ガラス	―	0.7 〜 0.5	ガラス本体
複層ガラス	―	0.9 〜 0.7	ガラス本体
遮熱フィルム	―	0.3 前後	ガラス本体
不透明遮熱フィルム	―	0.2	ガラス本体
カーテン	室内	0.5 〜 0.4	窓側設置
室内ブラインド	室内	0.75 〜 0.65	窓側設置
室外ブラインド	外部	0.25 〜 0.15	窓側設置
軒・庇	外部	0.3	窓側設置
粗い植栽	外部	0.6 〜 0.5	外部植栽
密の植栽	外部	0.5 〜 0.3	外部植栽

1章 建築環境

2章 熱環境

3章 空気環境

4章 光環境

5章 音環境

6章 都市環境

(2) 窓ガラスの日射通過

　窓ガラス面に入射する日射は、一部は反射、吸収され、残りは通過して室内の日射熱になる。ガラスに吸収された熱も時間が経つにつれ、室内外に放射する。

　普通板ガラスに比べて室内の熱負荷を減らすものとして**熱線吸収ガラス、熱線反射ガラス**がある。この各種ガラスの日射熱除去率と熱取得率を**図** 4.33、**表** 4.8 に示す。

(3) ダイレクトゲイン

　ガラスを透過して室内に直接（direct）取り込まれた**日射熱**を熱容量の大きい床に蓄熱させ、夜間に放

出させて暖房効果を得る（gain）方式である。蓄熱材としては、熱容量が大きいコンクリート、レンガ、

表 4.8　各種ガラスの日射除去率と取得率

ガラスの種類			普通板ガラス	熱線吸収ガラス	熱線反射ガラス
板厚			6mm	6mm	6mm 室内側膜付
入射エネルギー			100%		
室内	日射熱取得率	直接透過	79.9%	56.1%	6.3%
		反射	4.5%	13.1%	15.2%
		計	84.4%	69.2%	21.5%
室外	日射熱除去率	反射	7.1%	5.8%	36.7%
		放射	8.5%	25.0%	41.8%
		計	15.6%	30.8%	78.5%
ガラス内部	吸収		13.0%	38.1%	57.0%

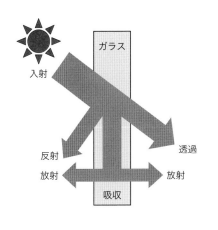

a. 窓ガラス面からの日射熱流入過程

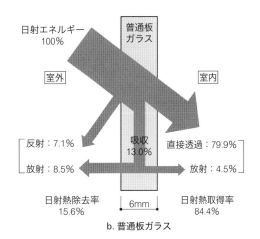

b. 普通板ガラス

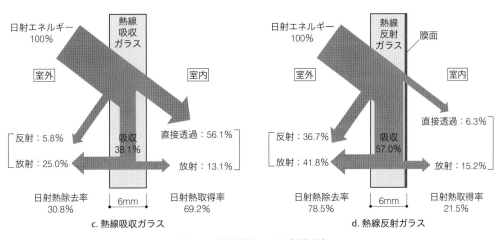

c. 熱線吸収ガラス

d. 熱線反射ガラス

図 4.33　各種ガラスの日射透過率

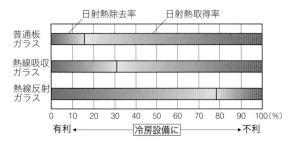

日射熱除去率　　日射熱取得率

普通板
ガラス

熱線吸収
ガラス

熱線反射
ガラス

0　10　20　30　40　50　60　70　80　90　100（%）

有利 ←――――　冷房設備に　――――→ 不利

図 4.34　各種ガラスの日射除去率と取得率

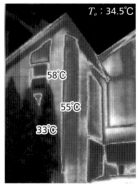

T_o : 34.5℃

58℃

55℃

33℃

図 4.35　サーモグラフィーカメラからみる植栽の遮蔽効果
（2018 年 8 月 1 日 14 時 30 分ごろ測定、東京武蔵野市）外気温が 34.5℃ の時、西側外壁の表面温度は 55 〜 58℃ である反面、樹木の影の壁の表面温度は 33℃ である。

タイルなどがある。

　ダイレクトゲイン方式によるパッシブソーラーハウスを計画する場合は、室内の熱容量を大きくした方が冬期における太陽熱の利用効果が高い。

▶ 5　日射熱遮蔽

（1）日射熱遮蔽効果

　日射は、室内環境に大きく影響を及ぼす。日射負荷は、窓面に日陰を形成することや、日射遮蔽効果があるガラスの使用で緩和される（図 4.34）。

　日射による空調負荷は、熱線吸熱ガラスや、熱線反射ガラス等、ガラスの種類の選択により、軽減される。また、日射を受けるガラス面に、ルーバー、カーテン、ブラインド、軒、外部植栽を施すことによる日射遮蔽の手法で、効果的に減少する（図 4.35）。窓面日射の遮蔽は、室内側より室外側で遮蔽した方が効果は大きい（図 4.36）。日射遮蔽係数は大きいほど日射の遮蔽効果が小さい（表 4.7 参照）

　植栽計画では、針葉樹より落葉樹が有効である。

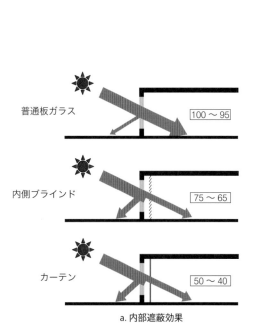

普通板ガラス　　100 〜 95

内側ブラインド　　75 〜 65

カーテン　　50 〜 40

a. 内部遮蔽効果

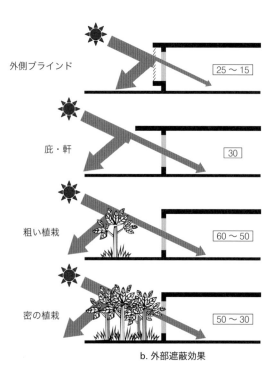

外側ブラインド　　25 〜 15

庇・軒　　30

粗い植栽　　60 〜 50

密の植栽　　50 〜 30

b. 外部遮蔽効果

図 4.36　日射遮蔽効果

夏には葉っぱにより強い日射を遮り、冬には葉が落ちているので暖かい日射を建物に受け入れることができる。

(2) 日射遮蔽の手法

①屋上緑化・壁面緑化

屋上緑化は、最上階の熱負荷除去に有効に働き、日射面の壁面緑化は、特にガラス面において外部からの日射遮蔽効果が大きい。緑化における施工上の留意点は、植物根による防水破損等、壁体が受けるダメージから防護することである（**図4.37**）。

また、植物育成に盛土は芝生で20cm、低木で30cm以上、高木植栽なら1m以上を確保する必要があるので、構造上のチェックが必要である。加えて、"樹木（植物）は必ず成長するもの"という認識が重要である。

②エアフローウィンドウ

二重に設けられた窓ガラスの間に室内の空気を導入し、夏期は排気、冬期は空調機に戻す。さらに二重窓ガラス内に電動ブラインドを組み込み、空調負荷となる日射を調整する。二重窓ガラスによる断熱効果と室内側窓からの熱放射を低減することにより、**ペリメーターゾーン**（建物外周部）の温熱環境の向上が期待できる（**図4.38.a**）。

③ライトシェルフ

ライトシェルフは**図4.38.b**に示すように、窓部分に取り付けた庇によって直射日光を遮蔽しつつ、庇の上面に反射した光を庇上部の拡散窓から取り入れて、室内天井面に反射させ、**室内奥に自然光を導入する方法**である。照明エネルギーや日射による冷房負荷を低減できるので、省エネルギーに有効である。また、**均斉度**も高くできる。

屋上緑化（沖縄）

壁面緑化（東京）

壁面緑化（ソウル、空間社屋：金壽根設計）

図4.37　屋上緑化、壁面緑化

1章　建築環境

2章　熱環境

3章　空気環境

4章　光環境

5章　音環境

6章　都市環境

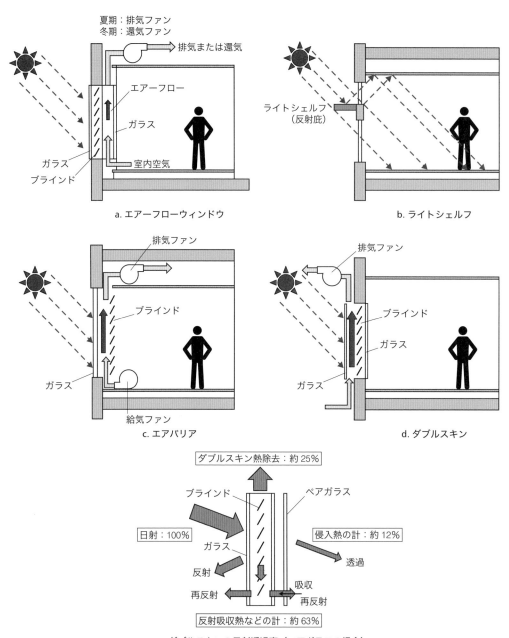

夏期：排気ファン
冬期：還気ファン

排気または還気

エアーフロー

ガラス

ガラス
ブラインド

室内空気

a. エアーフローウィンドウ

ライトシェルフ
（反射庇）

b. ライトシェルフ

排気ファン

ブラインド

ガラス

給気ファン

c. エアバリア

排気ファン

ブラインド

ガラス

d. ダブルスキン

ダブルスキン熱除去：約25%

ブラインド　　　　　ペアガラス

日射：100%

ガラス

侵入熱の計：約12%

透過

反射

再反射

吸収

再反射

反射吸収熱などの計：約63%

e. ダブルスキンの日射透過率（ペアガラスの場合）

図4.38　日射遮蔽の手法

④エアバリア

　エアバリアは、ガラス面およびブラインドに沿っ
て室外の空気を送風し、ガラス面からの負荷を軽減
するものである（図4.38.c）。

⑤ダブルスキン

　ダブルスキンは、図4.38.d のように建築物の外壁

の一部または全面をガラスで二重に覆う建築手法で、
ペリメータ部の温熱環境の向上や省エネルギーに有
効である。日射による熱負荷低減を図るには、一般
に、エアバリアよりダブルスキンの方が効果は高い
といわれている。

1 章 建築環境

2 章 熱環境

3 章 空気環境

4 章 光環境

5 章 音環境

6 章 都市環境

4-4 採光

▶ 1 視覚

人間の感覚全体を指す分類は、視覚、聴覚、触覚、味覚、嗅覚で、すなわち五感といわれる。このうち、視覚即ち目からの情報量は全体の83%あり、最も大量であるといわれる。感覚の比率は、**図 4.39.a** に記す。

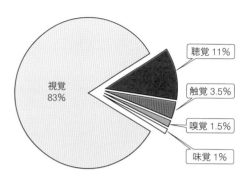

a. 人の感覚

(1) 眼球の仕組み

目は視覚情報をとらえ、脳に伝える器官である。目は強膜という硬い膜でおおわれた直径約24㎜ の球形をしている。この強膜の球の前後に 2 つの穴があいていて、前方の穴には角膜が、後方の穴には視神経が入っている。目の構造と機能は、カメラのレンズ、絞り、フィルムと共通している（**図 4.39.b**）。

網膜はフィルムと同じ機能を持っているが、視覚は、網膜に映る像を錐状体と杆状体の 2 つの細胞が受けた刺激を脳に伝えて認識することである。この**錐状体**は、網膜の中央部に多く、**色**を識別する細胞で、**杆状体**は網膜の周辺部に多く、**明暗**を識別する細胞である。

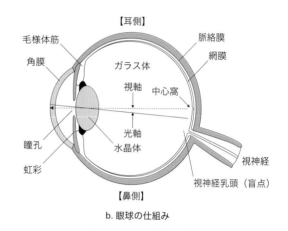

b. 眼球の仕組み

図 4.39　目の感覚と仕組み

(2) 視覚の加齢変化

視環境は、年齢によって徐々に低下する傾向にある。これは、歳をとったら誰もが経験することであり、超高齢社会の日本では配慮が必要である。建築計画では室内の採光計画、照明計画をする上で、年齢による視覚の変化を参考にされるとよい（**図 4.40**）。

▶ 2 順応

瞳孔の面積の変化は 1：8 程度であるが、網膜の感度変化は数万倍に達する。順応とは目の内部へ入射する光の量により網膜の感度が変化する現象の状態をいう。

(1) 暗順応

暗くなる時、入射する光の量が減少し、網膜の感度が高くなる現象をいう。暗さに慣れるまで約10〜30分かかる。

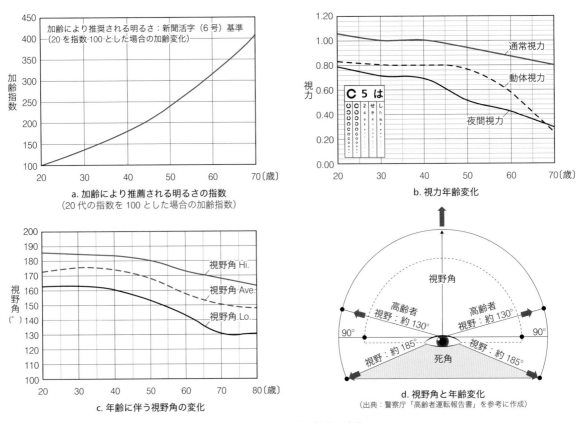

a. 加齢により推薦される明るさの指数
（20代の指数を100とした場合の加齢指数）

b. 視力年齢変化

c. 年齢に伴う視野角の変化

d. 視野角と年齢変化
（出典：警察庁「高齢者運転報告書」を参考に作成）

図4.40　年齢に伴う視覚の変化

Column

古代環境工学の風水思想

　平城京・平安京など、日本では古くから風水思想の四神相応の都がつくられていた。風水思想からみた四神相応というのは、東は青龍、西は白虎、南は朱雀、北は玄武という伝説の動物になぞらえられた神であり、明堂（中央の吉地）を守ると信じられていた。

　韓国や沖縄、中国でもこのような哲学的な思想から、都市、集落、家、墓まで計画的につくられていた。この基本的な地形は背後に山（高い所）を背負い、前方に海、湖沼、河川などの水が配置することが基本であった。これを背山臨水または背山前水という。このような明堂（吉地）は自然をよく理解した上で自然と共存する先祖の知恵であった。

　風水思想の四神相応は、方位だけではなく、色相、季節、地形を哲学と科学的に表した**古代の環境工学**であった。

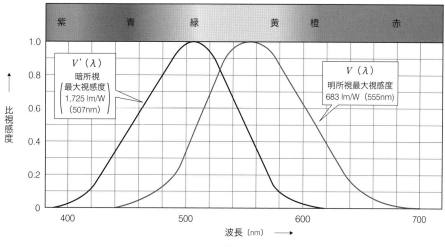

図 4.41　比視感度

1章　建築環境

2章　熱環境

3章　空気環境

4章　光環境

5章　音環境

6章　都市環境

（2）明順応

　明るくなる時、入射する光の量が増加し、網膜の感度は低くなる。明るさに慣れるまで約 1 〜 2 分かかる。

▶ 3　視感度

　ヒトは約 380nm から約 780nm の電磁波の範囲で明るさを感じるが、波長により異なって感じる。波長ごとに感じる光の明るさの程度を、エネルギー量 1W 当たりの光束で表し、これを視感度という。

（1）明所視と暗所視

　ヒトは明るいところで視作業をする時に色を感じ、物の模様を区別できる。これは眼球の網膜に視細胞の中にある錐状態が作用するからである。

　一方、暗いところでは杆状態という視細胞だけが作用する。このように明るいところで錐状態が作用する状態を明所視といい、暗いところで杆状態が作用する状態を暗所視という。

（2）最大視感度、比視感度

　最大視感度とは、視感度が一番高くなる光の波長である。明所視では波長 555nm、暗所視では波長 507nm である。最大視感度を比で表し、他の波長ごとの明るさを数値で表したものを比視感度という。CIE（国際照明委員会）では比視感度の標準を定めており、これを標準比視感度という（図 4.41）。

▶ 4　光の単位

　光の用語と単位を以下に示す（図 4.42）。

（1）光束

　光束とは、光源から放射された光の量で、通常用いる単位は lm（ルーメン）である。または cd-sr（カンデラ—ステラジアン）で表すこともある。

（2）光度

　光度とは、単位立体角当たりの光束で、光の強さを表すものである。単位は cd（カンデラ）である。

（3）照度

　照度とは、照射面の明るさで、$1m^2$ 当たりに入射する光束をいい、単位は lx（ルックス）または、lm/m^2 で表される。室における照度は、推奨照度（$\overline{E}_m$）のほか、照度均斉度（U_0）、不快グレア・グレア均斉値（UGRL）と演色評価数（R_a）で基準化されている。

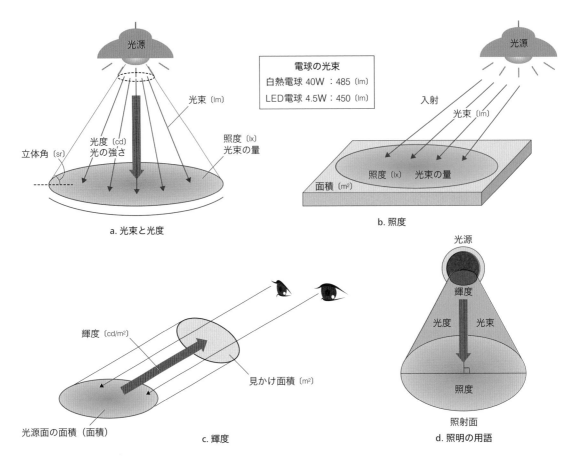

a. 光束と光度

電球の光束
白熱電球 40W : 485〔lm〕
LED電球 4.5W : 450〔lm〕

b. 照度

c. 輝度

d. 照明の用語

図 4.42　光の単位

（4）輝度

輝度とは、**発光面の輝き**をいい、cd/m² で表される。これは、1m² 当たりの光度を示すものである。

▶ 5　全天空照度

全天空照度は、天空光による水平面照度をいい、その目安を**表** 4.9 に表す。全天空照度には、直射日光による照度は含まない（**図** 4.43）。

（1）直射光（直接光）

太陽から**直接**地上に達する光。すなわち、太陽からやってきた光が窒素・酸素などの空気分子やエーロゾル粒子（固体または液体の微粒子）に当たり、その進行方向が変化し、地上に達する光。

（2）乱射光（天空光）

太陽光のうち、直射日光を除き、天空のあらゆる方向から地上に到達する光。空気分子などによる**散乱・反射**で、天候によって晴天光・曇天光に区別される（**図** 4.44、**図** 4.45）。

▶ 6　昼光率

（1）昼光率

屋外の明るさが、外環境の状況によって変化すれば、室内のあるポイントにおける明るさが、屋外の変化と同じ「率」により変化する。つまり、室内のある水平面のポイントの明るさは、屋外の明るさと**一定の比率**でもって表わされる。これを昼光率という。また昼光率は、室内の位置によって異なるが、全天空照度が変化しても一定である。

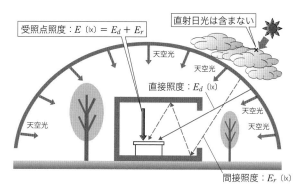

受照点照度：E〔lx〕$= E_d + E_r$

直射日光は含まない

天空光

天空光

直接照度：E_d〔lx〕

天空光

天空光

間接照度：E_r〔lx〕

図 4.43　全天空照度の求め方

表 4.9　全天空照度

外部のあかり環境	全天空照度〔lx〕
午後の直射日光	100,000
うす曇りの特に明るい日	50,000
明るい日	30,000
普通の日	15,000
快晴の青空	10,000
暗い日	5,000
非常に暗い日	2,000
満月のあかり	0.20 〜 0.24
星あかり	0.00003 〜 0.00005

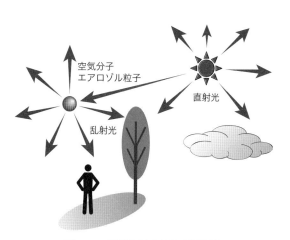

空気分子
エアロゾル粒子

直射光

乱射光

図 4.44　直射光と天空光（乱射光）

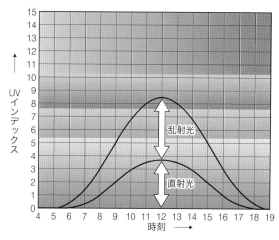

図 4.45　1 日の紫外線の総量に対する直射光（直接光）と乱射光（天空光）の割合

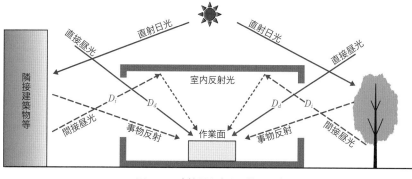

隣接建築物等

直接昼光

直射日光

直射日光

直接昼光

室内反射光

D_i　D_d　D_d　D_i

間接昼光

事物反射

作業面

事物反射

間接昼光

図 4.46　直接昼光率と間接昼光率

図 4.47　照度計

昼光率 D は、

$$D = \frac{E}{E_s} \times 100 \ 〔\%〕$$

E：室内にあるポイントの照度〔lx〕
E_s：全天空照度〔lx〕

　窓面から受光点に至る昼光率は、直射光による直接昼光率（天空放射 D_d）と、室内外の部位に反射して入射する間接昼光率（事物反射 D_i）を加えたものである（図 4.46）。すなわち、昼光率 D は、

$$D = D_d + D_i \ である。$$

1 章　建築環境

2 章　熱環境

3 章　空気環境

4 章　光環境

5 章　音環境

6 章　都市環境

表 4.10　基準昼光率の例

基準昼光率〔%〕	全天空照度〔lx〕	明るい 30,000	通常 15,000	暗い 5,000	非常に暗い 2,000	適応する作業と室用途
3	室内照度〔lx〕	900	450	150	60	製図・長時間の読書
2		600	300	100	40	通常の読書・教室・一般事務
1		300	150	50	20	美術館、博物館の展示・短時間の読書
0.75		200	110	40	15	居間・食事室・ホテルロビー

このような照度は図 4.47 のような照度計で測定できる。例えば、屋外の照度が 10,000〔lx〕で、室内のある点の照度が 1,000〔lx〕の時、昼光率 D は 10％となる。

（2）直接昼光率：D_d

直接昼光率 D_d は、外部環境に障害がない場合、次式で求められる。

$$D_d = Z \times M \times R \times U$$

　　Z：窓ガラスの透過率

　　　　（透明ガラスの場合 ≒ 1.0）

　　M：窓ガラスの保守率（汚れの程度による）

　　R：窓面積有効率

　　　　（窓枠・ルーバー等で低減される）

　　U：立体角投射率（**4-4-7** 参照）

新築当初（透明ガラスで汚れがない）のブラインド等がない場合を想定すれば、上式は $D_d = U$ であり、直接昼光率は立体角投射率と同じとなる。

（3）間接昼光率：D_i

間接昼光率 D_i は、仕上材の反射の程度で異なるものの、通常全体の 1〜2％の値である。室内のどこでもほぼ一定と考えて支障なかろう。

（4）基準昼光率

基準昼光率は、全天空照度の状況下における、室内照度を表したものである。通常 JIS による平均照度は**表 4.10** に示す、通常の全天空照度の数値（15,000lx）と、ほぼ一致している。

（5）天空輝度と昼光率

昼光率は、天空輝度の相対的な輝度分布（天空の明るい部分と暗い部分の分布）によって異なる。実際の天空輝度は一様でないので、窓から見える天空の輝度によって、昼光率は異なる。室内のある点から見た窓の外の天空輝度が高ければ、室内照度が高くなり、昼光率は大きくなる。

▶ 7　立体角投射率

昼光率は、実測では簡単に求めることが可能であるが、計算だけで求めることはかなり複雑である。しかし、**昼光率は立体角投射率で表されるので、立体角投射率を求めれば昼光率がわかる。**

立体角投射率 U は、ある立体角を持つ面の底円への投影面積 S_2 が、底円に対して占める割合を示す（図 4.48）。

$$U = \frac{S_2}{\pi r^2} \times 100 \ \text{〔%〕}$$

　　U：立体角投射率 ≒ 昼光率

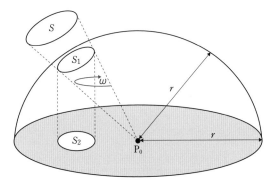

図 4.48　立体角投射率、天空率

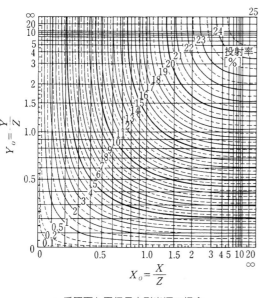

a. 受照面と平行長方形光源の場合

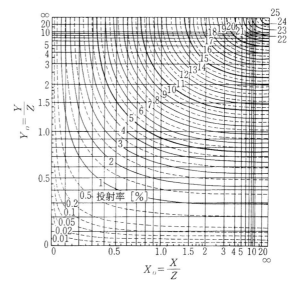

b. 受照面と垂直な長方形光源の場合

図 4.49　立体角投射率 （出典：日本建築学会編『建築設計資料集成 1. 環境』丸善、1978、P81, 82）

表 4.11　窓における立体角投射率簡易算定表 （図 4.49.b より）

$Y_o = Y/Z$	$X_o = X/Z$						
	0.1	0.5	1	2	3	5	10
0.1	0.02	0.08	0.1	0.1	0.11	0.11	0.11
0.5	0.25	1.4	2.2	2.5	2.6	2.7	2.8
1	0.75	3.5	5.5	6.8	7	7.2	7.3
2	1.2	5.8	9.5	13	13.5	13.8	14
3	1.5	6.5	11	15	16	17	17.2
5	1.5	7.0	12	16.5	18.5	19.5	20
10	1.5	7.2	12.5	17.5	19.5	21.5	22.2

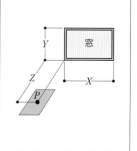

r：底円の半径

π：円周率

ω：天空部分の立体角

S：天空部分

S_1：P_0 点から見た面光源 S を半球上に投影したもの

S_2：S_1 をさらに水平面に投影した面積

　窓における垂直な立体角投射率は**図 4.49** から求められるが、簡単な数値であれば**表 4.11** で求められる。

（1）天空比

　「全天空の立体角」に対する「ある地点から見える天空の立体角」の比をいう。居住環境の開放性の指標として使われる。天空部分 S の立体角 ω の半球の立体角（$2\pi r$ ステラジアン）に対する割合。

$$天空比\ F = \frac{\omega}{2\pi}$$

$$天空部分の立体角\ \omega = \frac{S_1}{r^2}$$

1 章　建築環境

2 章　熱環境

3 章　空気環境

4 章　光環境

5 章　音環境

6 章　都市環境

(2) 天空率

「全天空の立体角の水平投射面積」に対する「ある地点から見える天空の立体角の水平投射面積」の比をいう。居住環境の**明るさ**の指標として使われる。

測定点から見える天空部分の立体角投射率を指し、天空部分 S_2 の全天空の正射影面積（円の面積）に対する割合から求められる。

$$天空率\ U = \frac{S_2}{\pi r^2}$$

▶ 8　採光方法

(1) 側窓採光

外壁側面に設けられた窓から光を得るのが側窓採光で、一般的な方法である。

同じ面積であっても**縦長窓**は横長窓より照度分布が均一である一方、**横長窓**は縦長窓より室内奥が暗い。**高窓**は窓際は暗いが、室内奥が明るい一方、**低窓**は窓際は明るく、室内奥は暗い。また、大きな窓ひとつより、同じ面積で小さな窓を分割して設けたほうが、照度分布は均一である（**図 4.50**）。

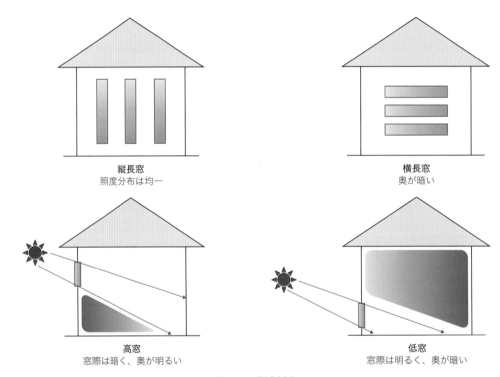

縦長窓
照度分布は均一

横長窓
奥が暗い

高窓
窓際は暗く、奥が明るい

低窓
窓際は明るく、奥が暗い

図 4.50　側窓採光

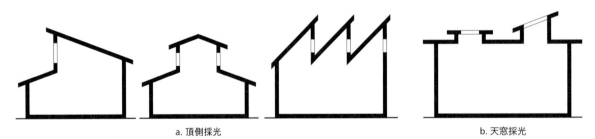

a. 頂側採光

b. 天窓採光

図 4.51　高窓採光

（2）高窓採光

①頂側採光

採光効果を得るために建物の高所側面に設けた窓をいう。工場など奥まで自然光をたくさん取る場合に有効である（**図 4.51.a**）。

②天窓採光

トップライトともいい、屋根につける窓をいう。室内の照度は均一であり、**側窓より3倍の採光効果がある**（**図 4.51.b**）。しかし、雨漏りしやすく防水に気を付けなければならない。また、側窓より十分に明るさを得ることができるが、通風はよくない。

▶ 9　採光の法的規制

建築基準法では、住宅の居室や学校の教室において、健康的な環境にする目的で、自然採光を確保するための基準を定めている。

採光が必要な「**住宅の居室**」とは、家の中で常時生活する部屋を指し、便所、浴室や洗面所、納戸などの収納室、台所などは除く。採光を必要とする居室、採光上有効な開口部の大きさ、算定方法を**表4.12〜4.14**に掲げる。また、隣地に対する採光関係比率の求め方を**図 4.52** で示す。

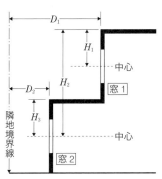

窓1の採光関係比率は、D_1/H_1 である。
窓2の採光関係比率は、D_2/H_2 と D_2/H_3 のうち、最小の数値となる。

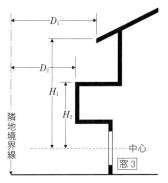

窓3の採光関係比率は、D_1/H_1 と D_2/H_2 のうち、最小の数値となる。

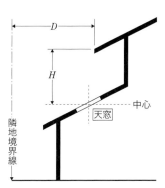

天窓の採光関係比率は、D/H となる。
なお「採光補正係数」は、D/H を算定し、算出した数値に3を乗じて得た数値となる。

図 4.52　採光関係比率の求め方

表 4.12　採光による居室の開口部（法 28 条、令 20 条 1 項に準拠）

基本	・住宅などの居室の開口部： 「居室の床面積」に対して「用途ごとの割合」以上の採光有効面積でなければならない（法 28 条） 開口部の採光有効面積：「居室の開口部ごとの面積」に「採光補正係数」を乗じて得た面積を合算（令 20 条） 開口部の採光有効面積≧居室の床面積×用途ごとの割合 ・開口部の採光有効面積：（居室の開口部ごとの面積×採光補正係数）の合計 ・用途ごとの割合：1/5 〜 1/10
例外 1	地階または、地下工作物に設ける居室等または温湿度調整を必要とする作業室等は除外 （法 28 条本文ただし書）
例外 2	ふすま、障子などの随時開放できるもので仕切られた 2 室は、1 室とみなす（法 28 条 4 項）
例外 3	国交大臣が別に算定方法を定めた建築物の開口部については、その算定方法による （令 20 条 1 項ただし書「告示未制定」）

1 章　建築環境

2 章　熱環境

3 章　空気環境

4 章　光環境

5 章　音環境

6 章　都市環境

表 4.13　開口部の大きさの基準

採光が必要な居室の種類	基準開口率	対象となる主な建築物
居住のために使用する居室	1/7	住宅・マンション
学校の教室	1/5	幼稚園・小中学校・高等学校・中等教育学校
保育室		保育所
病室	1/7	病院・診療所
寝室・宿泊室		寄宿舎・下宿
入所者が使用する寝室		児童福祉施設等
入所者・通所者に対する保育、訓練、日常生活に必要な便宜の供与等の目的に使用する居室		児童福祉施設等（保育所を除く）
その他学校の教室	1/10	幼稚園・小中学校・高等学校・中等教育学校以外の学校
入院患者・入所者が談話、娯楽等の目的に使用する居室		病院・診療所・児童福祉施設等

・開口率は、開口部の採光に有効な部分の面積の、床面積に対する割合である。居室の採光（法28条、令19条、令20条）
・採光を必要とする居室と開口部の大きさについて、上記の居室は採光上有効な開口部を設けなければならない。ただし、地階等に設ける居室、暗室など用途上やむを得ない居室等は除かれる（法28条1項、ただし書）
・学校・保育所の採光の緩和（昭55建告1800）
　(1) 幼稚園、小・中・高校、もしくは中等教育学校
　　　床面上50cmの水平面照度が200lx以上の照明設備を設置した教室・保育室
　　　　→床面から50cm以上の窓などの有効採光面積／当該室の床面積≧1/7
　(2) 小・中・高校、または中等教育学校の音楽室、視聴覚室
　　　照明設備を設け、令20条の2による換気設備を設けた室
　　　　→有効採光面積／当該室の床面積≧1/10

表 4.14　有効採光面積の算定方法

地域・区域別	計算式	開口部が道に接する場合	採光補正係（X）			
			開口部が道に接しない場合			
			水平距離	X	水平距離	Y
第1種低層住居専用地域 第2種低層住居専用地域 第1種中高層住居専用地域 第2種中高層住居専用地域 第1種住居地域 第2種住居地域 準住居地域	$D/H \times 6 - 1.4$ $X > 3$の場合は3	$X < 1$の場合は1	7m以上の場合	$X < 1$未満の場合は$X = 1.0$	7m未満の場合	Xが負の場合は$X = 0$
準工業地域 工業地域 工業専用地域	$D/H \times 8 - 1$ $X > 3$の場合は3		5m以上の場合	$X < 1$未満の場合は$X = 1.0$	5m未満の場合	Xが負の場合は$X = 0$
近隣商業地域 商業地域 用途指定のない区域	$D/H \times 10 - 1$ $X > 3$の場合は3		3m以上の場合	$X < 1$未満の場合は$X = 1.0$	3m未満の場合	Xが負の場合は$X = 0$
備考	D：境界線までの水平距離					
	H：窓の中心からの垂直距離					
	X：採光補正係数					
	D/H：採光関係比率（最小値）					
	有効採光面積＝開口面積×採光補正係数					

1 章 建築環境

2 章 熱環境

3 章 空気環境

4 章 光環境

5 章 音環境

6 章 都市環境

4-5 照明

照明の目的は対象物が正しく見えて、十分に見える周囲の環境や状況がわかることである（**図 4.53**）。照明は、生活の利便性のための明るさ、見やすさの確保はもとより、空調負荷や電力消費に大きな影響を与える。また、建築において特にデザイン的要素が占めるウエイトが大きい。

▶ 1 照明に用いられる用語

照明に用いる用語を**表4.15**に示す（**図4.42**（p.112）参照）。

①光束発散度

光束発散度は、単位面積（1m²）から出る光束をいい、そこから出る光束密度で、単位は一般的にはlm/m²であり、またはrlx（ラドルックス）で表されることもある。

②照度均斉度

照度均斉度は、照度分布のムラが大きいと、見え方の低下や疲労の原因となる。U_oで表現され、最少0.7を得るのを推奨している。U_o＝最少照度値÷平均照度値である（**表4.16**）。

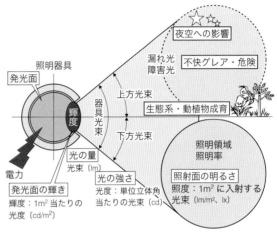

図 4.53 照明用語（光害と屋外照明）

表 4.16 照明と均斉度

照明種類	均斉度
人工照明	1/3 以上
併用照明	1/7 以上
昼光照明	1/10 以上
同一作業範囲内	2/3 以上

表 4.15 照明の用語

用語		内容	単位等	説明
光束	luminous flux	光の量	lm、cd·sr	光源から放射された光の明るさの量
光度	luminous intensity	光の強さ	cd	単位立体角当たりの光束
照度	illuminance	照射面の明るさ	lx、lm/m²	1m² 当たりに入射する光束
輝度	luminance	発光面の輝き	cd/m²、lm/sr·m²	1m² 当たりの光度
光束発散度	luminous existance	単位面積からの光束	lm/m²、rlx	単位面積（m²）から出る光束（lm）
照度均斉度	illumination symmetry degree	物の見え方のムラ	U_o	U_o＝最少照度値÷平均照度値
（不快）グレア	(discomfort) glare	眩しさ	UGR_L	不適切な輝度分布・対比による感覚
色温度	color temperature	光の色を数値で表す	K	数値で表現する尺度で、赤が低く、青白色は高い
演色評価数	color rendering index	物体の色の見え方	Ra	平均演色評価数の最大値が100、質の低下に応じ減少
ランプ効率	luminous efficency	1W 当たりの光束	lm/W	ランプの消費電力に対する光束

③不快グレア・グレア制限値

グレアとは眩しさをいい、視野内の不適切な輝度分布や、極端な輝度対比により生じる感覚である。グレアは、不快感や見る能力の低下を引き起こし、作業の誤り、疲れ、事故の誘発を伴うことがある。UGR_L で表現される。

④色温度

色温度は、光源が発している光の色を定量的な数値で表現する尺度である。単位は K（ケルビン）が用いられる。物体を加熱すると温度が低い時は暗いオレンジ色であり、温度が高くなるにつれて青白色になる。したがって、一般的色彩感覚とは逆で、寒色系の色は色温度が高く、暖色系は色温度が低い。図 4.54 は、各種光源の色温度を示したものである。

⑤演色性

光源によって物体の色は違ったように見える。この性質が光源の演色性である。演色性を評価する単位は平均演色評価数（Ra）で表す。平均演色評価数（Ra）は物体の色が自然光の環境で見た場合と、どの程度、近づけるかを数値で表したもので、100 に近いほど演色性が優れている。演色性が良いというのは、自然光で見た色に近いということで、良い照明を意味する。

平均演色評価数(Ra)は、その数値が大きくなるほ

色温度	自然界		人工	
	光源	色温度〔K〕	光源	色温度〔K〕
低い ↕ 高い	満月・地表	4,125	ろうそく	1,800
	正午の太陽光	5,300	ガス灯	2,160
	薄曇りの空	6,000	アセチレン灯	2,350
	曇天	7,000	100W 白熱球	2,850
	青い空	12,000	ハロゲン電灯	3,000
			水銀灯	4,100
			昼白色蛍光灯	5,000

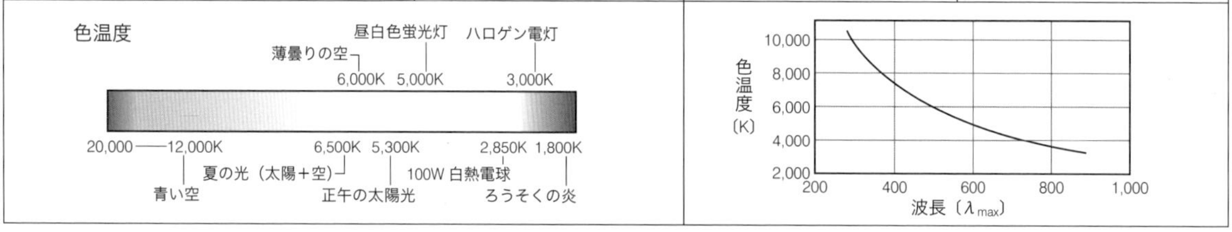

図 4.54　各種光源の色温度のめやす

表 4.17　明視照明と雰囲気照明

明視照明	・視作業を重視 ・対象物がはっきり見える ・長時間、目が疲れない ①均一性　②十分な明るさ　③ムラがない　④眩しくない ⑤やわらかい影　⑥光色が良い　⑦低発熱　⑧気分が良い ⑨経済的	〈居住空間〉 　台所・家事室・勉強室・書斎・便所・浴室・洗面所… 〈施設〉 　事務室・工場・駅・学校・病院・競技場ナイター照明 　…
雰囲気照明	・心理効果を重視 ・適度な刺激と、状況に適合した快適さ ・演出効果 ・変化のある照明 ①その場の状況的明るさ　②気分対応の配分　③適度な輝き ④器具のデザイン　⑤仕上色・輝度・拡散度・照度の複合的組合せ　⑥明るさの変化（調光）	〈居住空間〉 　居間・客室・寝室… 〈施設〉 　ホテルゲストルーム・ラウンジ・レストラン・バー・商店・建物や樹木のライトアップ…

ど、色の見え方に関する光源の特性が自然光に近くなる。

⑥ランプ効率

　ランプ効率とは、ランプ 1W 当たりの光束即ち、ランプの消費電力に対する光束で、単位は lm/W で表される。

▶ 2　照明計画

(1)　照明の方法

　照明の方法は、視作業を重要視した「明視照明」と、心理的要素を重視した「雰囲気照明」の2つに分類できる。これらを表 4.17 にまとめる。

　さらには、全域と局所照明すなわち、作業（タスク、task）領域の照明と、周辺（アンビエント、ambient）領域の照明がある。これは、勉強部屋等で見られる、室全体の照明と、机上スタンドの関係である（図 4.55）。

　タスク方式は必要な場所だけ照らすことが可能で

図 4.55　タスク・アンビエント照明（室内全域照明と手元灯（スタンド）の関係）

あり、アンビエント方式は全体を明るくすることができるので両方式を適切に利用すると省エネルギー効果がある。器具の配光に対しては、直接照明、半間接照明、間接照明と分類される。

　アビエント照度をタスク照度の 1/10 以上確保することが望ましい。

(2)　プサリ（PSALI、昼間人工照明）

　室内窓際や、窓際周辺部の室内からの見え方において、昼光照明だけでは不十分であり、快適でない時に、明視性を補うために点灯される人工照明がプサリである（図 4.56）。

　昼間の窓からの採光を受けると窓を背にする人は逆光となって見えにくくなるシルエット現象が起こる（図 4.57）。そのために窓際から部屋の奥にかけて昼間も常時点灯する常設補助人工照明であるプサリの照明計画をすれば、シルエット現象の防止になり、窓際で窓と平行に向く人の姿は見やすくなり好ましい照明環境になる。

(3)　照明基準

　照明基準は、照明計画をする上で先ず決めておく必要がある。JIS Z 9110-2010（照明基準）、JIS Z 9125（屋内作業場の照明基準）およびこれらに準ずる規格で決定するとよい。

　事務所建築等各種建物の JIS 照明基準（抜粋）を表 4.18 に記す。室の照度を決定するには、用語の解

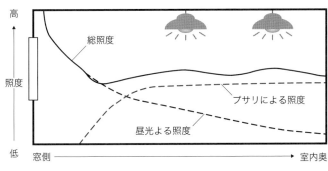

図 4.56　プサリによる照度

図 4.57　シルエット現象

1章　建築環境
2章　熱環境
3章　空気環境
4章　光環境
5章　音環境
6章　都市環境

説でも述べたが、以下の事象を考慮して決定する。

・照度範囲（$\overline{E}_m$）：推奨照度値

・照度均斉度（U_o）：$= \dfrac{最小照度値}{平均照度値} = 0.7$ 以上

    （照度ムラがないこと）

・不快グレア（UGR_L）：作業上のミス、疲れ、事故等の軽減する必要ある部分のグレア制限値、一般に、16 〜 22 である。

・平均演色評価数（Ra）：（JIS Z 8726）100 が最大値。一般室では、80 以上である。

▶ 3　照明設計

照明設計法は一般室内の全域照明計算で使用する光束法と局所照明、ライトアップ、街路照明等で使用する逐点法による計算法がある。

（1）光束法

光束法による照明計算法は、天井面均等配列器具の算定である。

器具の数量：N（本）は、$N = \dfrac{E \times A}{F \times U \times M}$ で計算する。

表 4.18　照明基準 （JIS Z 9110 − 2010（抜粋））

a. 事務所の照明基準

領域	室	$\overline{E}_m$ 〔lx〕	U_o	UGR_L	Ra
作業	設計・製図	750	0.7	16	80
執務空間	設計室	750	—	16	80
	事務室	750	—	19	80
	監視室	500	—	16	80
共用	応接・会議	500	—	19	80
	社員食堂	300	—	—	80
	給湯室	200	—	—	80
	便所・洗面	200	—	—	80
	階段室	150	—	—	40
	廊下・EV	100	—	—	40
	EV ホール	300	—	—	60
	機械・電気	200	—	—	60

b. ホテル・旅館の照明基準

部門	室	$\overline{E}_m$ 〔lx〕	U_o	UGR_L	Ra
ホテル旅館	車寄せ	300	—	—	60
	玄関	100	—	22	60
	ロビー	200	—	22	80
	フロント	750	0.7	—	80
	バンケット	200	—	22	80
	飲食	300	—	19	80
	客室	100	—	19	80
共通	事務室	750	—	19	80
	便所・洗面	200	—	—	80
	階段室	150	—	—	40
	廊下	100	—	—	40
	機械・電気	200	—	—	60

c. 物販・飲食の照明基準

領域	室	$\overline{E}_m$ 〔lx〕	U_o	UGR_L	Ra
物販	重要陳列	2,000	—	—	80
	一般陳列	1,000	—	—	80
	特売場	750	—	22	80
	店舗一般	500	—	22	80
飲食	玄関	100	—	22	60
	ケース	750	—	—	80
	レジ	300	0.7	—	80
	食卓	500	—	—	80
	客室	200	—	19	80
	厨房	500	—	22	80
共用	階段室	150	—	—	40
	廊下・EV	100	—	—	40
	EV ホール	300	—	—	60
	機械・電気	200	—	—	60

d. 病院・診療所の照明基準

部門	室	$\overline{E}_m$ 〔lx〕	U_o	UGR_L	Ra	注記
外来中央診療病棟	診察	500	—	19	90	
	手術・分娩	1,000	—	19	90	無影灯〔lx〕1,000-10,000
	救急・処置	1,000	0.7	19	90	
	一般検査	500	—	19	90	
	X 線検査	300	—	19	80	
	病理検査	500	—	19	90	
	リカバリー	500	—	19	90	
	病室	100	—	19	80	全般・床面
共通	便所・洗面	200	—	—	80	
	階段室	150	—	—	40	
	廊下・EV	100	—	—	40	
	機械・電気	200	—	—	60	

E：平均照度〔lx〕　A：室面積〔m²〕

F：光源の全光束〔lm〕　U：照明率

M：保守率

・平均照度 $E = \dfrac{N \times F \times U \times M}{A}$

平均照度は照度基準で決定する。光源の全光束はメーカー表示値で、各種器具の特性から選定する。**表4.19**に代表的な器具特性を記す。照明率は、光源の全光束と、作業面の有効な光束の比率をいうが、この決定には室の大きさ、光源までの距離、天井・壁・床の反射率、器具の種類・形状等が関係する。

照明率を決めるに当たり、室形状、作業面までの距離の関係を示すには、**室指数**を計算する。しかる後、反射率や予定された器具形状、配光の状況等を考慮し、**表**4.19より決定すればよい。

室指数 $= \dfrac{X \times Y}{H \times (X + Y)}$

H：器具から作業面までの高さ〔m〕

X：室間口〔m〕

Y：室奥行〔m〕

※室指数が大きくなると、照明率も大きくなる。

保守率は、建物運営過程で、器具の劣化・汚れ等による平均照度の劣化を見込んだ係数をいう。したがって、竣工直後の照度は、設計照度の倍近くになるケースがある。これを初期照度と称する。

（2）逐点法

照明にかかわる照射面の明るさ、即ち照度は、光度に比例し、距離の2乗に反比例する。

これは、E〔lx〕$= \dfrac{I \text{〔cd〕}}{r^2 \text{〔m〕}}$：逆2乗の法則による。

また、光源が直下でない時は、

E'〔lx〕$= \dfrac{I \text{〔cd〕}}{R^2 \text{〔m〕}} \times \cos\theta$：余弦の法則による

（**図**4.58）。

図4.58　逆2乗と余弦の法則

表4.19　照明率表

蛍光灯器具名称		器具断面形状 下向配光の割合	器具効率〔%〕	保守率	最大器具間隔高さ	照明率 室指数、反射率（中）天井70%・壁50%・床10%						
						0.6	1	1.5	2	3	4	5
露出直付型	逆富士型	(61%)	92	0.70 − 0.80	1.4H	0.24	0.39	0.48	0.54	0.63	0.68	0.72
	H型	(56%)	93	0.70 − 0.80	1.4H	0.29	0.44	0.55	0.62	0.69	0.73	0.77
	反射ガサ	(79%)	79	0.65 − 0.75	1.3H	0.28	0.42	0.48	0.59	0.67	0.71	0.74
埋込型	下面開放	(87%)	87	0.65 − 0.75	1.4H	0.33	0.49	0.62	0.68	0.76	0.79	0.82
	下面カバー	アクリルカバー等 (45%)	47	0.55 − 0.70	1.2H	0.18	0.27	0.33	0.35	0.40	0.41	0.43

（出典：（一財）省エネルギーセンター資料より作成）

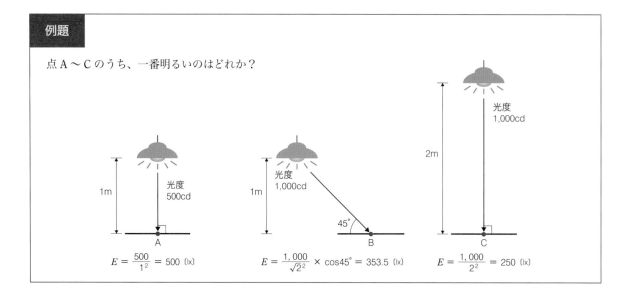

例題

点A～Cのうち、一番明るいのはどれか？

$E = \dfrac{500}{1^2} = 500$ (lx)　　　　$E = \dfrac{1,000}{\sqrt{2}^2} \times \cos45° = 353.5$ (lx)　　　　$E = \dfrac{1,000}{2^2} = 250$ (lx)

▶ 4　建築化照明

照明計画と、建築意匠とは、密接な関係を持っている。建築化照明とは、光源を天井や壁、床面等に組み込み、建築意匠と一体化させた照明方式をいう（図4.59）。

(1) 天井照明

光天井を計画するには、天井面の均一化が要求され、天井面にムラがあっては見苦しく感じる。下がり天井も同じく、球部とソケット部の濃淡が天井または壁面に投影されるとムラが目立ち、建物の意匠価値が下がる。

間接照明、特に下がり天井照明では、照明器具の配置により、天井の影が図4.60のような状態になっていることがよく見受けられる。

下がり天井における照明器具によるムラを改善するには、球の収納フトコロを深くとれば解消することがあるが、天井伏図に制約があり、そのフトコロが十分確保できない場合は、図4.61のような器具配置をするとよい。

(2) システム天井

システム天井は、建築化照明の形として、意匠・照明設備だけでなく、空調用吹出口・吸込口、時にはファンコイルユニットやビルマルチ室内機、スプリンクラーヘッド・放送設備用スピーカー・火災報知センサー等の防災機器などの天井に設置される各種設備機器を一体化して配置させるものである（形状・実施例は図4.62参照）。

表4.20は、意匠計画並びに設備計画上の留意点をまとめたものである。システム天井の特徴を次に記す。

・天井面にある設備配管、スプリンクラー、空調吹出・吸込口、換気口、排煙口、照明器具、スピーカー、自動火災報知機、点検口などをモジュールに合わせて配置し、メンテナンスすることが可能である。

・デザイン上、統一性・均一性がある反面、画一化される。

・吸音天井材等、各種天井材の用途に合わせられる。

・工場生産組立でプレファブ化され、工期短縮・コストダウンが見込まれる。反面、数量が少ないと割高となる。

・照明スイッチ経路、空調経路等、システム化され、有効なビル運用が可能になる。

・特に、オフィス、学校、工場等での、明視照明となるゾーンに向いている。
・天井裏利用の天井リターン・天井排煙等も含め、ダクトレス空調への対応に向いている。

柱・天井の建築化照明（羽田国際空港）

階段の建築化照明（ロッテ百貨店）

図 4.59　建築化照明

表 4.20　システム天井の留意点

建築意匠上	・天井フトコロが大きくなる。 ・球ムラに留意。 ・球切れへの対応→球交換、方法。 ・天井伏および施工方法に留意（目地、下地等）。 ・天井点検口の設置への工夫。
建築設備上	・均一化照明で、大きい照度を要求されることが多い。 ・照明負荷が大きくなり、省エネ効果が乏しい。 ・照明による、空調負荷が大きくなる。 ・天井面設置の防災器具（スプリンクラー、火災報知、スピーカ等）や、空調器具（吹出口、吸込口、排煙口等）の配置への工夫が必要。 ・天井フトコロの排熱処理。大きな熱を持つ。器具の寿命にも影響。 ・他の器具配列に比べ、消灯省エネに対する違和感が大きい。 ・消灯痕が目立つ。

下がり天井照明の良好な実例

天井ムラがない

省エネ消灯の実例

良好だが口金の重なり幅が少し不足

推奨できない実例

完成後の器具間隔認識の誤り

図 4.60　下がり天井の照明

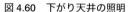
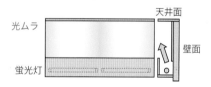
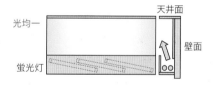
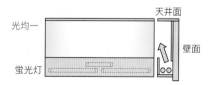
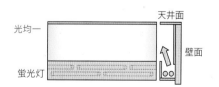

図 4.61　照明器具配列の手法

1章　建築環境

2章　熱環境

3章　空気環境

4章　光環境

5章　音環境

6章　都市環境

125

主な建築化照明	形状	内容	留意点
下がり天井	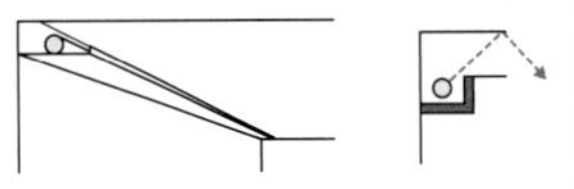	壁と天井の境界に器具を配列する。間接照明で光が柔らかい。天井が高く感じられる。	ソケット部の天井ムラに注意。器具カバーの幅と高さに留意。
トロファー照明	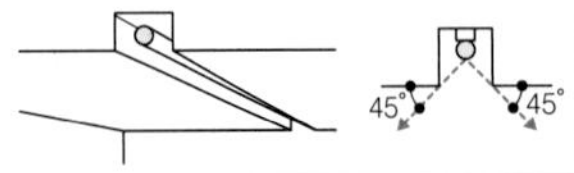	天井空間に明暗の変化が得られる。	ランプが見えないように、遮光角は45°以上が必要。
光天井ルーバー天井	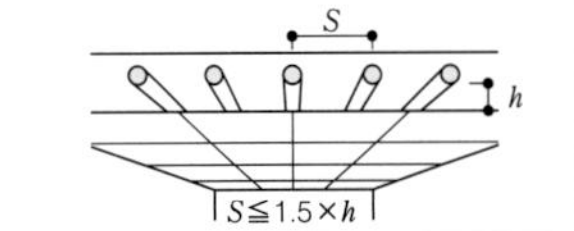 $S \leq 1.5 \times h$	影が少ない柔らかい光が得られる。	天井ムラの防止のため、器具間隔とhは、$S \leq 1.5 \times h$の関係が要求される。各種制約をクリアする必要がある。
システム天井	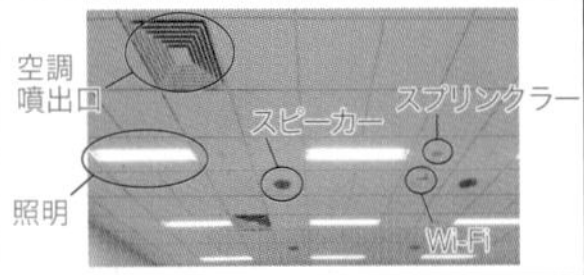 空調噴出口 スピーカー スプリンクラー 照明	建築、空調、防災と照明が一体化されたもの。	オフィスビル等で、基準階があり、同一な室形状である空間に有利に作用する。

図 4.62　天井の建築化照明方式の特徴

▶ 5　照明器具

（1）光源の種類

　照明用の光源の種類は大きく白熱電球、放電灯、LED に分けられる（**図 4.63**）。それぞれの特徴を**表4.21**に示す。

①白熱電球

　ガラス球内のフィラメントの熱による光を利用した電球である。実際にはジョゼフ・スワンが発明したが、本格的に実用化したのはトーマス・エジソンである。電源は直流と交流でも使え、交流電源の場合でもチラツキがない。照明器具の中では演色性に優れているが、最近は LED により消費や生産がなくなっている。

②放電灯

　放電灯は放電による発光を利用した照明器具である。照明器具の中に封入する蒸気の物質と圧力によって分類される。水銀灯、メタルハライドランプ、ナトリウムランプなど多くの種類がある。最近は高圧水銀灯、メタルハライドランプ、高圧ナトリウムランプをまとめて HID ランプと呼ぶ。HID ランプは小型で高出力、高効率、長寿命が特長である。

表 4.21　代表的な照明器具光源の特性

光源の種類		消費電力	全光束	色温度	演色評価数	寿命
		W	lm	K	R_a	h
白熱	白熱	54	810	2,800	100	1,000
	ハロゲン	65	1,550	2,900	100	3,000
蛍光管	電球型	12	810	2,800	84	6,000
	コンパクト	13	800	3,000	84	6,000
	直管型	36	3,000	4,200	61	12,000
	Hf 蛍光管	32	3,520	5,000	84	12,000
LED	LED	8	390	5,000	70	40,000
	演色性LED	8	235	2,800	92	40,000
高輝度	メタルハライド	250	20,000	4,000	65	12,000
	ナトリウム	250	26,500	2,050	25	6,000
	水銀灯	250	12,700	3,900	40	12,000

（出典：（一財）省エネルギーセンター資料）

③ LED 照明

　近年、照明器具の主力光源となっている LED 照明は、発光ダイオード（順方向に電圧を加えた際に発光する半導体素子）を使用した照明器具のことである。その特徴は長寿命・高信頼性、低消費電力・低発熱性、耐衝撃性、小型である。

1章 建築環境

2章 熱環境

3章 空気環境

4章 光環境

5章 音環境

6章 都市環境

白熱電球

水銀ランプ（出典：岩崎電気ホームページ）

メタルハライドランプ（出典：岩崎電気ホームページ）

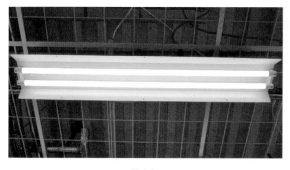
蛍光灯

LED照明

図 4.63　光源の種類

照明方式	直接照明	半直接照明	全般拡散照明	半間接照明	間接照明
上向き光束	0〜10%	10〜40%	40〜60%	60〜90%	90〜100%
下向き光束	100〜90%	90〜60%	60〜40%	40〜10%	10〜0%
効率	高い ←	- -		- - - - - →	低い
配光					

図 4.64　照明方式の光束および効率

（2）照明方式

　照明の配光により、直接照明、半直接照明、全般拡散照明、半間接照明、間接照明に分類される。それぞれの照明方式の配光や照明効率の特徴を**図 4.64** に示す。

　直接照明は光源からの明かりを直接受けるため、照明の効率は良いが、光が強いため室内の明暗差が大きく、目にも刺激を受ける。一方、間接照明は光源から直接明かりを受けず、反射光を使用するため、照明の効率は悪いが、光は柔らかく明暗差も少ない。また、目にもやさしく、雰囲気照明としては適切である。

　全般拡散照明は直接照明と間接照明の中間の性質であるが、拡散性の半透明材で、光源の全面を被っている器具である。照明の範囲は広いが、照明の効率はあまりよくない。

（3）照明器具の種類

　照明器具の取り付け状態による分類では、壁付灯にはブラケットがあり、天井灯では、吊り下げ式のコードペンダント、天井直付のシーリングライト、埋込式のダウンライト等がある（図4.65）。

ブラケット

コードペンダント　　　　　シーリングライト　　　　　ダウンライト

図4.65　照明器具の種類

Column

法律で決められた「窓」の話

窓	光の規定	空気の規定	備考
採光用	太陽光が必要	嵌め殺しでも可	建築基準法
換気用	太陽光は不要	開閉が必要	建築基準法
排煙用（防災）	太陽光は不要	開閉が必要：窓高・開閉機構の規定	建築基準法 主用途：居住者の避難
消防用（防災）	太陽光は不要	開閉必要： 高さ・サイズ・開閉機構・ガラス厚さの規定	消防法 主用途：消防隊消火活動

　建築にとって「窓」とは、とても大きな意味を持っている。デザインでは、窓を含めたファサードで、その建物のバランスや「顔付き」が決まってくる。構造では、一般に開口は建物の弱点のひとつとされる。夏期は窓からの日射量や流入熱が多く、冷房上極めて不利な要素である。冬期は、ガラスからの熱の流出はあるものの、日照さえあれば、ひだまり効果としての暖房効果が十分期待できる。

　このように「窓」は採光・換気・排煙・消防上、とても重要な意味を持っている（表参照）。建物を計画する場合、これらの特徴を十分理解して、「窓（開口）」を意識した設計が望まれる。

	1章 建築環境
	2章 熱環境
	3章 空気環境
	4章 光環境
	5章 音環境
	6章 都市環境

4-6 色彩

色は人の生活の中で不可欠な要素で、心理的に多く影響があり、安全性や仕事の作業性などに大きくかかわっている。

人間の眼に見える可視光線は波長380〜780nmの範囲にある。波長の長いほうから順に赤、橙、黄、黄緑、緑、青、紫の色感を与える（図4.66）。これは自然現象である虹をみるとよくわかる（図4.67）。

▶ 1　色の概要

色彩は一般的に無彩色と有彩色で分けられる。無彩色は白、灰色、黒色など色気がないことをいい、有彩色は無彩色を除いたすべての色をいう。

(1) 有彩色・無彩色

①有彩色

有彩色は赤、黄、緑、青、紫のように色味のある色で、24色に分けたり、100色に分けたりする。無彩色を除いたすべての色が有彩色であり、有彩色に無彩色を混合しても色気がある限り有彩色という。

②無彩色

無彩色は、色味がなく、明るさの度合いしかない。白は最も明るい無彩色、黒は最も暗い無彩色である。無彩色は日本の伝統民家や寺などでよく使われている。

・白色：光源から出た光が完全に反射する時、白色が生ずる。広さを感じ、気持ちを一新する清潔な印象を与えるため、建築ではよく使われている。

・灰色：光源からの反射光の一部だけを反射する時に生じる。明度は反射光が多いほど高くなり、少なくなるほど低くなる。落ち着いて穏やかな雰囲気があり、上品でお洒落な印象を与えるので、建築では白と共によく使われる。

・黒色：光源からの光を100%吸収された時の色である。黒色は約10%の光線を反射する。暗い気持になることもあるが、権力などの強さを感じさせるなど、実際より物を重く感じさせる。日本の城などの権威的な建築によく使われた。

(2) 色の混合

①三原色

三原色は、色を混ぜることで様々な色をつくり出すことができる基本となる原色である。この原色は光と色料と2つに分けられる。光の色を混ぜると色料の色になり、色料の色を混ぜると光の色になる。

光の三原色は、赤（R：Red）・緑（G：Green）・青（B：Blue）であり、色（色料）の三原色は、シ

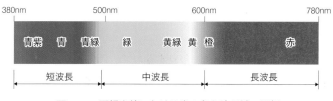

図4.66　可視光線における光の色と波長域の関係

図4.67　可視光線による虹の自然現象

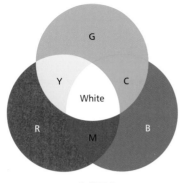

a. 加法混合

R＋G＝Y
R＋B＝M
G＋B＝C
R＋G＋B＝White

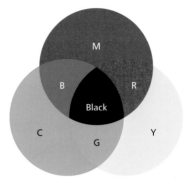

b. 減法混合

C＋M＝B
C＋Y＝G
M＋Y＝R
C＋M＋Y＝Black

図 4.68　色の混合

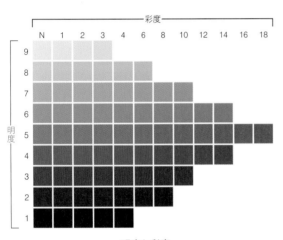

a. 明度と彩度

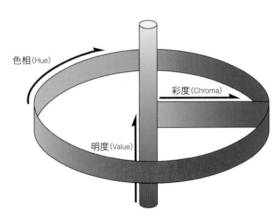

b. 色相・明度・彩度

図 4.69　色の三属性（画像提供：武蔵野美術大学）

アン（C：Cyan 青緑）・マゼンタ（M：Mazenta 赤紫）・イエロー（Y：Yellow 黄色）である。

②加法混合

　光の三原色を混ぜると白色になる（**図 4.68.a**）。

③減法混合

　色の三原色を混ぜると黒色になる（**図 4.68.b**）。

（3）色の三属性

　色の三属性は色相、明度、彩度の 3 つの要素をいう（**図 4.69**）。色相（Hue）は H、明度（Value）は V、彩度（Chroma）は C で表わす。この三属性ごと

に色を分類して立体的に示したものを色立体という。

　無彩色は色相と彩度がなく、明度のみ存在する。

①色相

　物を見た時に感じる赤、黄、青といった視感覚に対応する色を特徴づける色み。色の主波長の長いものから順に右回りの環状に色を並べたものを色相環という。

②明度

　明度は明るさを表すもので、色の反射率の度合いであり、反射率が 0％の完全な黒を明度 0、反射率が 100％の完全な白を明度 10 として、11 段階で表され

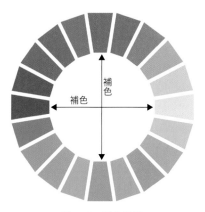

図 4.70　補色関係

る。明度を上げると白っぽくなり、明度を落とせば暗くなる。中間的な明度 4.5 の灰色は、N4.5 で表記する。

③彩度

彩度は色の鮮やかさやその色の強さをいう。彩度の高い赤はより赤く、彩度の低い赤はグレーに近くなる。色の鮮やかさの度合いにより数字を大きくしていく。ただし彩度は色相と明度によって最大値が異なり、必ずしも 10 ではない。最も大きい 5R では 14、低い 5BG では 10 となる。色の三属性の表記は、例えば色相が 7PB、明度が 4、彩度が 10 であれば、7PB 4/10 とする。

最大の彩度は色相や明度によって異なるが、各色相の中で最も彩度の高い色を純色という。

（4）純色と補色

①純色

純色は、原色とは別の概念であり、最も彩度が高い色である。無彩色（白・灰・黒）を純度 0 とし、無彩色成分に対して有彩色成分の比率が増すにつれて純度も高くなる。

また、純色に黒または白を混ぜた色を清色といい、色立体の表面部分に並ぶ色に当たる。純色に灰色を混ぜた色は濁色といい、色立体の内側に並ぶ色に当たる。

②補色

補色とは色相環において、図 4.70 のように色同士の相補的な関係をいう。補色の関係にある 2 色は、混合すると灰色（無彩色）になる。

補色同士の色の組み合わせは、互いの色を引き立て合う相乗効果があり、これは「補色調和」という。例えば病院の外科手術室では、内装や手術着を薄い緑色にすることで、赤（血液の色）の補色である緑色で赤が鮮明に見える。

▶ 2　表色系

色を記号で正確に表現する体系を表色系といい、色相・明度・彩度の三要素（色の三属性）によって表示される。建築関係においては JIS のマンセル表色系が多く用いられている。

（1）マンセル表色系

アメリカの画家、美術教育者であるアルバート・マンセル（1858 – 1918）によって考案した表色系である。色の曖昧なことを、合理的で定量的に表した。

表色系は各種あるが、マンセル表色系は最初に提案された表色系であり、現在も美術、デザイン分野でよく使われ、一般的に使われている色の基礎となっている（図 4.71）。

マンセルは基本色を 5 つ（R・Y・G・B・P）に分け、その中間に YR・GY・BG・PB・RP の 5 つを区別した。その 10 色相は次の通りである。R（Red 赤）YR（Yellow Red 黄赤）Y（Yellow 黄）GY（Green Yellow 黄緑）G（Green 緑）BG（Blue Green 青緑）B（Blue 青）PB（Pupple Blue 紫青）P（Pupple 紫）RP（Red Pupple 赤紫）

マンセルはさらにそれらの 10 色相を 10 で分割して 100 色相で表した。

色の三属性を含めて図 4.71.a で示したものをマンセルの色立体という。

色立体の中心の軸を中心とした環周りは色相であ

1 章　建築環境

2 章　熱環境

3 章　空気環境

4 章　光環境

5 章　音環境

6 章　都市環境

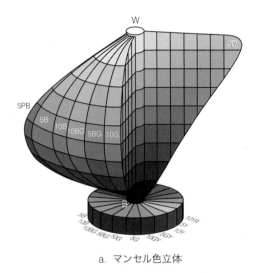

a. マンセル色立体

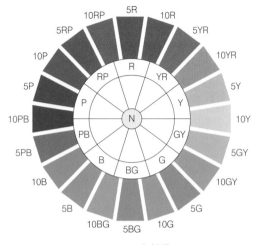

b. マンセル色相環

図 4.71　マンセル表色系

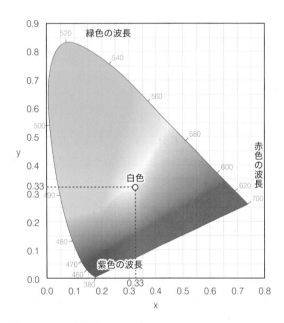

図 4.72　XYZ 表色系 (出典：Wikimedia Commons ©（Licensed under CC BY-SA）Sakurambo, "CIExy1931.svg"〈https://commons.wikimedia.org/wiki/File:CIExy1931.svg〉)

る（図 4.71.b）。色立体の中心の軸を上下方向が明度であり、軸の下が黒、上が白である。

　軸からの外周までの距離が彩度であり、軸から外周まで離れると彩度は高くなる。明度の色相、明度により彩度の範囲は異なるため、色立体はきれいな円筒形にはならず、歪な球体になる。

（2）XYZ 表色系

　国際照明委員会（CIE）により 1931 年国際的に定められた色の表示法で、赤（R）、緑（G）、青（B）の光の三原色を加法混合によって適切な比率で混合すれば、様々な色ができるという考えである。その基本原理は混色した時の三原色の混合量で色を表示する。

　例えば、図 4.72 は色光の三原色 X（赤）、Y（緑）、Z（青）による色相と彩度の関係図であるが、X 軸の値が大きくなると赤みが強くなる。また、Y 軸の値が大きくなると緑みが強くなり、0 点（原点）に近づくと青みが強くなる。外側に行くほど彩度が高くなり鮮やかになる。白色は X ＝ 0.33、Y ＝ 0.33 付近である。

（3）オストワルト表色系

　オストワルトはノーベル化学賞を受賞したドイツの科学者であるが、マンセル表色系後の 1920 年頃に発表された表色系である。あらゆる色は「白（W）」「黒（B）」「純色（F）」の関係で成り立ち、適当な面積比で回転混色すると得られるという基本原理である。

　図 4.73 のように白色量は 1 〜 24 の数字表記による 24 色相で表し、黒色量は共に a から p までの記号

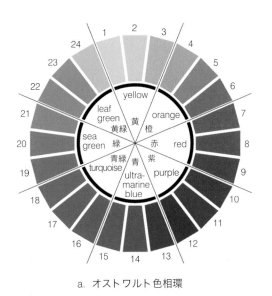

a. オストワルト色相環

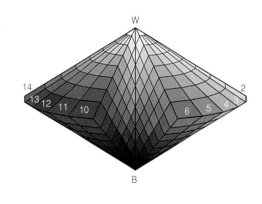

b. オストワルト色立体

図4.73　オストワルト表色系

で、対数値で等間隔に目盛られている。

▶3　色彩対比

2つの色が接すると互いに影響し合って、各々を単独で見るより、違いが強調されて見える現象を色彩対比という。

色と色が接する場合は、「時間的に接する」時と、「空間的に接する」時の2通りがあり、両者とも色が違ってみえる現象が起こる。前者を「経時対比」、後者を「同時対比」という。色彩対比現象は、色の見えに影響を与える。

(1) 経時対比

図4.74のオレンジ色を20秒くらいじっと見つめてから、右側の黄色に視線を移し、そのまま見続けると黄色が薄い緑系の色に見える。これは、オレンジ色の補色（心理補色残像）のために、本来の「黄色」が違う色に見える。このような時間の経過で他の色に影響を与える現象を経時対比という。

(2) 同時対比

色の三属性である色相、明度、彩度が異なる2色

図4.74　経時対比

以上の色を同時に見た時におこる、空間的に接する色の対比現象を同時対比といい、以下のものがある。

①色相対比

周囲の色の影響を受けて色相が少し変わって見える現象。図4.75.aは色相対比の例である。中央のオレンジ色は同じ色なので、右の赤の中にあるオレンジの方が黄色っぽく鮮明に見える。

同じ色でも色相の違った背景色の中に置くと、背景色の補色に近づいて見える現象をいう。

②明度対比

周りの明度によって色の明るさがずれて見える対比をいう。図4.75.bのように、暗い色に接した色の方（左）が明るく見える現象である。

同じ色でも、明度の低い色を背景にした場合には実際の色より明度が高く見え、明度の高い色を背景にした場合には実際の色より明度が低く（暗く）見える。

a. 色相対比

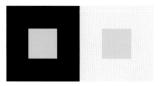
b. 明度対比

c. 彩度対比

図 4.75　同時対比

図 4.76　補色対比

図 4.77　補色関係を利用してデザインした看板

③彩度対比

　周りの彩度によって色の彩度がずれて見える現象である。図 4.75.c のように、彩度の高い色に囲まれた色（左）は、彩度が低下して見える。

　同じ色でも、背景色が鮮やかだと低彩度に見え、反対に背景色がくすんでいると、鮮やかで高彩度に見える現象をいう。

（3）補色対比

　補色の関係にある色が接すると、互いの彩度を強める現象を補色対比という。図 4.76 では、左の赤色と右の緑色は補色関係である。

　補色対比の彩度が高く見える現象は彩度対比と同じような効果を与える。補色を並べると、互いに彩度を高めあって鮮やかさを増す。このような補色対比を利用してデザインした看板などは我々の身近な所でもよくみられる（図 4.77）。

（4）面積対比（面積効果）

　大きな面積の色は明度、彩度ともに高く感じられ、小さな面積の色は暗く、くすんで見える。これを面積対比という。

▶ 4　色彩の心理的・生理的効果

　色彩には心理的・生理的効果があり、我々の生活にとても重要な影響を与える。

（1）色の見え方

　色によって見え方が変わる例を次に示す（図 4.78）。

①面積効果

　色の面積の大小によって、色が違って見える現象である。面積が大きくなると、より鮮やかに、明るく感じられる。大きな面積の色は明度、彩度ともに高く感じられ、小さな面積の色は暗く、くすんで見える。

②膨張・収縮

　周りの色の影響で大きさがずれて見える現象であり、明度、彩度が高いと膨張して見える。一般に、明るい色、暖色系が大きく感じられる。

③進出・後退

　色が進出して見えたり、後退して見えたりする現象である。赤（暖色系）が進出し手前に見え、青な

1 章　建築環境

2 章　熱環境

3 章　空気環境

4 章　光環境

5 章　音環境

6 章　都市環境

面積効果

膨張・進出

収縮・後退

軽・軟　　重・硬

重量・硬度感

図 4.78　色の見え方

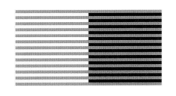

柄が細いほど、起りやすい。全く同じグレーであるが、白の線を入れたグレーは明るく、黒の線を入れたグレーは暗く見える。

オレンジ色のみかんに赤い線を入れると赤い線を入れたみかんの方が、普通のみかんより、赤みがかかって見える。この同化現象により、赤っぽく見えて、より熟れているように見える。

図 4.79　色の同化現象

どの寒色系の色が後退して見える。

　温かく感じる色を暖色あるいは進出色（赤〜黄）といい、涼しいと感じる色を寒色あるいは後退色（青〜青緑）という。また、中間の色は中性色という。

④重量感

　明度が高いと軽く感じ、低いと重く感じる。暗い色は重く、明るい色は軽く感じる。

⑤硬度感

　明度の低い色は硬く、明度の高い色はやわらかく感じる。

(2)　色の同化現象

　背景の色の影響を受け、同様の性質を帯びて見える現象である。対比とは反対で、色と色が影響し合って、色が似て見える現象を同化という（**図 4.79**）。

(3)　プルキンエ現象

　明るい所では赤が鮮やかに見え、青は黒ずんで見える。一方、暗い所では青が鮮やかに見えるのに対して、赤は黒ずんで見える（**図 4.80**）。この現象をプルキンエ現象という。これは、桿体と呼ばれる視細

図 4.80　夜空が青く見えるプルキンエ現象
暗くなると全体的に青い光の方へ視感度がずれる（2017 年 1 月 9 日 21 時、武蔵野市）

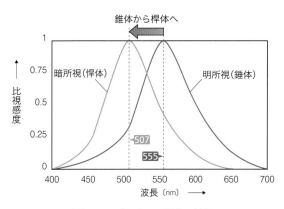
図 4.81　プルキンエ現象の波長

135

胞の働きによるもので、人の目は暗くなるほど青い色に敏感になる。すなわち明所視から暗所視へ徐々に移行する現象である（図4.81）。

▶ 5 色彩調節

色彩調節は色彩が人間に与える心理的な効果を利用して、災害防止・疲労防止・能率向上などに役立たせるため、色を選んで用いることである。

(1) 安全色

身のまわりにある標識には色が使われている。例えば、信号には、赤、黄、青が使われている。道路標識は、赤、青、黄色のほか、高速道路では緑が使われる。もともと安全色は、JISによって決められている。国際化により、すべての人が一目でわかることが必要となり、国際的に統一することが望ましく、ISO（国際標準化機構）にあわせる形で2005年10月に改正された。

着色剤や、印刷物などに適用される表面色として、安全色6色（赤、黄赤、黄、緑、青、赤紫）、対比色2色（白、黒）がある（図4.82）。対比色は横断

歩道、車道の安全地帯などに使用されている。また、信号や、自動車テールランプなどの光に関する光源色（ランプ）として、安全色4色（赤、黄、緑、青）、対比色（白）があり、それぞれの色に意味がある（図4.83、図4.84）。

(2) 環境と色採

快適に暮らすためには、多くの人々が色に対して共通に感じる効果を活かすのがよい。公共空間などにはいろいろな条件下で周囲の環境と全体的な調和を図ることが求められている。その中で色は、心理的および精神的に多く影響を与える。

図4.83　横断歩道の安全色（ゼブラゾーン）

色　彩		マンセル番号	表示する主な意味	表示等の例
安全色	赤	8.75R 5/12	防火・禁止・停止・高度の危険	
	橙	5YR 6.5/14	危険・明示・航海、航空の保安施設	
	黄	7.5Y 8/12	警告・明示・注意	
	緑	5G 5.5/10	安全・避難・衛生・救護・進行	
	青	2.5PB 4.5/10	指示・誘導・用心	
	赤紫	10P 4/10	放射能	
対比色	白	N9.3	整頓・通路	
	黒	N1.5	（補助色）	

図4.82　安全色と対比色（参考：JIZ Z 9103（2018.4.20 改正））

例えば、暖色系と寒色系の心理的効果がある。カーテンの色を赤系にすると暖かく感じたり、ベッドカバーを青系にすると落ち着きが得られ、よく眠れる。これは、暖色系と寒色系の色の持つ心理的、精神的な感情の差異である。暖色系と寒色系には約3℃ほど温熱感覚の差があるといわれている。

また、暖色系は時間を過大評価し、寒色系は過小評価する。例えば、暖色系の部屋では、長くいるように感じ、寒色系の部屋では短く感じる。ファーストフードの店では、内装を暖色系にすることが多いが、これはお客の回転率を高めるためである（図4.85）。

企業では、内装に白系が多く使われている。これらの色は心理的に刺激がないので仕事の能率を上げることができる。さらに室内を明るくする効果もあり、省エネルギーにもなる。

人間は目で色を捉えているだけでなく、皮膚でも色を感じる。赤系の色は筋肉の緊張度が高くなり、心拍数が上がり、血圧も高くなる。一方、青系の色は筋肉の緊張度が減少し、心拍数が下がり、血圧も低くなる。

色彩計画は、インテリアだけでなく、まちづくりにも活かされている。ユニバーサルデザインをはじめとして、人々が安全かつ快適に過ごせるような、色彩による機能的配慮は重要である。

〈図版協力〉
図4.68、4.70、4.71、4.73：武蔵野美術大学

道路標識と信号

暖色の内装を施したコーヒーショップ

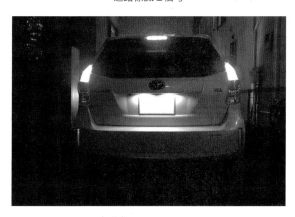

自動車のテールランプ

図4.84　光源による安全色

暖色の寝室は暖かく感じる

図4.85　環境と色彩

1章　建築環境

2章　熱環境

3章　空気環境

4章　光環境

5章　音環境

6章　都市環境

【第4章 ○×問題】

1. 建物の南北間隔を決める最も重要な要素は、冬至の南中時の太陽高度を利用し、4時間以上の日照が冬至にも得られるように決めることである。
2. 冬期に、北向きの側窓から得られる採光は、薄曇りの時より快晴時のほうが大きくなる。
3. 冬の日照時間の多少が、ソーラーハウスの成立に影響する。
4. 夏期の日照調整手段として、落葉樹を建物の東側に植えると有効である。
5. 天空放射量は、都市部などの塵埃の多い場所ほど増大する。
6. 南向きの鉛直壁面の日射受熱量は、冬よりも夏に多くなる。
7. 西窓からの日射を防ぐには、縦型の可動ルーバーが適当である。
8. 天空放射量とは、各種の放射を受けた地表の地物が天空に対して反射する日射量である。
9. 南側に突き出して設けた上階のバルコニーは、有効である。
10. 大気透過率は、一般に、夏期より冬期の方が大きい。
11. ベネシャンブラインドは、窓の内側に設けた方が、窓の外側に設けるより、有効である。
12. 同等の採光を得るためには、天窓は側窓と同等の面積が必要である。
13. 熱線吸収ガラスは、日射を吸収して高温になるので、室温を上昇させる効果がある。
14. 側窓は、形と面積が同じならば、位置が高いほど、部屋の奥の照度が大きくなる。
15. 日中の室内照度分布の変動は、北向き側窓による採光より、南向き側窓による採光のほうが大きい。
16. 室内の壁や天井の反射率を大きくすると、室内の平均照度は大きくなる。
17. 昼間の直射日光による屋外の平面照度は、約3,000lxである。
18. 夏の冷房負荷を減らすためには、南面採光ではなく東西面採光にするほうが効果的である。
19. 点光源による直接照度は、点光源からの距離の2乗に比例する。
20. 白熱電球と蛍光ランプの演色性は、ほぼ同じである。
21. 全般照明と局部照明を併用する場合、全般照明の照度は、局部照明の照度の1/10以上が望ましい。
22. 白熱電球は、蛍光ランプより輝度が高い。
23. 色温度の低い光源を用いた場合は、一般に、暖かみのある雰囲気となる。
24. 赤と青緑のような補色を並べると、お互いに彩度が低くなったように見える。
25. 補色の関係にある2つの色を混ぜると、有彩色になる。
26. マンセル表色系における明度は、完全な黒を10、完全な白を0として表示される。
27. マンセル表色系における彩度は、色の鮮やかさの度合いを示し、すべての色相において0から10での数値で表せる。
28. 同じ色の場合、一般に、面積の大きいものほど、明度および彩度が高くなったように見える。
29. ある色相の中で最も彩度の高い色を、一般に、純色という。
30. 同じ色の場合、一般に、壁に塗った時の彩度は、色見本帳で見る時に比べて、高く見える。

【解答】

1.○　2.×北側の薄曇り時の採光は快晴時より大きい。　3.○　4.×西側である。夏期は、西からの強い日射を遮り、冬は落葉するため暖かい日射を受けられる。　5.○　6.×夏は太陽高度が高いため、南向きの鉛直壁面は太陽を受ける角度が低く、日射量が小さい。　7.○　8.×大気中の塵や水蒸気などによって乱反射してから地表に到達する日射量。　9.○　10.○　11.×外側の方が有利である。外に設けると直接の日射を遮ることができるが、内側につけるとガラスを通して赤外線が入り、熱になる。　12.×窓は側窓より3倍の採光の効果がある。　13.×熱を吸収するので室温を下げる。　14.○　15.○　16.○　17.×約15,000lxである。　18.×南向き窓が有効である。ただし南向き窓でも庇がないと南向きも熱負荷は大きい。　19.×I〔cd〕$/r^2$〔m〕、反比例する。　20.×　21.○　22.○　23.○　24.×補色を並べると、お互いにより鮮やかに見える。　25.×マンセル色相環で直径の両端に位置する2色は補色の関係にある。補色を混ぜ合わせると灰色になる。　26.×明度とは、色の反射率の度合い、明暗段階を表す。反射率0％の完全な黒を0、反射率100％の完全な白を10として表し、この間を差が等しくなるように11段階に分けている。　27.×彩度とは、色の鮮やかさの度合いであり、無彩色の彩度を0として、色が鮮やかになるにしたがって数値は大きくなる。なお、純色の彩度は色相によって異なる。　28.○　同じ色でも、面積が大きい場合は、面積が小さい場合に比べて明度、彩度とも高く感じる。　29.○　純色は、最も彩度の高い色のことであり、純色の彩度は色相と明度によって異なる。　30.○　同じ色でも、面積が大きい場合は、面積が小さい場合に比べて明度、彩度とも高く感じる。

5章

音環境

せせらぎ、滝、噴水の音により都市騒音を制御する音のマスキング効果（ソウル、清渓川）

　良い音でも、興味がない人にとっては騒音であり、騒がしくて不快と感じる。音は人の健康や心理、生活環境に多大な影響を与える。暮らしの中で外部や室内の騒音問題は社会問題になっているが、今でもそれほど解決されていない。設計者は音のメカニズムを理解した上で建築環境に存在する音の問題に対して常に考慮し、遮音や音の質を高めるための努力をしなければならない。

　本章では、音の性質や、音の強さなどの基本を知り、室内音環境、騒音対策について学ぶ。

5-1 音の性質

▶ 1　音の伝搬

（1）音の発生と認識

　音は、空気（気体）または水（液体）、個体のなかで振動の波によって耳に伝わる。媒質中の密度の変化により、疎密波によって繰り返し伝わる。音源より発生した波は、球面波で球面的に広がる。また、音源よりある程度離れると平面波になり、平面的に広がる。その波は縦波である（図5.1）。

　人は耳からは次の順で音を認識する。外耳の耳介で集められた音は、外耳道で増幅されて中耳に伝わる。中耳の骨の働きで、音はさらに増幅されて内耳に伝達される（図5.2）。内耳では、音の振動で蝸牛のリンパ液を揺らして有毛細胞を刺激する。刺激された有毛細胞は、音の振動を周波数ごとに分析して信号に変換する。変換された信号は、聴神経により脳に伝わり「音」として認識される。

（2）音の仕組み

①音波

　音として伝わる波を音波といい、音波は波形で表す（図5.3）。波の山から山（または谷から谷）までを波長といい、山の高さ（または谷の深さ）を振幅という。

②周波数

　音が伝播すると波動が生じる。この時、1秒間往復する振動回数を周波数または振動数といい、単位はHz（ヘルツ）である。

　20歳前後の正常な聴力を持つ人の可聴周波数の範囲は、20〜20,000Hz程度である。可聴範囲を超

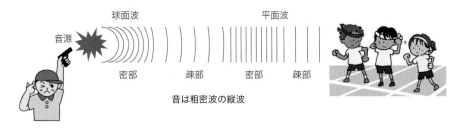

図5.1　音の発生

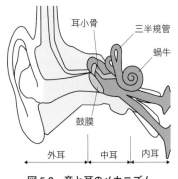

図5.2　音と耳のメカニズム

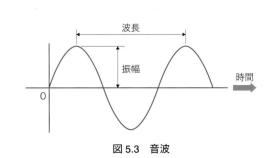

図5.3　音波

1章　建築環境

2章　熱環境

3章　空気環境

4章　光環境

5章　音環境

6章　都市環境

えた音波を超音波といい、20Hz 未満を超低周波数音、20,000Hz 以上の音を超高周波数音という。

標準音は 63、125、250、500、1,000、2,000、4,000、8,000Hz の純音であるが、3,000 〜 4,000Hz の音が最も大きく聞こえる。可聴周波数の上限は、年齢が上がるにつれて低下するので、高齢者は高い周波数の音が聞き取りにくくなる。

また、建築材料と室内音響的性質を表す標準音は 500Hz である。

波長は周波数と音速がわかれば、長さがわかる。音の波長 λ、周波数 f、音速 v の関係は次の通りである。

$$\lambda = \frac{v}{f} \ [\text{m}]$$

f：周波数　20 〜 20,000〔Hz〕

v：音速　340〔m/s〕（$t = 15℃$ の場合）

したがって可聴音の波長 $\lambda = \dfrac{340}{20} \sim \dfrac{340}{20,000} = 17\text{m} \sim 0.017\text{m}$（1.7cm）になる。

▶ 2　音の 3 要素

人ごとに個性的な声を持っているのは、音の 3 要素の微妙な組合せの差があるからである。

(1) 音の高さ（周波数）

音の高さは、波の高さではなく 1 秒間の**音波の数**である。周波数が多い（高周波）ほど**高音**であり、周波数が少ない（低周波）ほど**低音**である（**図** 5.4）。例えば高音は女性の声であり、低音は男性の声である。

(2) 音の大きさ（強さ）

音の大きさとは音波の**高低差**で、音の強さを意味する。即ち、音波が高い音は大きい（強い）音で、音波が低い音は小さい（弱い）音である。音を聞く場合、大きい音がそのまま大きく聞こえるとは限らない。音の高さ（周波数）によって異なり、大きさが違って感じられる。

(3) 音色（波形）

音色とは、**音の質**である。音の高さ（周波数）や大きさ（強さ）が同じでも、音色が異なると異なる音に聞こえる。例えば、音楽会の演奏中では同じ大きさで同じ高さの音を出しても、楽器の種類が違えば区別することができる。これが音色の違いである。音色は音の波形（純音、複合音）により決まる。

▶ 3　音の進み方

(1) 音の速度

空気中の音速は、気温が高いほど速くなる。

$$音速 \ v \ [\text{m/s}] = 331.5 \times \sqrt{\frac{273 + t}{273}} = 331.5 + 0.6 \times t$$

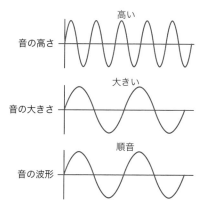
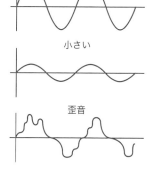

図 5.4　音の 3 要素

t：気温

331.5：1気圧、気温0℃の時の音の秒速〔m/s〕

273：絶対温度273K＝0℃

気温が1℃高くなるにつれて0.6m/s早くなる。

(2) 音の回折 (diffraction)

音の進行方向に物体があっても、その障害物の後ろに音が回り込んで伝わる現象を「音の回折」という（図5.5）。障害物があると音の波動は直進できず、その後ろに回っていく現象で、障壁の裏で音が聞こえる。波長が長い低周波数（低音）は回折現象が起こりやすい。

例えば、ある空間で人の姿は見えないが、その人の声がよく聞こえる時がある。また、家の前にマンションなど建物があるのにもかかわらず車の走行音が聞こえる時があるが、これが音の回折の現象である。

(3) 音の屈折

音速は気温によって変化するため、地上の異なる空気層では音の進行方向が曲がる現象を「音の屈折」という。

夜は、遠くからの音がよく聞こえるが、昼間は、あまり聞こえない。昼間は、暖まった地面がその上の空気を暖める。そのため、気温は上空ほど低く、地面に近いほど高くなっている。それによって音が屈折しているからである。

音は、温度が高いほど速く進むため、地表付近で発音体から出た音は、下にふくれた球の面のように広がっていく（図5.6）。

▶ 4 音の単位

(1) 音圧 (P)

音波によって空気に生じる圧力の変動で、単位面積に作用する音の力である。単位は〔N/m²〕、〔Pa パ

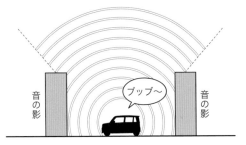

高音：音の影（無音域）を作りやすい、
車のクラクションの音等

a. 高音の回折

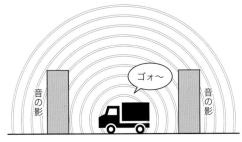

低音：回り込みやすい、車の走行する音等

b. 低音の回折

図5.5　音の高さによる音の回折

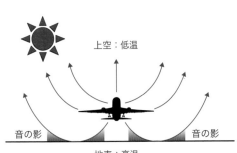

地表：高温

地表：低温

図5.6　温度による音の屈折

スカル〕

最小可聴音圧：2×10^{-5}〔N/m²〕

最大可聴音圧：20〔N/m²〕

（2）音圧レベル（*SPL*）

音圧と最小可聴音圧との比の常用対数で表現した**レベル（量）**を意味する。単位は **デシベル**〔dB〕。ある音の圧力 P が基準音圧 P_0（＝最小可聴音圧：2×10^{-5}〔N/m²〕）に対して何倍であるかを対数で表す。

$$SPL = 20 \log_{10} \frac{P}{P_0} \text{〔dB〕}$$

例題

音圧 2N/m² の時の音圧レベルは？

解答

$$SPL = 20 \log_{10} \frac{2}{2 \times 10^{-5}}$$
$$= 20 \log_{10} 10^5 = 100 \text{〔dB〕}$$

（3）音の強さ（*I*）

一方向に進行する音の波に対して垂直な面の単位面積（1m²）を1秒間に通過する**音のエネルギー流量**。単位は〔W/m²〕。

$$I = \frac{P^2}{\rho \times c}$$

P：音圧〔N/m²〕

ρ：空気密度〔kg/m³〕

c：音速〔m/s〕

（4）音の強さのレベル（*IL*）

音の強さと最小可聴音圧の強さとの比の常用対数をとったもの（**表**5.1）。単位は **デシベル**〔dB〕。

同じ音のレベルのものが2つあった場合、音の強さのレベルは約3dB大きくなり、3つある場合は約5dB大きくなる。例えば、60dBの音が2つあれば約63dBとなり、3つあれば65dB、4つあれば66dBとなる。

（5）音の大きさのレベル（phon）

周波数〔Hz〕と音圧レベル〔dB〕が異なっても同じ大きさに聞こえる。逆に、同じ大きさでも周波数〔Hz〕が異なると異なった音圧レベル〔dB〕になる。**図**5.7に示すように、60phonでは1,000Hzが約60dBで、250Hzが約67dBで聞こえる。単位はフォン〔phon〕。

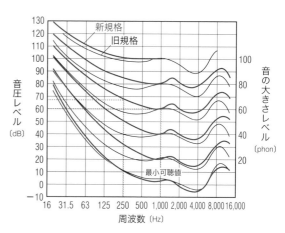

図5.7　純音に対する等感度曲線（等ラウドネス曲線）
（出典：ISO226（2003））

表5.1　音の強さ、音の強さのレベル、音圧

音の強さ〔W/m²〕	10^{-12}	10^{-11}	10^{-10}	10^{-9}	10^{-8}	10^{-7}	10^{-6}	10^{-5}	10^{-4}	10^{-3}	10^{-2}	10^{-1}	1
音の強さのレベル〔dB〕	0	10	20	30	40	50	60	70	80	90	100	110	120
音圧〔N/m²〕	2×10^{-5}		2×10^{-4}		2×10^{-3}		2×10^{-2}		2×10^{-1}		2		2×10

1章　建築環境

2章　熱環境

3章　空気環境

4章　光環境

5章　音環境

6章　都市環境

(6) 音源のパワーレベル（*PWL*）

音源が単位時間に放射するパワー（エネルギー）をいう。単位は〔dB デシベル〕。

$$PWL = 10 \log_{10} \frac{W}{W_0} \ \text{〔dB〕}$$

W：ある音のパワー

W_0：基準のパワー

(7) デシベル〔dB〕と音の関係

デシベルは騒音の単位としても使われる。例えば、図書館の音の大きさが40dB、一般的な会話が60dB、電車内が80dB である。

dB とは桁数を抑えて倍率を表示する方法（相対値）なので、このままでは音の大きさ(Pa)や重さ(g)や長さ（m）のような絶対値を表すことができない。

ある基準になる音の大きさを 0dB（1倍）とすれば、それより何倍かによって様々な大きさの音を dB 表示で表すことができる。

▶ 5　音の強さのレベル計算

人が聞くことができる音の強さの範囲は、10^{-12}（$= 1/10^{12}$）W/m² から 1W/m² である。つまり、人間に聞こえる最小音と最大音のエネルギー差（強さ）は 10^{12} である。人間の耳の感覚は音の強さの対数に比例する。音の計算は音のエネルギー量の数値が大きいため log を利用する対数で表現する。すなわち、強さが 100 倍でも 2 倍、1000 倍になっても 3 倍しか感じない。

音の強さによって受ける感覚は**表5.2**のようになる。音の強さの量を表すより対数を使った音の強さのレベルの表現がわかりやすいため、よく使われている。

・音の強さのレベルを求める式は次の通りである。

$$IL = 10 \log_{10} \frac{I}{I_0}$$

IL：音の強さのレベル〔dB〕

I：音の強さ〔W/m²〕

I_0：基準となる最小可聴音の強さ 10^{-12}〔W/m²〕

・音が 2 つ以上存在する時、音の強さのレベルの和は次の式で求められる。

$$IL = 10 \log_{10} \left(10^{\frac{L_1}{10}} + 10^{\frac{L_2}{10}} + 10^{\frac{L_3}{10}} + \cdots + 10^{\frac{L_n}{10}} \right)$$

IL：すべての音を合計した音の強さのレベル〔dB〕

L_1、L_2、L_3、$\cdots$、L_n

　：それぞれの音の強さのレベル〔dB〕

＊ log と対数

$\log_{10} 10 = 1$

$\log_{10} 100 = 2$

$\log_{10} 1,000 = 3$

$\log_{10} 10,000 = 4$

$\log A \times B = \log A + \log B$

$\log \dfrac{A}{B} = \log A - \log B$

$\log_a X^n = n \log_a X$

＊ $(\log_{10} 2 = 0.301)$

例題

1. 音の強さが 10^{-4} W/m² の時、音の強さのレベルを求めよ。
2. 80dB の音が 2 つ存在する時の音の強さのレベルを求めよ。

解答

1. $IL = 10 \log_{10} \dfrac{10^{-4}}{10^{-12}} = 10 \log_{10} 10^8 = 10 \times 8 = 80\text{dB}$

2. $IL = 10 \log_{10} \left(10^{\frac{80}{10}} + 10^{\frac{80}{10}} \right)$

   $= 10 \log_{10} (10^8 + 10^8)$

   $= 10 \log_{10} (10^8 \times 2)$

   $= 10 (\log_{10} 10^8 + \log_{10} 2)$

   $= 10 \times (8 + 0.301)$

   $\fallingdotseq 83\text{dB}$

1 章 建築環境

2 章 熱環境

3 章 空気環境

4 章 光環境

5 章 音環境

6 章 都市環境

表 5.2　音の強さと感覚

感覚	dB(A)	外の音	人の声	自然・動物の音	音楽
聴力機能に障害	140			至近の雷	
	130	離陸のジェット機			
	120	飛行機のエンジン		近所の雷	トランペット（10m）
極めてうるさい	110	ジェット機（600m）	叫び声（30cm）	目の前の犬の吠え	ステージのオーケストラ、ピアノ
	100	ガード下の電車	プロの声楽	庭先の犬の吠え	オーケストラ
うるさい	90	地下鉄の車内	怒り声		カラオケ、大音量のステレオ
	80	通行量が多い車道		近所の犬の吠え	弦楽器、フルート等管楽器、普通のステレオ
普通	70	新幹線の車内	大きな声	カエルの合唱なき声	大音量のテレビ、ラジオ
	60	エアコンの室外機	大きないびき、普通の声		中音量のテレビ、ラジオ
静か	50	事務室、昼の住宅地	小さい声	小鳥のさえずり	
	40	夜間の住宅地		しとしと雨	
極めて静か	30	深夜の住宅地	ささやき声	木の葉のそよぎ	
	20			霧雨	

Column

ホワイトノイズとピンクノイズ

　ホワイトノイズとは、音声などに混入するノイズの中で、全ての周波数帯域においてエネルギーが均一に混入した雑音のことである。

　音の周波数をグラフで表現すると、ホワイトノイズでは雑音が均一に混入しているため平坦に近いグラフとなる。このグラフを光の波長に置き換えると、白色を示す周波数の特徴に一致することから、ホワイトノイズと呼ばれる。

　なお、ホワイトノイズに対して、周波数の高い音ほどエネルギーが弱くなるようなノイズは、ピンクノイズと呼ばれる。これは周波数を光に置き換えた場合に、波長の長い赤い光ほど赤く見えることに由来している。ホワイトノイズと比べると低域が強調される。

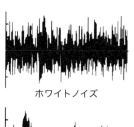

ホワイトノイズ

ピンクノイズ

▶ 6 音のレベルの合成

2つの音源が同時に発生することを音のレベルの合成といい、2つの音源の差で求める音のレベルは図5.8に示す通りである。大きいレベルがL_1、小さいレベルがL_2とする。

- L_1とL_2の差が15dB以上になると、L_1の音のレベルとほとんど変わらない。
- L_1とL_2が等しい場合、3dB上昇する。
- 同じレベル、例えば50dBの音源が4つある場合は、2つずつの組み合わせで3dB上昇するので56dBとなる。
- ある音の強さがI〔W/m²〕である時、この音がn個存在する時は、$10\log_{10} n$〔dB〕だけレベルが上昇する。

$$IL = 10\log_{10}\frac{I \times n}{I_0} = 10\log_{10}\frac{I}{I_0} + 10\log_{10} n$$

$n = 2$、$10\log_{10} 2 \fallingdotseq 3$dB 上昇する。

$n = 3$、$10\log_{10} 3 \fallingdotseq 5$dB 上昇する。

$n = 4$、$10\log_{10} 4 = 10\log_{10} 2^2 = 20\log_{10} 2$
$\fallingdotseq 6$dB 上昇する。

$n = 5$、$10\log_{10} 5 = 10\log_{10}\dfrac{10}{2} = 10 - 10\log_{10} 2$
$\fallingdotseq 7$dB 上昇する。

> - $\log_{10}2 = 0.3010$ ・$\log_{10}4 = 0.6020$
> - $\log_{10}3 = 0.4771$ ・$\log_{10}5 = 0.6989$

▶ 7 音源

音源から放射された音は拡散するため、音の強さは音源から離れるに従って次第に小さくなる。このような距離減衰は点音源と線音源によって異なる。

(1) 点音源

波長に比べて音源の大きさが十分に小さい音源の場合、点音源という。音源からはすべての方向（球面上）に均等に放射される。距離減衰は、音源から

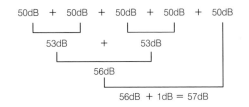

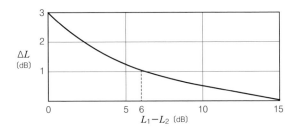

- $L_1 - L_2 = 56$dB$- 50$dB$= 6$dB、$\Delta L = 1$
- 5つの場合は1dB上昇し57dBとなる。

図5.8 音のレベルの合成

の距離が2倍になるごとに、音の強さのレベルは6dBずつ減衰する。すなわち、音の強さは音源からの距離の2乗に反比例する。

例えば、音源から2mの地点の騒音レベルが70dBとすると、4mの地点では64dBとなる。8mでは58dBとなる。

音源からの距離が2倍になると、音の強さ（I）は1/4となる。音源からの距離が1/2になると、音圧レベルは約6dB上昇する（図5.9）。

(2) 線音源

音源の幅が高さに比べて十分長い線状の音源を線音源という。交通量が多い道路などでは音が線音源に沿って円筒状に放射される。

距離減衰は、音源からの距離が2倍になるごとに、音の強さのレベルは3dBずつ減衰する。すなわち、音の強さは音源からの距離に反比例する。例えば、音源から2mの地点の騒音レベルが70dBすると、4mの地点では67dBとなり、8mでは64dBとなる。

(3) 面音源

音源が十分に広い面の音源で、ある面に点音源が

無数に集まり面音源になる（**図5.10**）。

　高層マンションでは最上階ほど建物周辺の音が面音源として伝わる。つまり、**距離による減衰がない**のでうるさく感じる。一方、低層階では点音源と線音源として扱い、塀や樹木などによって遮音される。

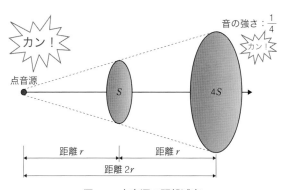

図5.9　点音源の距離減衰

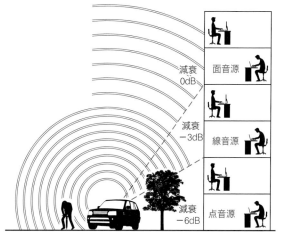

図5.10　点音源、線音源、面音源
面音源では、距離による減衰はない

1章　建築環境

2章　熱環境

3章　空気環境

4章　光環境

5章　音環境

6章　都市環境

Column

音速より速かった旅客機コンコルド

　1969年、音速（340m/s）より約2倍速いマッハ2.02のコンコルドがイギリスとフランスの合作により空を飛び始めた。一方アメリカでは、音速の壁を超えることができなかったが、マッハ0.85の強力エンジン4個を取り揃えた約400人の乗客が乗ることができるジャンボボーイング747が飛び始めた。

　コンコルドは世界最初で音速の壁を突破した超音速旅客機で、ジャンボボーイング747は世界最初の約370トンを積むことができる飛行機として世界を驚かせた。コンコルドは100人しか乗ることができないし、燃料がジャンボボーイング747の5倍消費することで、飛行機の運賃が7～8倍高い。

　結局、高価であるコンコルドは音速突破の短縮時間の価値を越すことができず、2001年を最後に歴史の中に消えた。その反面、ジャンボボーイング747は今でも大活躍中である。コンコルドのような未来旅客方式の超音速旅客機はエネルギーの課題を解決することで、近未来に復活することが期待できる。

コンコルド

ジャンボボーイング747

▶ 8 聴覚と音の生理・心理

（1）マスキング効果

　マスクとは被るという意味で音が音を被ることをいう。2つの音が鳴っている時、片方の音にもう一方の音がかき消されて聞こえなくなる現象をマスキングといい、マスクする音とマスクされる音が同時に発生した場合に生じるマスキングを「同時マスキング」という。

　同時マスキングでは、低音は高音を妨害しやすく、逆に高音は低音を妨害しにくい。同時に異なる2つの音波が耳に届く時、弱い音波は強い音波に打ち消されてしまう。

　都心では滝や噴水など、水の音のマスキング効果を利用して**騒音対策**としている（**図** 5.11）。

（2）環境音楽

　環境音楽とは、あまり気にせず集中して聴かないことを目的とする音楽を意味する。作業効率の上昇や精神の安定などに使われ、バックグラウンド・ミュージック（BGM：back ground music）として利用する場合が多い。

　アンビエント・ミュージック（ambient music）ともいわれるが、聴くことを主目的とせず、その場に漂う気持ちを開放的にすることを目的にしている。シンプルで静かなメロディーを繰り返す場合が多く、使用用途は様々である。

（3）サウンドスケープ

　サウンドスケープ（sound scape）は、「視覚的景色」（ランドスケープ：land scape）に対して耳で捉えた景色のことで「**聴覚的景色**」という概念である。

　その考え方は、文化や地域、歴史なども取り入れた、その場所に適切な音環境を与えることを目的としている。

　例えば、美術館、博物館、イベント会場などで音の効果によって意識を高めることができる。

噴水と滝の水の音により都心の騒音を防ぐ（上：上野公園、下：新宿）

滝と噴水によるマスキング効果（ソウル清渓川）

図 5.11　都市の騒音を防ぐマスキング効果の利用例

1章 建築環境

2章 熱環境

3章 空気環境

4章 光環境

5章 音環境

6章 都市環境

<table>
<tr><td>5-2</td><td>室内音環境</td></tr>
</table>

5-2 室内音環境

▶ 1 室内の音の伝わり方

屋外で聞こえてくるのは直接音が多いが、室内では、壁、床、天井などにぶつかって聞こえる反射音が主流となる（図5.12）。

（1）空気伝播音

人の声や家電製品、楽器などから発生する音が空気を振動させて直接聞こえてくる音（図5.13.a）。

（2）個体伝播音

壁や床など躯体や給排水設備などのパイプの水流から発生した振動（ウォーターハンマー）が床や壁を伝わり、その際室内の空気を振動させて聞こえてくる音（図5.13.b）。

▶ 2 吸音

音を吸収または透過させて、反射させないことを吸音という。

（1）吸音率と吸音力

吸音の数値を表したものが吸音率であるが、室内の空間の音を調節するために使われる。

図5.14のように、音が物体に入射する時に、その一部は反射され、その残りは透過し、吸収される。

吸音率はαで表現し、その値は$0 \sim 1$となる。例

図5.12　室内で発生する音

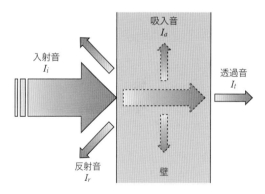

図5.14　投射音の吸音

a. 空気伝播音

b. 個体伝播音

図5.13　伝播音

えば、鉄筋コンクリートのような吸音がない固い壁に音が入射した場合、音はまったく吸収も透過もせず（$I_a = 0$、$I_t = 0$）、すべて反射して戻ってくる。この時は$I_i = I_r$、吸音率$\alpha = 0$となり、吸音性能は悪く、吸音材にはならないことがわかる。

　また、壁がない空間へ音が入射した場合、音はすべて通過し、反射は0になり$I_r = 0$となる。すなわち$I_i = I_a + I_t$で、吸音率$\alpha = 1$となり、吸音性能は最高値である。

　このような吸音率に入射面積〔m²〕を乗じたものを**吸音力**という。吸音率と吸音力の式は次のように成立する。

$$吸音率\ \alpha = \frac{I_i - I_r}{I_i} = \frac{I_a + I_t}{I_i}$$

吸音力 $A = \alpha \times S$〔m²〕*

〔m²〕：吸音力の場合はメートルセービンと読む。面積m²と区別するため〔m² Sabine〕とも使用。

　S：入射面積〔m²〕

　I_i：壁に入射する音のエネルギー〔W/m²〕

　I_r：反射した音のエネルギー〔W/m²〕

　I_a：壁体中に吸収された音のエネルギー〔W/m²〕

　I_t：透過した音のエネルギー〔W/m²〕

（2）吸音材と吸音構造

　吸音率の大きい材料のことを吸音材という。吸音材には色々な種類があるが、最近では、廃材やゴミ資源などのリサイクル資源を利用した吸音材もある（**図 5.15**）。

（出典：SONEX 製品カタログ）

（出典：㈱静科ホームページ）

図 5.15　吸音材の例

表 5.3　建築材料・吸音材の吸音率

分類	建築材料・吸音材料等	厚〔mm〕	空気層〔mm〕	周波数〔Hz〕					
				125	250	500	1K	2K	4K
一般建築材料	コンクリート打放し・モルタル仕上	—	—	0.01	0.01	0.02	0.02	0.02	0.03
	コンクリートスラブ＋カーペット敷き	150＋10	—	0.09	0.08	0.21	0.26	0.27	0.37
	厚手のカーテン（300g/m² 程度）	—	100	0.06	0.27	0.44	0.50	0.40	0.36
	ガラス窓	6	—	0.35	0.25	0.18	0.12	0.07	0.04
多孔質材料	グラスウール（20kg/m²）	50	—	0.27	0.64	0.95	0.83	0.75	0.95
	グラスウール（20kg/m²）	50	100	0.30	0.95	0.99	0.80	0.78	0.77
	ポリウレタンフォーム（27kg/m²）	25	—	0.08	0.28	0.59	0.79	0.71	0.66
	木毛セメント板	25	55	0.10	0.28	0.66	0.52	0.63	0.79
板状材料	石膏ボード（5.6kg/m²）	6	45	0.26	0.14	0.08	0.06	0.05	0.05
	合板	3	45	0.46	0.16	0.10	0.08	0.10	0.08
共鳴器型吸音材料	穴あき石膏ボード単体（φ6.22mm）	9	45	0.03	0.09	0.46	0.31	0.18	0.15
	穴あき石膏ボード＋ロックウール25mm内貼	9	45	0.09	0.50	0.94	0.44	0.22	0.21
椅子	劇場用（空席）・吸音力〔m²/個〕	—	—	0.09	0.24	0.30	0.32	0.33	0.31
	劇場用（着席）・吸音力〔m²/個〕	—	—	0.25	0.40	0.47	0.47	0.45	0.48

（出典：日本建築学会編『建築設計資料集成 1. 環境』丸善、1978、p.19 を参考に作成）

1章 建築環境

2章 熱環境

3章 空気環境

4章 光環境

5章 音環境

6章 都市環境

吸音率は施工の方法によって、吸音性能が大きく変わる。吸音材を厚くしたり、複数の吸音材を重ねたり、空気層を設けたりすることにより、吸音率は高くなる。また、材料表面の材質によっても吸音率が異なる（**表**5.3）。吸音材は大きく次のように区別される。

①多孔質型

多孔質材料はもっとも一般的に使われる**吸音材**であり、内部に空気を多く含む材料である。グラスウール、ロックウールなどの微小な孔を持つ繊維類のものをいう。吸音率は高音域（音が高い＝周波数が大きい）が大きく、低音域（音が低い＝周波数が小さい）は小さい（図5.16.a）。

②板（膜）振動型

壁との間に空気層を設けた板状のような気密性の高いものである。吸音材として石膏ボードや合板などが使われている。吸音率は低音域で使われるが、他の吸音材に比べるとあまり吸音率は大きくない（図5.16.b）。

③穴あき（共鳴器）型

空洞に穴があいた形のもの。音楽室やカラオケボックスの壁に用いられている穴あき石膏ボードなどがある共鳴周波数域（固有振動数と外部振動数が一致して著しく大きくなる周波数）では、**吸音率が大**きい（図5.16.c）。

▶ **3　遮音**

音を他の空間へ透過させないことを遮音といい、すなわち外部からの音を遮ることである。音の透過率は透過音のエネルギーと入射音のエネルギーの比で定義されるが、遮音はこの音の透過率によって評価される。遮音するには、間仕切りや桁をはさんで造った壁を使用するなど材料を振動させないことが有効である。

（1）透過率と透過損失

透過損失は遮音される量をいうが、**透過損失の値が大きいほど、遮音性能が優れている。**

一般に、厚さが同じ壁体であれば、質量（密度）が大きい材料ほど遮音力は大きく、透過損失も大きくなる。透過損失は、音の高さ（周波数）によって異なり、高音の方が低音より透過損失は大きい。遮音と吸音の関係では、吸音性が良いと遮音効果が高いとは限らない（図5.17）。

透過損失は、壁や床などの遮音性能を表す数値である（**表**5.4）。透過率と透過損失の関係式は次の通りである。

壁に入射する音のエネルギーをI_i、反射した音の

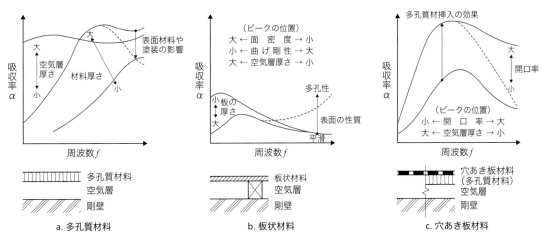

a. 多孔質材料　　　　b. 板状材料　　　　c. 穴あき板材料

図5.16　材料による吸音構造と特性（出典：日本建築学会編『建築設計資料集成1. 環境』丸善、1978、p.18）

表 5.4　各種材料の透過損失〔dB〕

構造	名称 / 材料	厚〔mm〕	密度〔kg/m²〕	125	250	500	1K	2K	4K
単壁	合板	6	3.0	11	13	16	21	25	23
	石膏ボード	9	8.1	12	14	21	28	35	39
	フレキシブルボード	6	11.0	19	25	25	31	34	28
	発泡コンクリート	100	70.0	29	37	38	42	51	55
	発泡コンクリート＋両面塗り壁仕上	20＋100＋20	−	34	34	41	49	58	61
複合壁	合板＋空気層＋合板	6＋100＋6	−	11	20	29	38	45	42
	石膏ボード＋空気層＋石膏ボード	9＋100＋9	−	12	29	35	47	55	54
	フレキシブルボード＋グラスウール＋フレキシブルボード	4＋40＋6	−	24	26	35	38	43	42
建具	普及型アルミサッシュ（引違い）	5	−	15	19	19	18	19	24
	気密型アルミサッシュ（引違い）	5	−	22	25	28	31	30	32
	普及型アルミサッシュの二重（中空層：100mm）	5＋5	−	17	21	26	26	22	31
	気密型アルミサッシュの二重（中空層：150mm）	5＋5	−	26	34	40	40	37	42

（出典：日本建築学会編『建築設計資料集成 1. 環境』丸善、1978、p.22 〜 23 を参考に作成）

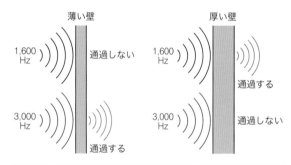

- 壁が薄いほど、周波数の高い音が透過する。
- 壁が厚いほど、周波数の低い音が透過する。
- コインシデンス効果により材料が薄いほど、高温域の透過損失は低下する。
- コインシデンス効果により材料が厚いほど、低温域の透過損失は低下する。

図 5.17　壁の厚さと周波数の遮音関係

エネルギーを I_r、壁体中に吸収された音のエネルギーを I_a、透過した音のエネルギーを I_t とすると、

$$I_i = I_r + I_a + I_t$$（**図 5.14** 参照）

透過率　$\tau = \dfrac{I_t}{I_i}$

　　I_t：透過音のエネルギー〔W/m²〕

　　I_i：入射音のエネルギー〔W/m²〕

・**透過損失**

$$TL = 10 \log_{10} \frac{1}{\tau}$$

（2）コインシデンス効果

　コインシデンス効果とは、壁の板や窓のガラスに、ある音波が入射すると、その材料の入射音波の振動と屈曲振動とが一致し、共振する現象である。この時、**透過損失が低下する**。

　重い材料ほど遮音効果が大きいが、周波数によってコインシデンス効果により透過損失が小さくなって防音材にとってはやっかいな現象である。

　コインシデンス効果を少なくするためには、違う固有振動数を持った材を複数使う方法がある。

（3）中空壁の透過損失

　木造の空気層を挟んだ中空壁の壁面は、同じ密度を持つ壁を 2 枚重ねた場合とは異なり、**透過損失が大きい**（**図 5.18、5.19**）。つまり遮音効果が大きくなる。

　しかし、中空壁であっても壁の中に間柱があると、この間柱が音波を伝播しやすくするので、壁と空気の間に**共鳴透過現象**が発生し、遮音効果が低下する。防止対策として、壁と間柱の間に吸音材を入れると、遮音効果を高めることができる。

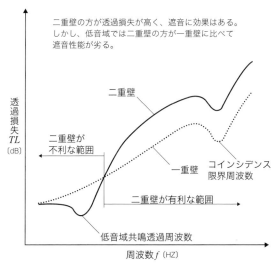

二重壁の方が透過損失が高く、遮音に効果はある。
しかし、低音域では二重壁の方が一重壁に比べて
遮音性能が劣る。

透過損失 TL（dB）

二重壁

二重壁が不利な範囲

一重壁

コインシデンス限界周波数

二重壁が有利な範囲

低音域共鳴透過周波数

周波数 f（HZ）

図 5.18　中空壁の透過損失の一般的な傾向（出典：日本建築学会編『建築設計資料集成 1. 環境』丸善、1978、p.21 を参考に作成）

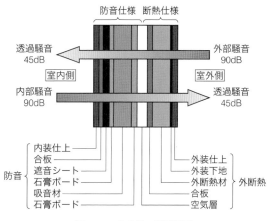

図 5.19　中空壁の透過騒音

（4）各種二重壁の透過損失の特性

①吸音材の挿入

中空層に吸音材を入れると、透過損失は大きくなり、遮音効果がよい（**図 5.20.a**）。

②間柱の挿入

中空層に間柱があった場合、中音域でコインシデンス効果が生じやすい。二重壁と間柱を構造的に絶縁すると、全周波数帯にわたり透過損失が上昇する（**図 5.20.b**）。特に中高音域の改善が著しい。

③弾性材の挿入

中空層に弾性材を入れると、心材の弾性が大きくなるため、中高音域に共鳴透過現象を生じやすい（**図 5.20.c**）。

（5）共鳴

発音体の振動により他の物体に音が伝わる現象を共鳴という。すなわち、2つの音源が固有振動数が同一の場合、片方の音源が空気を通してもう1つの音源へ伝わることである。建築物や日常生活でもよく起こる現象である。

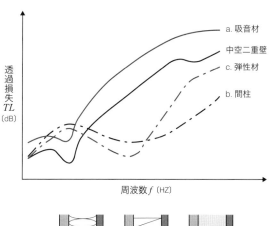

透過損失 TL（dB）

a. 吸音材
中空二重壁
c. 弾性材
b. 間柱

周波数 f（HZ）

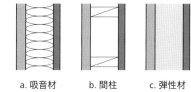

a. 吸音材　　b. 間柱　　c. 弾性材

図 5.20　各種二重壁の透過損失の特性

1 章　建築環境

2 章　熱環境

3 章　空気環境

4 章　光環境

5 章　音環境

6 章　都市環境

5-3 騒音と振動

▶ 1 騒音

(1) 騒音とは

名曲であっても、興味がない人にとっては騒音であり、バイクなどの轟音も好きな人は騒音ではない。いわば、聞く人にとっていやな音は、すべて騒音である。

騒音は、騒がしくて不快と感じる音で、人の健康や心理、生活環境に多大なる悪影響を与える。このような騒音への対策として区域による時間帯の騒音規制がある（**表5.5**）。

騒音の大きさは、日本工業規格で定められた普通騒音計のA特性で測定する（**図5.21**）。この値（騒音レベル）は、一般にdB（A）で示される。

他に、室内騒音を評価する指標のひとつとしてNC値というものがあり、この値が小さくなるほど許容される騒音レベルは低くなる。例えば、室内騒音の許容値は、住宅の寝室より音楽ホールのほうが小さい。

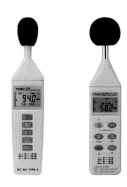

図5.21　騒音測定器

表5.5　区域による時間帯の騒音規制

時間区分	区域区分			
	第1種区域	第2種区域	第3種区域	第4種区域
昼間	45dB 〜 50dB	50dB 〜 60dB	60dB 〜 65dB	65dB 〜 70dB
朝	40dB 〜 45dB	45dB 〜 50dB	55dB 〜 65dB	60dB 〜 70dB
夕	40dB 〜 45dB	45dB 〜 50dB	55dB 〜 65dB	60dB 〜 70dB
夜間	40dB 〜 45dB	40dB 〜 50dB	50dB 〜 55dB	55dB 〜 65dB

区域区分	第1種区域	良好な住居の環境を保全するため、特に静穏の保持を必要とする区域（第1種および第2種低層住居専用地域、第1種および第2種中高層住居専用地域）
	第2種区域	住居の用に供されているため、静穏の保持を必要とする区域（第1種および第2種住居地域、準住居地域，市街化調整区域）
	第3種区域	住居の用に併せて商業、工業等の用に供されている区域で、その区域内の住民の生活環境を保持するため、騒音の発生を防止する必要がある区域（近隣商業地域、商業地域、準工業地域）
	第4種区域	主として工業等の用に供されている区域で、その区域内の住民の生活環境を悪化させないため、著しい騒音の発生を防止する必要がある区域（工業地域）

・昼間：午前7時または8時から午後6時、7時または8時まで
・朝：午前5時または6時から午前7時または8時まで
・夕：午後6時、7時または8時から午後9時、10時または11時まで
・夜間：午後9時、10時または11時から翌日の午前5時または6時まで

（出典：環境省の資料を参考に作成）

(2) 生活騒音

生活騒音は冷蔵庫、掃除機など家庭用機器から発生する音のほか、設備、構造面では給排水の音、ドアの開閉音などがある。

また、ピアノ、ステレオ、テレビなど音響機器から発生する音がある。他には生活行動に伴う話し声、足音、自動車、ペットの鳴き声などがある。

(3) 床・壁の騒音

音の伝わるルートには、大きく分けて空気を伝わってくる音と、壁や床を伝わってくる音がある。集合住宅において床からの層間騒音は社会問題になっている。壁は床ほどではないが、音が伝わる媒介体であるため、床と共に防音対策を行わなければならない。防音対策は、外からの騒音を遮るだけでなく、自分の生活音を近所に伝えないことが重要である。

それぞれの防音対策として、窓や壁の隙間をなくし、**気密性**を高めることと、音を吸収または反射し遮音することが基本である。

(4) 騒音が人体に与える影響

騒音によって心理的不快感、イライラ、ストレス、頭痛、睡眠妨害、難聴、集中力の低下、認知力の低下などのほか、体力の消耗、感覚の衰退、精神障害、重度の脳障害、痒み・またはアトピーの悪化、視力低下、記憶力低下が見られる。このように共感覚により身体的衝撃等の音以外の刺激を実際に知覚することがある。

▶ 2 室内騒音測定値

(1) NC 値とは

NC 値とは**騒音の評価**のことである。窓や壁を通してくる外部からの騒音や、空調機などの内部からの騒音は室内音環境を左右する。

この室内騒音を表す値として使用される NC（Noise Criteria）値は、アメリカの音響学者、L. L. Beranek（ベラネック）が提案したもので、周波数分析の結果より騒音の許容値を与えるものである。オフィス内騒音の実態調査とアンケート調査をもとに騒音を数値で表した騒音評価値である。

NC 値が大きくなるほど、許容される騒音レベルは高くなる。

(2) NC 値の測定方法

測定点において、騒音計で63Hz～8,000Hz までの各周波数帯域の値を読み取り、NC 曲線（**図 5.22**）にあてはめ、**表 5.6** の室内騒音の許容値を使い評価する。

例えば事務室やレストランでは、我慢できる騒音の大きさの限度は、NC-40 程度とされている。高低音すべての周波数（X 軸）の音が NC-40 の曲線を下回れば、NC-40 以下の騒音を抑えることができる。

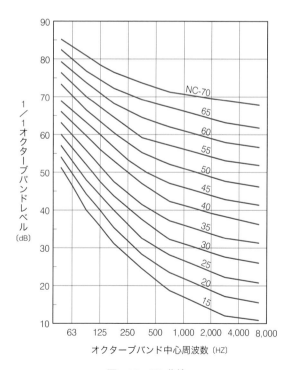

図 5.22　NC 曲線
（出典：日本建築学会編『建築設計資料集成 1. 環境』丸善、1978、p.13）

表 5.6 室内騒音の許容値

dB(A)	NC	用途、実例	会話への影響
20	10	聴覚試験室、無響室	無音感
30	20	音楽ホール	5m 離れて小音が聞こえる、非常に静かな感じ
40	30	住宅、会議室、教室、美術館、映画館	10m 離れて会話が可能、特に気にならない
50	40	大事務室、レストラン、営業窓口	3m の普通の会話が可能、電話可能、騒音を感じる
60	50	室内スポーツ施設、高速走行自動車内	3m の大声で会話が可能、電話困難、騒音が気になる
70	60	空調機械室、走行電車の中	1m 以内で大声で会話が可能、騒音になれるのは時間がかかる
80	70	地下鉄電車の中、目覚まし時計	0.3m 以内で大声で会話が可能、騒音になれるのは時間がかかる
90	80	鉄道のガード下	継続的だと難聴になる
100	90	自動車のクラクション	神経質になる
120	110	飛行機の爆音	聴覚の限界

▶ 3 床・壁遮音性能測定

(1) 床軽量衝撃音 (L_L)：タッピングマシン

軽量衝撃音は、床衝撃音レベルの測定に用いる、軽量かつ硬い衝撃源で、靴履きでの歩行などが発生する音源を想定している。主として中・高音域の遮断性能に関する、床の表面仕上材の性能の検査に使用する。直径3cm、500gの鋼製ハンマーを4cmの高さから落下させて測定し、床の表面仕上げ材の緩衝効果の判定に適している（図5.23）。

(2) 床重量衝撃音 (L_H)：バングマシン

床衝撃音レベルの測定時に使用する、重くかつ柔らかい衝撃源で、子供が飛びはねる時などに発生する音源を想定する。主として中・低音域の遮断性能に関する床構造の音響性能の検査に使用する。

軽自動車のタイヤを約80cm（JIS：80cm±10cm）の高さから落下させて測定し、建物を含めた床構造全体の頑丈さの検討に適している（図5.23）。

音源室
重量衝撃
レベル測定
バングマシン
軽量衝撃
レベル測定
タッピングマシン

受音室

測定器　マイク

下階の音圧レベル差を測定
L_r 値が小さいほど、遮音性が高い

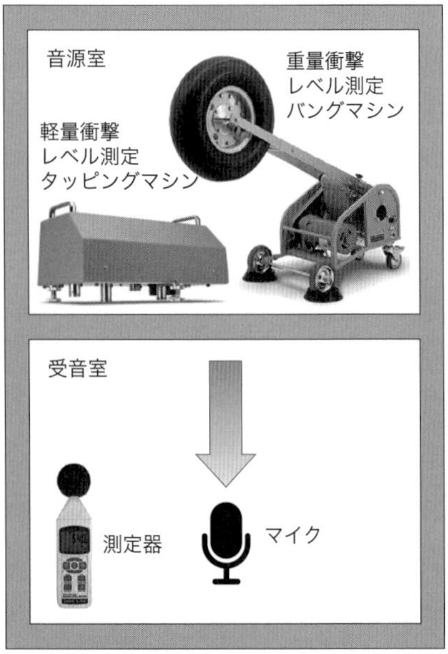

図 5.23 床衝撃音の遮音等級 (L_r 値)、
床衝撃音レベル測定

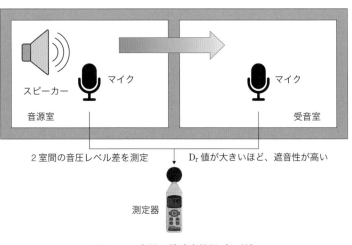

スピーカー　マイク
音源室

マイク
受音室

2室間の音圧レベル差を測定　D_r 値が大きいほど、遮音性が高い

測定器

図 5.24 室間の壁遮音等級 (D_r 値)

1章 建築環境

2章 熱環境

3章 空気環境

4章 光環境

5章 音環境

6章 都市環境

（3）壁衝撃音

音源室においてスピーカから音を放射し、受音室の騒音測定器で音を測定する。2室間の音圧レベル差で、騒音を評価する。

Dr値が小さいほど遮音性が劣り、大きいほど遮音性が高い（図5.24）。

▶ 4 遮音等級

（1）床衝撃音の遮音等級（Lr値）

下階の音圧レベル差を測定し、Lr値で示す（表5.7、5.8）。床衝撃音レベルに関する遮音等級は、その値が小さいほど床の遮音性能が高い（優れている）。

（2）室間の壁の遮音等級（Dr値）

2室間の音圧レベル差を測定し、Dr値で示す（表5.9）。2室間の遮音性能は、その値が大きいほど室間の遮音性能は高い（優れている）。

▶ 5 騒音防止

騒音の防止対策は、室内の吸音力と窓の気密性を高めて、壁体の透過損失を大きくし、遮音することが基本である。建築でできる具体的な騒音防止対策

表5.7 評価尺度と住宅における生活実感との対応の例

遮音等級		L-30	L-40	L-50	L-60	L-70	L-80
床衝撃音	走り回り、足音など	ほとんど聞こえない	遠くから聞こえる感じ	ほとんど気にならない	やや気になる	大変よく聞こえうるさい	うるさくて我慢できない
	椅子、物の落下音	全く聞こえない	ほとんど聞こえない	ナイフなどは聞こえる	はしを落とすと聞こえる	1円玉でも聞こえる	1円玉でも聞こえる
	その他の例	子供が大暴れしてもよい	気がねなく生活できる	やや注意して生活する	お互いに我慢できる限度	子供がいても上が気になる	忍者的生活が必要

（出典：日本建築学会編『建築物の遮音性能基準と設計指針』技報堂出版、1997）

表5.8 床衝撃音レベル適用等級

建築物	室用途	部位	適用等級			
			特級	1級	2級	3級
集合住宅	居室	隣戸間界床	L-40 / L-45	L-45 / L-50	L-50 / L-55	L-60
ホテル	客室	客室間界床	L-40 / L-45	L-45 / L-50	L-50 / L-55	L-55 / L-60
学校	普通教室	教室間界床	L-50	L-55	L-60	L-65
戸建住宅	居間	同一住戸内2階床	L-45 / L-50	L-55 / L-60	L-65 / L-70	L-70 / L-75

特級：特別 1級：標準 2級：許容 3級：最低限

（出典：日本建築学会編『建築物の遮音性能基準と設計指針』技報堂出版、1997）

表5.9 室間平均音圧レベル差に関する適用等級

建築物	室用途	部位	適用等級			
			特級	1級	2級	3級
集合住宅	居室	隣戸間界壁界床	D-55	D-50	D-45	D-40
ホテル	客室	客室間界壁界床	D-50	D-45	D-40	D-35
学校	普通教室	室間仕切壁	D-45	D-40	D-35	D-30
戸建住宅	プライバシーを要求される場合	自宅内間仕切壁	D-45	D-40	D-35	D-30

（出典：日本建築学会編『建築物の遮音性能基準と設計指針』技報堂出版、1997）

は次の通りである。

(1) 距離による騒音防止

音の強さは、音源からの距離の2乗に反比例し、距離を2倍にすると騒音レベルは約6dB減衰する。このような距離と騒音関係で、道路の騒音源から建物を離して配置できるとよい。

(2) 遮音による騒音防止

比重が大きく重い材料は、音の透過損失が大きいので遮音効果がある。外壁を重く厚くして気密な構造とすると、外壁の遮音性能を高める効果がある。

(3) 吸音による騒音防止

室内や送風ダクトからの騒音は、騒音が広がる前に吸音することが効果的である。室内の吸音力を大きくし、ダクト内に吸音材を貼ることにより、音の強さを減衰させる。

(4) 床衝撃音の防止

足音、跳びはね、器物の落下などによる騒音は、衝撃による加振力で床が振動して下の階に発生する。これらの厄介な音を床衝撃音という。

足音などの軽量衝撃音の防止には、カーペットや畳などの柔らかい床仕上げ材が効果がある。しかし、跳びはねなどの重量衝撃音に対する効果は期待でき

ない。この場合は床スラブの上にグラスウールなどの緩衝材を敷きつめ、この上にコンクリートを打って二重床にする。このような構造体から床を遮断する方法を、浮き床といい、重軽量両方の衝撃に有効である。

▶ 6 防音

防音は表5.10のように基本的な3要素がある。

(1) 防音計画

音の感じ方はとても個人差があり、住んでいる環境にも影響される。一般的な騒音の許容値（快適と感じられる音環境）は40dBである。騒音の程度は、60dBを超えるとうるさいと感じ、不快になる。80dB以上になると極めてうるさく感じると警告されている。

家庭の防音計画は、家のまわりの環境や、家族にピアノなどを弾く人の存在などで検討する（図5.25）。また、車が多い道路や高速道路では、防音壁を設置すれば有効である（図5.26）

(2) 防音と遮音

防音工事は、部分的では効果がないため、家全体を考える必要がある。重量が大きいほど遮音効果が高いため、外壁材や内壁材に厚くて重いものを選ぶ。

窓などの開口部は音が伝わりやすい部分である。

表5.10　防音の3要素

	基本	遮音材	遮音箇所	遮音方法
遮音	音を伝えない	コンクリート、鉛シート、ガラス、ガラスブロックなど	窓、床、水回りの配管、階段、壁など	一般に質量が大きいほど、遮音性能は高まる。したがって比重が高く、厚いものを用いると効果がある壁（壁内部・仕上げ）に使用する。二重サッシ、防音ドアなど。
吸音	音を吸収する	グラスウール、ロックウール多孔質ボード類、有孔ボード、石膏ボード、じゅうたん、カーテンなど	壁、天井、床	ボード類や繊維質の素材で、音のエネルギーを吸収する。室内仕上げ材や下地として使用する。空気層を適切に設ける。
防振	振動を防ぐ	ゴム、バネ、コルクなど	洗濯機置き場、オーディオルームなど	モーターを用いる設備機器など、音や振動の発生源を、弾性のある材料で支えて、振動を建物の構造体に伝えないようにする。設備機器設置の際に防振ゴムを使用する。二重床構造など。

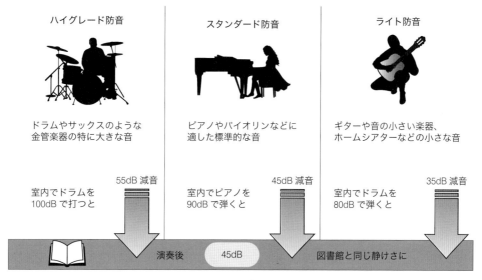

ハイグレード防音

ドラムやサックスのような
金管楽器の特に大きな音

55dB 減音

室内でドラムを
100dB で打つと

スタンダード防音

ピアノやバイオリンなどに
適した標準的な音

45dB 減音

室内でピアノを
90dB で弾くと

ライト防音

ギターや音の小さい楽器、
ホームシアターなどの小さな音

35dB 減音

室内でドラムを
80dB で弾くと

演奏後　45dB　図書館と同じ静けさに

図 5.25　防音の種類

図 5.26　高速道路や一般道路の騒音防止のための防音壁

表 5.11　建物における防音と遮音対策

箇所	対策
屋根	コンクリートや瓦は防音効果がある。金属屋根には、下地に軟質繊維板などの防音下地材を使うとよい。
外壁	重量がある厚い壁が防音効果を高める。コンクリートやタイル張り、サイディングパネル（図 5.27）などは遮音性が高い。
内壁	重量がある厚い壁が防音効果を高める。
天井	天井裏には断熱材を入れ、石膏ボードを下地に吸音板を張ると効果がある。なお間仕切りの壁は、天井裏まで立ち上げるとよい。
開口部	窓の防音性能は気密性と遮音性で決まる。二重サッシや、防音ペアガラス、合わせガラスなどが効果的である。特に防音性が求められる場所には、防音サッシや防音ドアを用いる。
照明・設備	防音効果を高めても、設備の配管などから音が伝わることがある。ダウンライトは、天井にあけた孔から音が逃げやすくなるので、直付けタイプの器具にしたほうがよい。また、換気扇も音の漏れに注意して、防音タイプのものを用いるとよい。

1 章　建築環境

2 章　熱環境

3 章　空気環境

4 章　光環境

5 章　音環境

6 章　都市環境

図 5.27　サイディングパネル

二重サッシのほか、2枚のガラスの間に空気やガスを封入したペアガラスや、特殊な膜を貼ったガラスを用いると、遮音性能が向上し防音効果が高まる。

　このようにガラスや空気層の厚みも遮音性能に関わりがあるため、遮音の脆弱な開口部を壁と同じように考えれば、遮音性や断熱性の効果が高まる。建物における防音と遮音対策を**表5.11**に示す。

(3) 防音材の音響効果

　音響効果のある防音材としては主に遮音材・吸音材がある。これらは床・壁・天井の下地や仕上げ材として使われる。　防音の目的に応じて、遮音・吸音できる音の種類も違ってくるので素材を使い分ける必要がある。

　室内は合板や石膏ボードなどの仕上げ材料を二重にするほか、壁内部の空気層の取り方や吸音材のグラスウールを入れることで防音効果を高める。

　防音効果に限らず、音を楽しむための音響効果を発揮することも重要である。音源の特徴に合わせて、音を反射する面と吸収する面をバランスよくつくっていく。また地下は外気に接していないため、オーディオルームなど防音性能が求められる部屋に適している。

(4) 防音インテリア

　インテリアによる防音対策を紹介する。例えば、カーペットや畳は非常に吸音性に優れている。その他にコルクタイル、ゴムの裏打ちをした床材、フローリング、大理石なども良い床材である。

　特に子ども部屋には、防振性の高いコルクタイルを下地に、カーペットを敷くと衝撃音の対策に効果的である。さらに、吸音材を壁の仕上げに使ったり、カーテンを二重にするなど、インテリアで防音対策をすることもできる。また、換気扇でも騒音が発生するので付け場所などを気をつけなければならない。

(5) 設備防音対策

　建物内部で給排水配管、ダクトなどから発生した音や、建物外部で空調室外機、ポンプ・ファン類、給湯機、冷却塔などの設備機器から発生した音は近隣に騒音被害を与えたり、家庭内にも騒音の被害を及ぼす。このような騒音は建物の躯体から、または空気を通して直接室内に伝わる。躯体から伝わる騒音は範囲が広くなるので、建築計画する上でなるべく発生を抑えることが重要である（**図5.28**）。

　給排水設備の場合、埋め込み配管より、パイプシャフトを設けて配置した方が騒音対策として有利である。また、騒音が発生する衛生機器や配管と接する躯体部分に緩衝材を充填するなどの配慮が必要である。給水管には**ウォータハンマ**（水撃）防止器を設ける。

　ダクト設備では、乱流の原因となる複雑な経路や系統を避け、ダクト内風速の低速化を図り、必要に応じて消音チャンバーを設けるとよい。また、電気設備で変圧器、調光装置、OA機器なども騒音発生源になることを念頭に置かなくてはならない。給排水と同様に、躯体が接する部分に緩衝材を充填すると、躯体から伝わる騒音を防ぐことができる。室外に設ける冷却塔など騒音発生源となる設備機器には防音壁を設けるとよい。

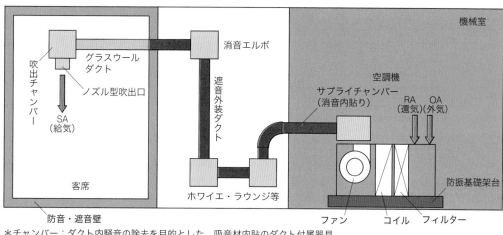

*チャンバー：ダクト内騒音の除去を目的とした、吸音材内貼のダクト付属器具。

図5.28　設備騒音対策

1章　建築環境

2章　熱環境

3章　空気環境

4章　光環境

5章　音環境

6章　都市環境

Column

空調設備から見た、オーディトリウムの騒音計画（NC値を20以下にするための手法）

　劇場、映画館、公会堂、演芸場、集会場等の施設は、基本的に不特定多数の人が数時間集まるため、ペリメーター（外皮）負荷より、インテリア（内部）負荷が大きくなる特徴があり、室内発生熱は一般居室と異なり、顕熱量（温度変化による熱量）より、人体発生熱による潜熱量（状態変化による熱量）が大きい。また、限られた空間内に多人数が滞在するため、建築基準法でも定められているように、外気量も必然的に大きくなる。同時に、大空間であるため、空気分布の難しさが加わってくる。

　空気環境設定の難しさに加え、オーディトリウムには、「音が静かでなくてはならない」という大前提がある。質の高い空調をするには、空調機ファンの騒音、ダクト内発生騒音、吹出・吸込口の風切音、そして、ダクトを経由して侵入する騒音など、すべてクリアする必要がある。

		NC-20に向けた騒音防止手法	備考
空調機		ファン回転数の低速化	1,000rpm以下が望ましい
		コイルやフィルター面風速の低速化	2.5m/s以下が望ましい
		機器を防振基礎に設置	
ダクト	機器騒音防止	消音エルボ、消音チャンバー等	3ヶ所以上の設置が望ましい
		グラスウールダクトの検討	
		ダクト内風速の低速化	5～10m/s以下が望ましい
	伝搬防止	遮音ダクトの使用	遮音シート・鉛板巻
制気口	吹出口	ノズル状が望ましい	吹出風速、10m/s以下が望ましい
		暖房期吹出しに留意	客席到達に高風速が必要
	吸込口	床面吸込みが一般的	

5-4 室内音響

室内は静かな環境であるとともに、その使用目的に応じて、必要な音がよく聞こえる状態でなければならない。室内から発生した音がその室内に広がる状態を音圧分布といい、できるだけ音圧差のない分布にすることが求められる。

人の耳に達する音は、音源から直進する**直接音**と、天井や壁などではね返される**反射音**がある。直接音の音圧は、音源から遠ざかるほど減少するため、いくつかの反射音による音圧が加わらないと室内は音圧差の大きい分布状態になりやすい（**図5.29**）。

▶ 1 残響

(1) 残響とは

音源が停止した後も室内に音が残る現象を残響という。音源から放射された音が壁、天井、床などで何度も反射を繰り返しながら徐々に減衰するために生じる。

残響時間というのは、音源を止めた時点から響きが何秒続くかを示すものである。響き過ぎてもいけないし、残響がないのもよくない。そのためホールを設計する際、直接音だけでなく、適度に反射音があるように計算する。

反射は固い材質の壁仕上げ材に加えて、形と角度によって調整する（**図5.30**）。ホールには**音響反射板**を舞台の上に釣り下げているのもこの理由である。

壁には吸音材料や反響板が組み合わせられ、どの周波数に対しても有効であるように工夫されている。その他の吸音材料は、カーテン、床のカーペットがあるが、客席での衣服も立派な吸音材になる。

(2) 残響時間計算

残響の程度を数量的に表すのに、残響時間を用いる。残響時間とは音の強さのレベルが60dB（音響エネルギーでは100万分の1）減衰するのに要する時間のことである（**図5.31**）。

残響時間は、室容積Vが大きいほど長くなり、吸音する材料や物（人も含む）が多いほど短くなる。

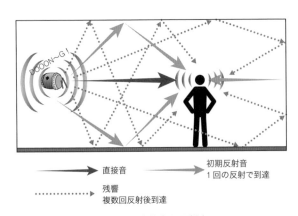

図5.29　直接音と反射音

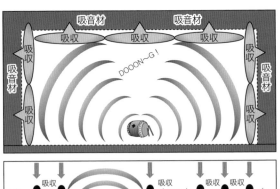
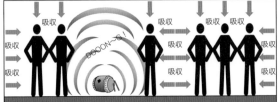

図5.30　残響時間が短くなる要因

室の用途や容積によって示されている最適残響時間がある。一般に、講演などの話を主とする室より、音楽に使用する室のほうが、最適残響時間は長い。

残響時間の計算式にはセービン、アイリング、ヌートセンの式がある。その3つの計算式の特徴を**表5.12**に示す。

セービン式は平均吸音率が1となった時でも残響時間が0とならない。これを改良したのがアイリングの式である。さらに空気吸収も取り入れたのがヌートセン式である。ホールなどの大空間や模型実験での100kHz近くの超高音域では空気吸収を考慮しなければならないが、室容積200m³程度の部屋ではアイリングの式を使う。

①セービン式

$$T = 0.161 \times \frac{V}{\overline{\alpha} \times S}$$

②アイリング式

$$T = 0.161 \times \frac{V}{-S \times \log_e (1 - \overline{\alpha})}$$

③ヌートセン式

$$T = 0.161 \times \frac{V}{-S \times \log_e (1 - \overline{\alpha}) + 4m \times V}$$

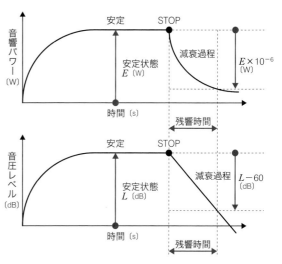

図5.31　残響時間の求め方

表5.12　残響時間計算式の特徴

残響式	特徴
セービン	吸音力の小さい残響時間の長い室の計算に適する。完全吸音である$\overline{\alpha}=1$でも$T=0$にならない矛盾がある。
アイリング	セービン式と類似しているが、$\overline{\alpha}$が大きい場合は実際と一致する。セービン式の矛盾を解決。
ヌートセン	空気による吸音が無視できない場合（広い室、吸音力が小さい室）に適する。

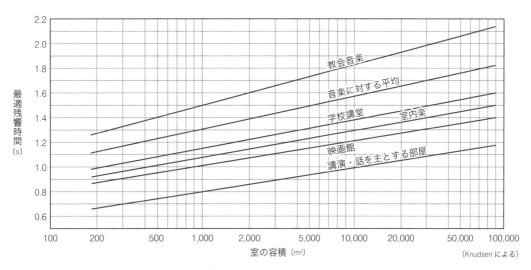

図5.32　500Hzの最適残響時間と室容積（出典：日本建築学会編『建築設計資料集成1.環境』丸善、1978、p.36を参考に作成）

T：残響時間〔s〕

V：室容積〔m³〕

S：室内表面積〔m²〕

$\log_e$：自然対数

$\overline{\alpha}$：平均吸音率

m：単位長さ（1m）当たりの空気の吸音による音の減衰係数〔m⁻¹〕

$$\log_e(1-\overline{\alpha}) \fallingdotseq 2.3\log_{10}(1-\overline{\alpha})$$

室の用途と残響時間は**図**5.32 の通りである。

▶ 2　反響（エコー）

反射音は直接音より長い距離を進むため、直接音より遅れて人の耳に達する。直接音と反射音が人の耳に達する時間のずれが、一般に 1/20s（0.05 秒）以内であれば音圧は増強されるが、1/20s を超えると、音源から発生した1つの音は、はじめに直接音が聞こえ、次に反射音が聞こえて2つの音になる。この現象を反響（エコー）という（**図**5.33）。

反響が生じると、音の明瞭度が低下して聞き取りにくくなる。また、音楽では音のリズムがずれてしまい、音響の悪い環境になる。

室内全体に聞き取りやすい、良い音響の環境をつくるためには、反響を防ぐことが重要である。また、1つの場所だけに音が集中したり、逆に聞こえにくい場所が生じないようにする。とくに、音楽ホールや劇場などでは、すべての客席でよく聞こえる音圧分布が求められるので、空間の形や仕上材をよく検討することが重要である。

▶ 3　特異な音の現象

（1）フラッターエコー（鳴き竜）

多重反響現象をフラッターエコーという。天井と床、平行した側壁などが互いに固い材料であると、

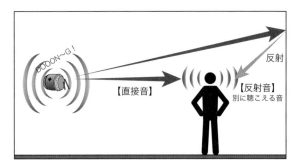

図5.33　反響（エコー）

音が集中する場合
・天井：音が集中しやすく、反射率が高い。
・床：平らな床は反射率が高い。

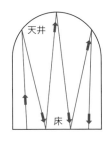

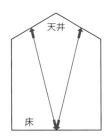

天井で反射し、同じ場所にもどる　断面

音が行き来する場合
・壁：反射率が高い。

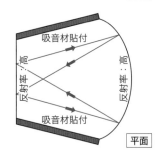

平面

図5.34　フラッターエコー

この平行面の間で音が何度も反射しあい、特殊な音が聞こえることがある。このような繰り返しの多い反響のことをフラッターエコーという（図5.34）。

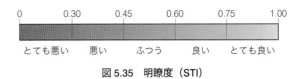

図5.35　明瞭度（STI）

（2）ささやきの回廊

反射面が大きな凹曲面をなしている時に、曲面の近くで音を発すると、その曲面に沿って何回も反射しながら音が非常に**遠くまで伝わる現象**のことをささやきの回廊という。ヨーロッパの大聖堂はこの現象をうまく利用したひとつの例である。

（3）音の焦点

室内に凹曲面部分があると、その曲面の焦点となる中心（曲率半径の中心）に**反射音が集中**してしまい、その結果、その他の場所では音圧が不十分で音が聞こえにくくなる。これを音の焦点という。

（4）マスキング効果

ある音を聞こうとする時に、他の音（騒音）が同時に存在すると非常に**聞き取りにくくなる現象**のことをマスキング現象（効果）という。

▶4　最適な音環境

（1）最適残響時間

残響時間が長ければ、それだけ豊かな響きが得られるが、その代わりに音の明瞭度は落ちる。

ある程度の残響はあった方が心地良いが、あまり残響が長いと、テンポの速い音楽や、スピーチを行う場合には支障がある。用途に差があるが、空間にはちょうど**良い音の響き**がある。この時の残響時間を、最適残響時間という。最適残響時間は、空間が広くなるにつれて、長くなる傾向があり、狭い空間では短めの残響を、また広い空間では長めの残響を良いと感じる。

（2）明瞭度

従来、音の聴き取りやすさは実際に聞いてみて明瞭性が良いか悪いか判断してきた。これでは聴取する人の個人差やアナウンス音声の状態によって判断基準があいまいになる。

建物内の音声伝達の明瞭性を、音のカブリという物理的な現象に着目し、これを客観的に指標化したものがSTI（Speech Transmission Index）である。

つまり耳に届く音声が元の音声（スピーカーに入る信号）とどれほど似ているかを調べれば、聴きやすさ（聴きづらさ）を知ることができる。

STI値は0〜1の数値で表示され、耳に届く音に、反射音や騒音などの余分な音が多く含まれていれば0に近づき（明瞭度が悪い）、余分な音が少なく元の音声に近くなるにつれ1に近づく（明瞭度が良い）。通常STI値は、0.6以上が理想とされている（図5.35）。

（3）明瞭度をよくする方法

壁や天井などに吸音材料や遮音材料を使用し、建築設計の段階で反射音やノイズを抑える。

指向性が鋭く、遠距離でも直接音のエネルギー減衰が少ないラインアレイスピーカーを聴取者に向けて設置し、耳に届く直接音を増やし反射音を抑える。また、反射でできた残響音や共鳴を抑える時は、デジタルミキサーやプロセッサーを使用する。

▶5　音響計画

暗騒音を低くし、室内音場を一定にする。また、音を十分に拡散させることや、残響時間を適切にするなどの方法がある。

1章　建築環境

2章　熱環境

3章　空気環境

4章　光環境

5章　音環境

6章　都市環境

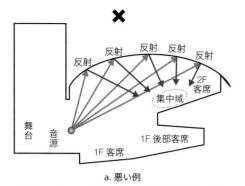

a. 悪い例

ドーム型天井のオーディトリウム。反射音が1ケ所に集中する。

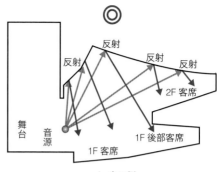

b. 良い例

反射音の角度を調整した天井のオーディトリウム。反射音が分散され、広範囲に届く。

図5.36 反響計画の注意点

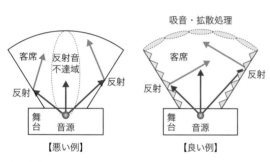

壁に角度をつけると反射音と吸音がバランス良く作用し、音分布を良くする。

a. 扇型平面のオーディトリウム

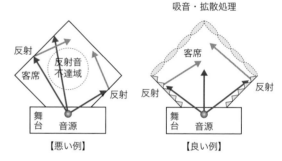

反射音と吸音で、音分布を良くする。

b. 正方形平面のオーディトリウム

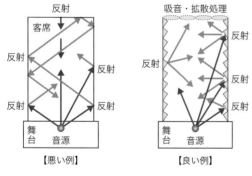

壁に角度をつけることで反射音と吸音がバランス良く作用し、エコーやフラッターエコー現象を防止。

c. 長方型平面のオーディトリウム

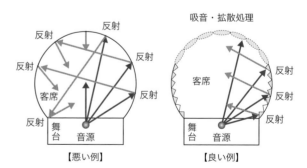

壁に反射材と吸音材を組み合わせることで、音分布を良くする。

d. 円型平面のオーディトリウム

図5.37 反響計画の悪い例と良い例

（1）音響計画の注意点

ホールなどの音響計画には反響と残響、反射音の集中に注意する。

図 5.36.a で示すようにドーム型の場合、天井の反射音が 1 ヶ所に集中することで、その他の場所で極端に音が小さくなる。

この場合、図 5.36.b のように天井の反射音の角度を調整すれば反射音が分散され、音が拡散され、広い範囲に音が届く。

（2）音響計画の例

ホールなどの音響計画には反響と残響、反射音の集中に注意しながら、音響障害をなくし、反射音と吸音の扱い方と残響を適切にコントロールすることが重要である。

音響計画で悪い例と良い例を図 5.37 に示す。平凡な側面は音が均等に伝わらず、音の影（音分布の偏り）が生じ、エコーやフラッターエコーが発生し

やすい。その場合、側面壁に角度をつけることで、エコーや音の影を防ぐ。

また、凸面を組み合わせれば、音が壁にそって戻ってくる音の回廊になり、音の分布を良くすることになる。

前部客席の壁と天井は、反対面として後部客席への音圧を補うために傾斜をつけるが、エコーが発生する直接音と反射音の行程差が 17m（1/20s）以上になると、明瞭度が落ちる。舞台の対向面（後部客席）の吸音率を高くし、反射音が 2 回以上発生しないようにする。室の中間部分の吸音率は残響時間によって決めることが望ましい。

優れた音響計画が施された事例を図 5.38 に示す。東京文化会館大ホールは、ステージの両脇の客席側の壁面に附着している雲形の部分が音響拡散効果を発揮している。東京芸術劇場コンサートホールは、過酷な建築条件を音響的にクリアした好例である。

1章 建築環境

2章 熱環境

3章 空気環境

4章 光環境

5章 音環境

6章 都市環境

東京文化会館大ホール（提供：東京文化会館）

東京芸術劇場コンサートホール（提供：東京芸術劇場）

図 5.38　音響計画によって構成された音楽ホール

【第5章 ○×問題】

1. 残響時間とは、音源から発生した音が停止してから、室内の音圧レベルが80dB低下するまでの時間をいう。

2. 同じ音圧レベルの場合、一般に、1,000Hzの純音より100Hzの純音のほうが小さく聞こえる。

3. 音波が球面状に広がる音源の場合、音源からの距離が2倍になると音圧レベルは約6dB低下する。

4. 音の高さ（周波数）は一定の時間の波長数ではなく、波長の高さをいう。

5. すべての方向に音を均等に放射している点音源の場合、音の強さのレベルは、音源からの距離に反比例する。

6. 多孔質材料の吸音率は、一般に、高音域より低音域のほうが大きい。

7. 板状材料と剛壁の間に空気層を設けた吸音構造は、一般に、低音域よりも高音域の吸音に効果がある。

8. 室内騒音の許容値をNC値で示す場合、NC値が小さくなるほど許容される騒音レベルは低くなる。

9. 室内騒音の許容値は、「住宅の寝室」より「音楽ホール」のほうが大きい。

10. 日本工業規格（JIS）における床衝撃音遮断性能の等級Lrは、その数値が大きくなるほど床衝撃音の遮音性能が高くなる。

11. 音は表面に振動が生じることによって発生する。

12. 音波は空気の疎密波であって横波である。

13. 平面波は音源より発生した波である。

14. 気温が高くなると音の速度は遅くなる。

15. 車のクラクション等、高音は回り込みやすい。

16. 冬の夜間は夏の夜間より遠くまで音が聞こえる。

17. 音の三要素は音の高さ、音の大きさ、音色である。

18. 人間が知覚できる周波数は200〜20,000Hzの範囲である。

19. 音の強さのレベルの単位は〔phon〕である。

20. 音波の伝わる速度は空気中では常温で毎秒430mである。

21. 一般に大きい部屋は、小さい部屋より残響時間は短い。

22. 比重が大きく、密度の大きい材料は透過損失が小さい。

23. 気密性の高い窓は、外部騒音を防ぐのに有効である。

24. 吸音率は、同一材でも、厚さや施工方法によって異なる。

25. 騒音の不快音は、音の高低によって差がある。

26. 同じ厚さの壁であれば、鉄筋コンクリート壁のほうが軽量コンクリート壁より遮音性能が良い。

27. 壁に遮音材を多く用いると残響時間は長くなる。

28. 一般に吸音材と遮音材とは別種のものである。

29. 一般に低音よりも高音になるに従って透過損失が減少する。

30. ホテル・住宅の室内騒音の許容値は35〜40dBである。

【解答】

1.×残響時間とは、音源停止後、室内の音圧レベルが60dB低下するのに要する時間をいう。 2.○ 3.○ 4.×音の高さは波長の高さではなく、一定時間の波長数である。 5.×球面状に広がる音の強さは、音源からの距離の2乗に反比例するので、音源からの距離が2倍になると、音の強さは1/4なる。 6.×低音域より高温域のほうが大きい。 7.×板厚、支持状態、空気層の厚さなどで異なるが、低音域の共鳴周波数付近の吸音率は高く、中高音域の吸音率は低い。 8.○ 9.×騒音レベルによる室内騒音の許容値は、住宅の寝室より、音楽ホールのほうが小さい。 10.× Lr-50、Lr-40などと表示し、その数値が小さくなるほど床衝撃音の遮断性能は高くなる。 11.○ 12.×横波ではなく縦波である。 13.×音源より発生した波は球面波であり、音源よりある程度距離が離れると平面的に広がる平面波である。 14.×音速v〔m/s〕$= 331.5 + 0.6 \times t$（温度）により速くなる。 15.×高音は回り込みにくく、低音は回り込みやすい。 16.○音の屈折による。 17.○ 18.× 20〜20,000Hzである。 19.×音の強さのレベルは〔dB〕で、大きさのレベルが〔phon〕である。 20.×音の速度$C = 331.5 + 0.6t$〔m/s〕常温は15℃とすると340m/sになる。 21.×大きい部屋のほうが残響時間は長くなる。 22.×透過損失が大きい。すなわち遮音効果が良い。 23.○ 24.○ 25.○ 26.○ 27.○ 28.○ 29.×高音の方が透過損失が大きい。 30.○

6章

都市環境

都市の中の水空間（東京、浜離宮恩賜庭園）

　都市環境には環境の総合的な要素がすべて含まれている。大気汚染の空気環境のほか、熱環境は全世界が注目する分野である。また、高層ビルによる風害や集合住宅の騒音問題は新しい都市環境の問題点である。最近は水辺再生や都市緑化に対する積極的な姿勢が見られる。本章では今まで学んだ気候、熱、風、光、音環境が都市環境とどのような関係にあるかを述べる。さらに、都市の水と緑環境について学ぶ。

6-1 都市の空気環境

▶ 1 大気汚染

　大気汚染には、噴火噴煙による降灰、スギやヒノキ等による花粉、海塩粒子等の自然現象によるものと、工場排煙や自動車の排ガスによる人為的な原因によるものがある。人為的な大気汚染は、自動車や工場の煙に含まれる窒素酸化物（NO_x）、二酸化炭素（CO_2）、粒子状浮遊物質（SPM）などの汚染物質により空気が汚れることである。これらの諸物質は地球温暖化をはじめ、酸性雨、光化学スモッグ等の要因になる。

　大気汚染は我々の生活に直接関連する問題であり、具体的な対策を施すのは困難なものがある。発生するものはガス、エアロゾル、微粒子等である。図6.1は、都市大気汚染のイメージで、大気汚染物質の種類は表6.1に示す。大気汚染の大きい工場や運輸関係事業者に対しては、大気汚染防止法等で厳しく規制されている。一般家庭ではその排出量は遥かに少ないが、表6.2に示す努力が必要である。

▶ 2 酸性雨

　酸性雨とは、二酸化硫黄（SO_2）や窒素酸化物（NO_x）などを原因とする酸性物質が、雨・雪・霧などに溶け込み、自然界に存在する酸性度より強い酸性を示す現象である。酸性雨は、河川や湖沼、土壌を酸性化して生態系に悪影響を与え、コンクリートを溶かし、金属に錆を発生させる（表6.3）。

Column

オゾン層破壊とダイオキシンの環境問題

　オゾン層破壊は人工的に作り出された物質であるフロンが原因である。オゾン層は、太陽からの有害な紫外線を多く吸収し、地上の生態系を保護する役割を果たしているが、オゾン層破壊が進行すると地上の生態系は乱れる恐れがある。フロンは、地上付近では分解しにくく、大気の流れによって高度40km付近の成層圏（オゾン層）にまで達し、フロンは強い太陽紫外線を受けて分解し、塩素を発生することによってオゾンを次々に破壊する。かつてはエアコン、冷蔵庫、スプレーなどに多く使われ、大気中に大量に放出されていた。今はフロンはあまり使われてないが、オゾン層を破壊する物質として、消火剤に使われるハロンなどがある。

　ダイオキシンは廃棄物の処理の過程で生成される物質である。主な発生源は、ごみの焼却による燃焼であるが、その他に、製鋼用電気炉、たばこの煙、自動車排出ガスなど様々な発生源がある。また、森林火災、火山活動などでも発生する。大気中の粒子などに付着したダイオキシンは、地上に落ちてきて土壌や水を汚染し、様々な経路から長い年月の間に蓄積され、生態系に悪影響を与える。

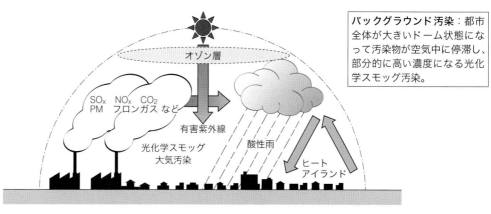

1 章　建築環境

2 章　熱環境

3 章　空気環境

4 章　光環境

5 章　音環境

6 章　都市環境

バックグラウンド汚染：都市全体が大きいドーム状態になって汚染物が空気中に停滞し、部分的に高い濃度になる光化学スモッグ汚染。

図 6.1　地球環境のイメージ

表 6.1　大気汚染物質の種類

主な大気汚染物質	記号	内容	環境問題	主たる発生源
二酸化窒素	NO_2	大気汚染の原因になる代表的な汚染物質	酸性雨の原因	ボイラや自動車等、燃焼時に一酸化窒素として排出、空気中で酸化して二酸化窒素になる
浮遊粒子状物質	SPM	空気中の浮遊物質	呼吸器系に有害	工場の煤煙や自動車の排ガスの人為的な原因のほか、火山や森林火災の自然原因により発生。
光化学オキシダント	O_x	太陽紫外線により化学変化で発生。光化学スモッグの原因	人体に悪影響。目や喉等に作用	車や工場で排出された窒素酸化物による。
二酸化硫黄	SO_2	燃料に含有の硫黄成分	鼻を刺激する臭い	石炭や石油などが燃焼して発生する大気汚染物質。四日市ぜんそくの原因。
一酸化炭素	CO	無味・無臭・無色・無刺激な汚染物質	500ppm で発症、1,500ppm で致死	通常は燃焼により二酸化炭素（CO_2）が発生するが、不完全燃焼のときに発生。

表 6.2　家庭でできる大気汚染防止手法の例

手法例	内容
照明・コンセントの省エネ	明るい室や、使用していない部屋の消灯と、使用しない機器類の電源を切る習慣付け。
待機電力の削減	待機電力[*1]を減らす習慣付け。電源付きの OA タップの使用がよい。
節水	節水器具の使用、カランの流し放し、洗濯や散水に風呂の水を二次利用する。
資源回収	再利用可能なプラスチック・缶・ビン、新聞紙・段ボール・古紙等、再利用できる物は、資源回収する。行政の協力が必要。
ゴミの減量	余計なものを買わない、食品ロスを減らす。
冷暖房適正温度の設定	室内温度設定を緩和する。夏期：27 〜 28℃・冬期：18 〜 20℃。（クールビズ・ウォームビズ）

*1　待機電力：テレビや AV 機器等、コンセントを入れたままでも電力消費がある。

表 6.3　酸性雨の影響

対象	影響
湖沼等	生息生物の減少、死滅。生態系の崩壊。
森林	森林が枯れ、土壌の汚染で砂漠化。生息生物も減少、死滅。通称「黒い森」と呼ばれる、立ち枯れの状態。
土壌	土壌が酸性化。栄養分が酸と反応・流出。栄養不足で植物の成長が止まり、収穫物が減少する被害。
地下水	地下飲用水の汚染。飲用で様々な病気の原因。
赤潮	大量の有害プランクトンが発生。海洋生物の減少、死滅。食用の魚介類が汚染され、様々な病気の原因。
水生生物	水生生物は生息困難な状態になり、産卵不能の状態になる。他に、異常な遺伝子構成で、奇形個体や雌雄同体等の異常生物が増加。
建築物	コンクリートや大理石の床、歴史建造物、屋外彫刻・銅像、銅等金属屋根へのダメージ。
人体	髪の色の変色。目・喉・鼻・皮膚への刺激。人体に蓄積され、各種病気の原因になる。

6-2 都市の熱環境

▶ 1 地球温暖化

　人間の生活、産業活動、運輸等の活発化に伴い、大気中に二酸化炭素、硫黄酸化物、メタンガス、オゾンガス、フロンガス、水蒸気等の**温室効果ガス**が放出される（**図6.2**）。温室効果ガスには水蒸気を除く、ガスの人為的な要因による増加が問題になっている。温室効果の原因になる物質の割合では、水蒸気が50〜60％で、二酸化炭素が25％前後である。水蒸気は、二酸化炭素の増加に伴う温暖化により海水などが蒸発して増加するもので、人為的な要因とはみなされない。

　それらを起因として近年、地球の平均気温が、全体的に急激に上昇している。この現象を、**地球温暖化**と称している。この地球規模の温度上昇により、海水、氷河の融解や、海水の温度膨張がみられ、海水面の上昇のみならず、気候メカニズムが乱れることによる異常気象の様相を呈している。このことにより、生活環境の変化はもとより、自然生態系に乱れがおこり、農業や水産業への影響が大きくなることが懸念されている。世界的気温上昇の推移を**図**

▶ 2 ヒートアイランド現象

　ヒートアイランドとは、都市の気温が周辺より高くなる現象をいう。都市部における生産活動、交通輸送、人間生活上の空調・照明等に起因する排熱のほか、表面が舗装、建築群により覆われているため、太陽熱が吸収され再放射されることが原因である。

　同時に、都市部は郊外地帯に比べ、緑化面積が少なく、蒸発潜熱による冷却依存が低いため気温が上がりやすい（**図6.4**）。

　都市地域の気温は郊外より3〜5℃ほど高いと報告されている。**表6.4**はヒートアイランドの原因と対策を示したものである。これらを建築設計に取り入れれば、その現象の減少化に寄与できよう（**1-1-3**参照）。

　都市における多量の**二酸化炭素**の発生は**ヒートアイランド現象の原因にはならない**。二酸化炭素は温室効果による温暖化が考えられるが、地球規模であるので都市部に限ったことではない。

　東京では、過去100年間の間に約3℃気温が上昇

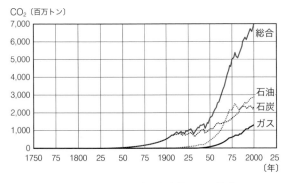

図6.2　主要燃料別世界の二酸化炭素排出量の推移（出典：気象庁の資料を参考に作成）

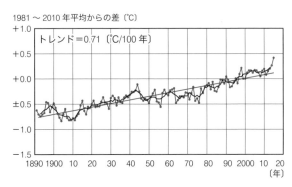

図6.3　世界の平均気温の上昇推移（出典：気象庁の資料を参考に作成）

した。中小規模の都市の平均気温上昇が約1℃であるのに比べて、大きな上昇である。これは、ヒートアイランド現象による影響も大きく、地球温暖化へ影響を与える。その他、人間の健康や生活、自然環境への影響、夏期は熱中症の増加や不快さの増大、冬期は感染症を媒介する生物の越冬が可能になることなどが問題視されている。

▶ 3　エルニーニョ・ラニーニャ現象

(1) エルニーニョ現象

　南米エクアドルからペルー沖等の、南太平洋の赤道付近から南米にかけて海水面温度が平常より高くなることをいう。エルニーニョ現象が発生すると、日本では冷夏になりやすい傾向がある。

(2) ラニーニャ現象

　エルニーニョ現象と逆に、南太平洋の赤道付近から南米にかけての海水面温度が平常より低くなることを指す。ラニーニャ現象が起こると東の風が強くなり、西側の海水面温度が上昇する。

　日本への影響は、猛暑と厳寒になる傾向がある。このようにエルニーニョ、ラニーニャ現象は地球上のいたるところに干ばつや洪水などの被害を及ぼす。

▶ 4　地球温暖化対策

(1) 太陽エネルギー使用

　古くから照明や暖房、農業などで利用されてきた太陽エネルギーは、太陽光が当たる場所ならばどこでも得られる。昔から明かりと熱に利用されてきたが、近年は地球温暖化対策の一環として、熱利用と共に発電用途での利用が増えている。太陽エネルギ

以上
60℃
50℃
40℃
30℃

20℃
以下

車道路面
表面温度

サーモグラフィーカメラからみる車道、車道路面表面温度：55〜67℃、外気温：33℃
（東京都市ヶ谷駅前、2018年7月31日13時ごろ測定）

図6.4　ヒートアイランド現象

表6.4　ヒートアイランド現象の要因と対策

要因		結果	対策
空調・給湯	増大	排熱増加	省エネ化、エネルギー消費の抑制等（地域冷暖房（DHC）へ依存）
照明	増大	照明発熱増加	LED等への換装
緑地面積	減少	蒸発潜熱の減少	緑化（地表・屋上・壁面）、地面保水化、緑地帯
建築材料	大熱容量	蓄熱の夜間放熱	熱容量の小さい建材の使用（熱容量：RC＞木造）
天空率	減少	放射冷却の低下	建材の放射率、建蔽率、容積率、隣棟間隔
日射	反射の多重化	吸収率増加	建材の放射率、建蔽率、容積率、隣棟間隔
建築群	凹凸増大	熱拡散・風速	通風効果、建蔽率、容積率、隣棟間隔
都市交通	増大	排ガス増加	ハイブリッド車、電気自動車、アイドリングストップ等

1章　建築環境
2章　熱環境
3章　空気環境
4章　光環境
5章　音環境
6章　都市環境

ーは、ソーラーエネルギー、ソーラーパワーなどとも呼ばれる（**図6.5**）。

（2）緑化対策

屋上や壁面を緑化することによって、日射の遮蔽、葉面や土壌表面からの蒸発散による表面温度の低下（冷却効果）、さらに土壌の断熱性能による省エネルギー効果が期待できる。また、植物の光合成により、温室効果ガスである二酸化炭素も吸収でき、**ヒートアイランド現象**緩和の有効な手法である（**図6.6**）。

（3）個人対策

地球温暖化対策は一人の努力でできることではなく、多くの人がやればやるほど効果が出るので個々人の認識が重要である。

例えば、プラスチックはごみ問題や地球温暖化の一因となっている。個人対策としてできることは、プラスチック製買物袋（レジ袋）を使用しないことである。また、ごみの分別や再利用も重要である。

二酸化炭素を減らすためには、公共交通機関を利用するとよい。短い距離はできるだけ歩くと、自分の健康を守ることができると同時に地球も健康になる。また、使われてない電化製品のコンセントは抜くことである。待機電力の電力消費を減らすことで電気代も節約できるし、地球温暖化対策にも貢献できる。

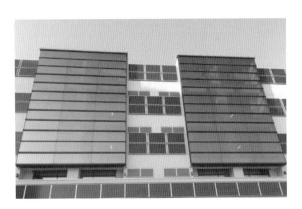

壁面ソーラーパネル

屋上緑化（東京、GINZA SIX）

室内から眺める壁面ソーラーパネル（法政大学小金井キャンパス）

図6.5　壁面ソーラーパネル

路面電車線路緑化（鹿児島）

図6.6　緑化対策

1章 建築環境

2章 熱環境

3章 空気環境

4章 光環境

5章 音環境

6章 都市環境

6-3 都市の光環境

▶ 1 日照阻害

（1）日照阻害

　ビルや高架構造物（高架道路や鉄道の高架橋）などの日影がもたらす環境悪化現象(公害)である。日光不足・冷えなどによる人・動物の健康への影響（ビタミンD欠乏症など）、照明・暖房費など光熱費の増大、太陽光発電の発電量低下・使用不能、農作物など植物の生育阻害などをもたらす。また、生活環境の悪化などが問題となる（図6.7 ～ 6.9）。

（2）日照権と日影規制

　日照権とは建築物の日当たりを確保する権利のことである。近隣にマンションなど高層の建築物が建てられ、日当たりが阻害されることが予想される場合に、仮処分申請や損害賠償訴訟を起こす根拠となる。

　建築基準法では日影規制の対象地域内に一定の建築物を建築する場合、条例で指定する一定時間以上の日影を敷地境界線から一定の距離を超える範囲に生じさせないように建築物の形態を規制している。また、都市の中では日照を確保するために北側斜線制限[*1]をすることによって日影規制をしている（図4.21 ～ 4.23（p.97 ～ 98）参照）。

図6.8　横浜のランドマークタワー

スカイツリーの日影

南側のビルの日影による北側の様子

図6.7　日影による日照阻害

図6.9　東西を走る高架道路（日本橋）
東西を走る高架鉄道や道路は、その北側の建築物にとっては無限に長い高層建築物であり、1日中日影になる影響を受ける。

＊1　北側斜線制限：建築物の高さは、真北方向の前面道路の反対側の境界線または真北方向の隣地境界の地上5mまたは10mの地点から水平距離に1.25を乗じた斜線内に収まるようにしなければならない。但し、その場所が第1種または第2種中高層住居専用地域で、条例による日影規制が定められている場合は適用されない。

▶ 2 天空率

　天空率は主に建築設計において、天空の占める立体角投射率のことをいう（**4-4-7**（p.114）参照）。ある地点からどれだけ天空が見込まれるかを示し、100％が「全方向に天空を望む」状態、0％が「天空

がすべて塞がれた状態」である。例えば海の沖で空を見ると 100％空が見える。これが天空率 100％であり、地下室で天井を見ると空が 100％見えないのは天空率 0％である。

　天空率は、魚眼レンズで天空を撮影した写真（全天空写真）と天空率算定図を重ね合わせて求める（**図6.11**）。天空率算定図の点 1 つが 0.1％であり、天空部分の点の数が 764 個ある場合、天空率は 76.4％になる（**図 6.12.a**）。

　建築学への環境工学的・心理学的なアプローチにおいても、空間の開放感や閉塞感を定量的にあらわす指標として天空率が用いられる（**図 6.10 〜 6.13**）。

▶ 3 光害とライトアップ

（1）光害

　光害は過剰または不要な光による公害のことであるが、都市では深刻である。光害の影響は、夜空が

図 6.10　市ヶ谷の外濠

全天空写真から空の面積を計算
（市ヶ谷の外濠）

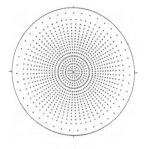

天空率算定図

図 6.11　天空率算定

a. 魚眼レンズで撮った天空写真
（市ヶ谷の外濠）
天空率 76.4％（著者算定による）

b. 魚眼レンズで撮った天空写真
（ソウル清渓川ビル街）
天空率 54.8％（著者算定による）

図 6.12　天空写真

図 6.13　天空写真（図 6.12b）の天空部分

明るくなり、星が見えにくくなってしまうことである。自然のままの夜空であれば、月明かりがない時には、肉眼でも星や天の川が見える。しかし、光害が進んだ地域では、天の川が全く見えないのはもちろん、肉眼で見ることのできる星も極めて限られてしまう。

また都市の中では、明るい街灯のそばで夜間も長時間光を浴び続ける街路樹には、紅葉の遅れなどの異常が起きることがある。**過剰な照明使用**や、人の生活圏外である空に向けて光が漏れることは、エネルギーの浪費である。このような光害は人間や動物、植物に影響を与えているが、特に人間の心理に害を及ぼすこともある。さらに、自然環境への影響も問題視されている。生物には日照時間を概日リズムや成長段階の調節に利用している例が多々あり、例えば植物では開花時期が日長によって調節されるが、

人工的な照明がこれらに影響を与える可能性を無視できない。

（2）ライトアップ

夜間に歴史的建造物、モニュメント、橋、タワー、樹木などに照明することで**夜間景観**を演出することをいう。街路灯などのように周囲を明るくするのではなく、対象物に効果的に光を当てることによって美しく浮かび上がらせることを目的としている。

都市空間の様々な場所でライトアップが施されると、その都市の魅力になる（**図6.14 〜 6.17**）。しかし、照明がエネルギーの浪費であることや、照明による景観の美化を過剰なものとして光害が疑問視される向きもある。

反対語は「ライトダウン」で、こちらは都市の照明を極力落として夜空の星などを楽しむことである。

図6.14　歴史的建造物のライトアップ（京橋、明治屋）

図6.15　樹木の照明、イルミネーション（東京三鷹駅）

図6.16　夜間景観を演出するライトアップ（小樽運河）

図6.17　ライトアップの建築化照明（ソウル D.D.P）

1章　建築環境

2章　熱環境

3章　空気環境

4章　光環境

5章　音環境

6章　都市環境

6-4 都市の風環境

▶ 1 風速と風向

都市部では高層ビル等の影響で地上に凹凸が生じ、風速と風向が変わることがある。東京の場合、年間を通じ**平均風速**は、ほぼ一定に見えるが、**最大風速**は**図6.18**に示すように、季節と地域によりバラつきがある。

東京の夏期の最多風向は、南・南南東（S/SSE）であり、冬期は北北西（NNW）である。一方、気象で使用される風力は、風の持つエネルギーのことで、

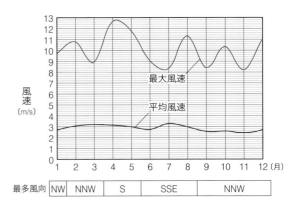

| 最多風向 | NW | NNW | S | SSE | NNW |

図 6.18　東京の月間風向と風速

表 6.5　ビューフォート風力階級表

風力階級	表現	風速		状態・目安	
		〔m/s〕	〔kt〕ノット	地表物の状態	海上の状態
0	平穏・静穏 (Calm)	0.0–0.2	0	静穏。煙はまっすぐに昇る。	水面は鏡のように穏やか。
1	至軽風 (Light air)	0.3–1.5	1–3	風向きは煙がなびくのでわかるが、風見鶏には感じない。	うろこのようなさざ波が立つ。
2	軽風 (Light breeze)	1.6–3.3	4–6	顔に風を感じる。木の葉が動く。風見鶏も動きだす。	はっきりしたさざ波が立つ。
3	軟風 (Gentle breeze)	3.4–5.4	7–10	木の葉や細かい小枝がたえず動く。軽い旗が開く。	波頭が砕ける。白波が現れ始める。
4	和風 (Moderate breeze)	5.5–7.9	11–16	砂埃が立ち、紙片が舞い上がる。小枝が動く。	小さな波が立つ。白波が増える。
5	疾風 (Fresh breeze)	8.0–10.7	17–21	葉のある灌木がゆれはじめる。池や沼の水面に波頭が立つ。	水面に波頭が立つ。
6	雄風 (Strong breeze)	10.8–13.8	22–27	大枝が動く。電線が鳴る。傘はさしにくい。	白く泡立った波頭が広がる。
7	強風 (High wind)	13.9–17.1	28–33	樹木全体がゆれる。風に向かっては歩きにくい。	波頭が砕けて白い泡が風に吹き流される。
8	疾強風 (Gale / Fresh gale)	17.2–20.7	34–40	小枝が折れる。風に向かっては歩けない。	大波のやや小さいもの。波頭が砕けて水煙となり、泡は筋を引いて吹き流される。
9	大強風 (Strong gale)	20.8–24.4	41–47	人家にわずかの損害が起こる。	大波。泡が筋を引く。波頭が崩れて逆巻き始める。
10	全強風・暴風 (Storm)	24.5–28.4	48–55	陸地の内部ではめずらしい。樹木が根こそぎになる。人家に大損害が起こる。	のしかかるような大波。白い泡が筋を引いて海面は白く見え、波は激しく崩れて視界が悪くなる。
11	暴風・烈風 (Violent storm)	28.5–32.6	56–63	めったに起こらない広い範囲の破壊を伴う。	山のような大波。海面は白い泡ですっかり覆われる。波頭は風に吹き飛ばされて水煙となり、視界は悪くなる。
12	颶風 (Hurricane)	＞32.7	＞64	被害が更に甚大になる。	大気は泡としぶきに満たされ、海面は完全に白くなる。視界は非常に悪くなる。

（出典：気象庁 HP、日本建築学会編『建築設計資料集成 1. 環境』丸善、1978、p.224 を参考に作成）

178

表 6.5 に示すように 13 段階の強さで表される。

▶ 2　ビル風

(1) 風速増加率

ビル風とは高層ビル近くで吹く強風をいう。風速増加率は、ビル風の影響を受ける。ビル風は、高層建築物の建設により、周囲の風環境が変化して、強風や大きな空気の乱れが生ずる現象である。この高層建築物の建設により、地上風速が建設する前に比べ、どれだけ増加するかを示したものを、風速増加率：W_iという。

$$風速増加率\ W_i = \frac{建設後の地上風速〔m/s〕}{建設前の地上風速〔m/s〕}$$

で表される。

通常、高層建築物を建設した場合、周囲に既設建築物がなければ、風速増加率は小さくなる。周囲に低い建築物がある場合は、もともと風速環境が弱いため、大きくなる傾向がある。高層建築物によるビル風は風害と呼ばれる。風害を防止するためには、多発する風向に対して、受風面を小さく計画するとよい。すなわち**図 6.19** のように見付面積を小さく

抑える。このように、建物の受風面方位や周囲環境によって、風速の倍加領域は変動する。

一方、2 棟間の距離が狭い場合は、風害の範囲は狭まるが、風速増加率は大きくなる。逆に、広い場合は、風害影響領域は大きくなるが、風速増加率は小さい（**図 6.20**）。

(2) ビル風の分岐点

高層ビルに風が当たると空気が上下、左右に分かれるが、集中的に風が当たるところを**分岐点**といい、建物の高さの 60 ～ 70 ％の部分をいう。特に左右に分かれた風がビルの側面を回り込む際に、建物の側面を上方から下方に斜めに向かう速い流れをつくり、地上付近に局部的に強風を発生させる（**図 6.21**）。

(3) ビル風の種類

①剥離流

風は建物に当たると、壁面に沿って流れていくが、建物の隅角部までくると、それ以上壁面に沿って流れることができなくなり、建物から剥がれて流れ去っていく。この建物隅角部から剥がれた風はその周

1 章　建築環境

2 章　熱環境

3 章　空気環境

4 章　光環境

5 章　音環境

6 章　都市環境

図 6.19　建物における受風面と強風領域

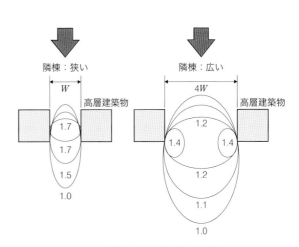

図 6.20　建物の配置間隔と風速増加率

風の分岐点を利用した高層建築物
（東京ベイコートクラブ）

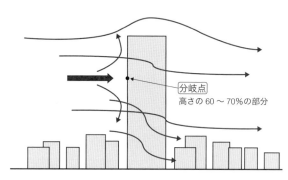

分岐点
高さの 60 〜 70％の部分

図 6.21　高層建築における風の分岐点

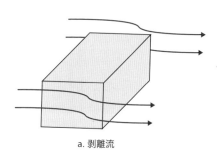

a. 剥離流

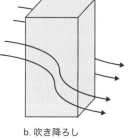

b. 吹き降ろし

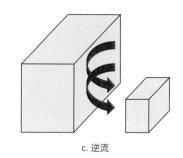

c. 逆流

図 6.22　ビル風の例

囲の風よりも速い流速を持つ。これが剥離流と呼ばれるものである（図6.22.a）。

②吹き降ろし

　分岐点で上下、左右に分かれた風は、建物の背後に生じた低い圧力領域に吸い込まれるため、建物の側面を上方から下方に斜めに向かう速い流れとなる。これが吹き降ろしである。吹き降ろしの現象は建物が高層であるほど顕著であり、それだけ上空の速い風を地上に引きずり降ろすことになる。高層建物の足下付近では、吹き降ろしと剥離流が一緒になるため、非常に速い風が吹くことになる（図6.22.b）。

③逆流

　分岐点より下方に向かう風は、壁面に沿って下降し（下降流）、地面に到達すると、一部分は小さな渦をつくりながら左右に流れ去っていくが、一部分は地面に沿って上空の風とは反対の方向に向かう。この流れを逆流と呼ぶ。特に、高層建物の前面に低層建物があるような場合は、ますます速い流れとなる（図6.22.c）。

④谷間風

　高層建物が2棟以上の場合には、速い風が建物の間に生じることがある。これは、それぞれの建物からの剥離流、吹き降ろしが重ね合わさったために生じる現象で、谷間風と呼ばれる。

⑤開口部風

　建物の下層部分にピロティーのような開口部が設けられていると、建物の風上側と風下側が1つに結ばれることになる。このため、この部分は風が吹き抜けやすくなり、迷い風が吹く。これを開口部風またはピロティー風とも呼ぶ。

⑥街路風

　市街地の風は街路や路地に沿って吹こうとする。家並みや建物が規則正しく配置されていればいるほど、また、道路が広ければ広いほど風は街路に沿っ

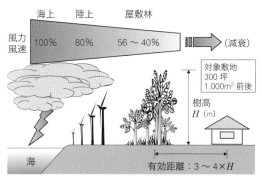

図 6.23　風の減衰

図 6.24　防風柵（新潟県柏崎）

て吹き抜けやすくなる。このため、高層建物からの剥離流や吹き降ろしも街路に沿って吹く現象が生じる。このような風を街路風や道路風と呼ぶ。

⑦渦領域

建物の背後は風速が弱く、また風向がはっきりしない部分となる。この部分は大小様々な渦が生じるが、この領域を渦領域またはウェイクと呼ぶ。

⑧吹き上げ

吹き上げは建物の風下隅角部付近で、紙くずなどがくるくる舞いながら上空へと飛散してゆく現象で、気流現象により生じるものである。

▶ 3　風害対策

ビル風対策から風害予測調査では**風洞実験**、コンピューターシミュレーションなどが行われる。風害対策としては植栽（防風植栽）、フェンス、建物の隅切り、セットバック、低層部を設ける、建物の中層部の中空化、建物の周辺に回廊を設けるなどがある。植栽をした場合、約50％の風の減衰が可能になる（図 6.23）。風害対策は、防風林や防風石垣などその地域の特徴を活かした手法があり、今に伝えられている（図 6.24 〜 6.27）。

図 6.25　防風林（福岡県西浦）

図 6.26　防風石垣（沖縄県竹富島）

図 6.27　防風石垣（韓国済州島）

1章　建築環境

2章　熱環境

3章　空気環境

4章　光環境

5章　音環境

6章　都市環境

6-5 都市の音環境

市街地での音は我々の生活に影響を与える。騒音に絶え間なく晒（さら）されることは物理的・心理的な健康、および学習とコミュニケーションの能力に影響を及ぼす。

▶ 1 近隣騒音問題の現状と背景

騒音には、自動車などの交通騒音、カラオケなどの営業騒音、拡声器放送の騒音、家庭のピアノ、エアコン、ペット等の生活騒音などがある。

この背景としては、飲食店等の都市住民へのサービス施設が住宅地の近くに数多く立地し、消費生活の高度化、多様化に伴って、ピアノ、ステレオ、エアコンのような家庭で使用される音響機器や電化製品等が広範に普及してきたことがあげられる。また、都市規模が大きくなるほど、一般に居住密度が高く、共同住宅に居住する割合も高くなっているが、このような環境の中でお互いに迷惑をかけないように生活するという社会慣習が十分に成熟していないこと

もあげられる。

音は「サウンドメディスン」「音のくすり」といわれるほど、心身への効能は計り知れない可能性を秘めており、今後はますます、現代医学や代替医療の分野での相関的な研究と実践が展開されると予測される。

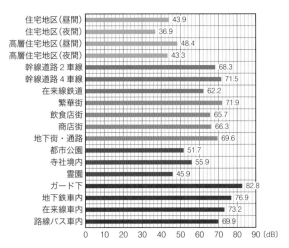

図 6.28　都市環境騒音の目安（出典：東京都環境局の資料を参考に作成）

表 6.6　東京都騒音防止条例（抄）一覧表

区域の区分		時間の区分			
	地域	朝 6時〜8時	昼間 8時〜19時	夕 19時〜23時	夜間 23時〜6時
第1種区域	・第1種低層住居専用地域 ・第2種低層住居専用地域	40dB	45dB	40dB	40dB
第2種区域	・第1種中高層住居専用地域 ・第2種中高層住居専用地域 ・第1種住居地域 ・第2種住居地域 ・準住居地域	50dB	45dB	45dB	45dB
第3種区域	・近隣商業地域（第1特別地域を除く） ・商業地域（第1特別地域を除く） ・準工業地域（第1特別地域を除く）	55dB	60dB	55dB	50dB
第4種区域	・工業地域（第1、第2特別地域を除く）	60dB	70dB	60dB	55dB

ただし、第2種区域、第3種区域又は第4種区域の区域内に所在する学校（幼稚園を含む）、保育所、病院、診療所（患者の収容施設を有するものに限る）、図書館、特別養護老人ホームの敷地の周囲おおむね50mの区域内（第1特別地域、第2特別地域を除く）における規制基準は、当該値から5dBを減じた値を適用する。

（出典：東京都環境局）

1章 建築環境

2章 熱環境

3章 空気環境

4章 光環境

5章 音環境

6章 都市環境

図6.28で示す数値は都市の騒音の一般的な目安であるが、これを大きく上回ると、騒音トラブルに発展することが多いので、留意しなければならない。行政では、**表6.6**のように、各地域別、時間帯ごとに許容値が決められている。

▶ 2　都市空間の音の創造

　都市の中では騒音問題を解決するためには音を発生する人々の注意が第一であるが、都市インフラや建築計画の役割は大きい。例えば高速道路を撤去し、川に再生したソウル清渓川は、地上の車路の騒音は約70〜75dBであるが、川岸では60〜65dBになっている。同じ都市空間の中でも川辺が、約10dB低くなっていることは、騒音解決に有効な手法である（**図6.29、6.30**）。

　また、**音のマスキング**（**5-1-8**（p.148）参照）を利用すると効果的である。**図6.30**から1ポイントは川岸の方が地上より騒音が高く、13ポイントは地上とほぼ同じである。その理由は1ポイントでは人工滝が、13ポイントでは噴水がある。このポイントは出発点と出入り口があり、人が多く集まる場所である。ここで発生する騒音を水の音でマスキングしたわけである。

　日本の伝統的な音を創造するものには、風を利用して音を出す風鈴と、水を使って音を出す鹿おどしがある（**図6.31**）。風鈴は猛暑の夏に音で冷感を感じる避暑の道具であり、鹿おどしは田畑を荒らす鳥獣を音でおどし、追い払うための道具である。このような歴史的な文化の道具が音環境の創造の大きなヒントにもなる。都市インフラでは音による場の創造は**サウンドスケープ**といわれ、音環境の創造原理として提案されている。

図6.29　ソウル清渓川の音環境

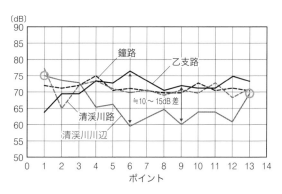

図6.30　清渓川の騒音測定 (著者の実測による)

a. 風鈴

b. 鹿おどし（東京都奥多摩）

図6.31　日本の伝統的な音の創造道具

都市の水環境

▶ 1 水質汚濁と生活雑排水問題

(1) 水質汚濁

高度成長期、日本の大都市圏や工業都市では、人口が著しく集中し、都市内の中小河川や都市貫流河川において水質汚濁が進行し、一部には悪臭さえ放つ状況がみられた。その後、工場排水の規制が強化され、下水道整備が進んだこと等から、水質の汚濁は一時の深刻な状況は脱したものの、その他の主要河川と比較して依然高い水準にある。

一方、大都市圏周辺都市や地方都市では、低密度、拡散的な市街化の形成を伴いつつ人口が増加しているが、これに対し下水道整備が立ち遅れている地域もみられる。加えて、生活様式が都市化し、生活排水が増加していること等から、河川、湖沼の汚濁が進み、利水、景観等に障害が生じている。

湖沼は水の交換が少なく、汚濁物質が蓄積しやすい自然特性を持っているが、市街地化の進行によって水質汚濁が進んだ面もある。

(2) 生活雑排水問題

下水道が未整備の地域では、河川や側溝等へ生活雑排水が無処理のまま放流され、河川や湖沼の汚濁の原因のひとつとなっており、この対策としては、下水道の整備を図ることが第一に求められている。

東京都調布市の市街地を貫流する野川では、1930年代以降の急速な都市化の進展に伴い、水質は悪化の一途をたどり、46年には、BOD値[*1]で43ppmを記録し、死の川と化した。しかし、1947年に公共下水道の供用を開始して以来、下水道の整備に伴って水質は次第に改善した。

下水道の整備に当たっては、汚濁の著しい湖沼の周辺について重点的に行うなど、地域の特性に応じた取組みが重要である。

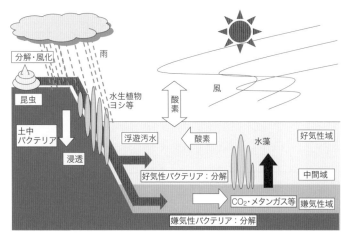

死の川と呼ばれていた野川は、下水道の整備によりきれいな水が流れるようになった

図 6.32　自然浄化のメカニズム

＊1　BOD（Biochemical Oxygen Demand：生物化学的酸素要求量）：最も一般的な水質指標のひとつであり、水質を数値で判断し、汚染の規制がされる。水道 1 級 1mg/ℓ 以下（1ppm）、水道 2 級 2mg/ℓ 以下、工業用水 1 級 5mg/ℓ 以下、工業用水 3 級 10mg/ℓ 以下である。

1章　建築環境

2章　熱環境

3章　空気環境

4章　光環境

5章　音環境

6章　都市環境

また、大都市圏周辺都市および地方都市では低密度、拡散的な市街地が形成されつつあるという現状を踏まえ、図6.32のように自然浄化機能の活用も考慮しつつ、地域の特性に応じた各種生活排水処理施設の整備を的確に組み合わせていく必要がある。これに加え、一般家庭においても、水質保全に対して高い関心を持ち、身近なところから水質保全のために努力することが重要である。

▶ 2　水道水源の水質保全

安全で良質な飲料水を供給していくためには、良質な水源の確保と適切な管理が必須であり、このためには、河川、湖沼、地下水等の水道水源の水質保全がきわめて重要である。

諸外国で水源が海水や塩湖等、塩分濃度の含有量が高い水質の場合や、どう処理しても飲用に不適の場合は、水を蒸留したり、逆浸透膜（RO膜[*1]やUF膜[*2]）等の利用により飲用水を得なければならない。

図6.33　東京都の水源、多摩湖

図6.34　多摩湖から送水された水の浄水場（武蔵野市）

図6.35　自転車道路（武蔵野市）
地下には多摩湖から武蔵野浄水場まで送水管があり、その上に自転車道路を設けた。

図6.36　玉川上水（小金井市）　江戸時代の上水

＊1　RO膜（Reverse Osmosis Membrane）：逆浸透ミクロ化技術。あらゆる動植物の栄養分の吸収や老廃物の排泄の仕組みである細胞膜の浸透圧原理を応用して考えられた「分離濾過技術」である。
＊2　UF膜（Ultra Filtration Membrane）：ろ過膜の一種で、英語の頭文字からUF膜とも、直訳して超ろ過膜とも呼ばれる。孔径は概ね0.01〜0.001μmで、阻止率90％に相当する分子量から表したものであり、分離は物理的なろ過よりも、溶質分子量の大きさに対する「分子ふるい」効果に基づく。

東京の水道水源は多摩川、利根川、那珂川、荒川、相模川水系である。その中で多摩川水源は歴史が古く、江戸時代から人工的に玉川が造られ上水や農業水として使われた。近代になってからも水道が造られて現在に至っている（図6.33〜6.36）。

▶ 3 　雨水利用

雨水利用の主目的は、敷地外への雨水排水の流出を抑制することと、貯留した雨水を便所の洗浄水や雑用水に利用することである。

日本は降水量の多い国であるが、山間部と海が近いため、降った雨がすぐに海に流れ出てしまい、利用率が低い。また、雨水が得られる量は、各地域によって幅がある。東京、札幌、那覇の月平均降雨量を図6.37に記す。

効果的な雨水利用方法は屋根だけではなく、外壁、庇、ベランダなどから雨水を集め貯水槽に貯め、濾過装置で処理し、散水、洗車、便所洗浄水、防火用水、冷却塔補給水等の生活用水に使用する。このように水道水を使わずに雨どいから集めた雨水を利用すれば、水道料金と下水道料金の節約にもなる。

自治体でも雨水貯留タンクの設置により雨水利用に対して補助金制度を設けているところがある。雨水利用の系統例を図6.38に記しているが、利用できる雨水が不足する場合に備えて、上水等、他の水源からの補給水を考慮しなくてはならない。

ただ問題は、一般建築物の場合、得られる雨水量に比べ、消費される雑用水量が、基本的に上回ることと、得られる時期にバラつきがあるということである。

雨水利用は経済性の観点よりも、都市の貴重な水資源や環境における水循環の要として、今後は一般

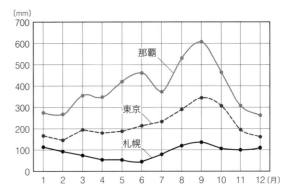

図6.37　各都市の年間月平均降雨量
（出典：国立天文台『理科年表』丸善を参考に作成）

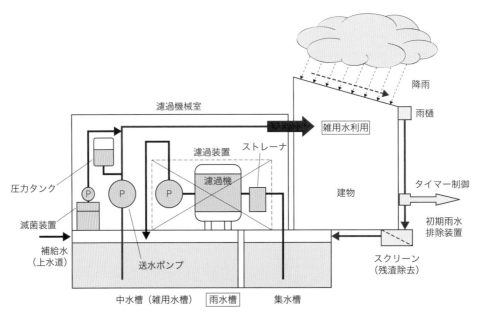

図6.38　雨水利用システムの例

住宅向けの簡易処理による雨水再利用や、酸性雨対策、非常用飲用水源など、さらに多様な展開が期待されている（図6.39、6.40）。

▶4 都市の親水空間

都市化の進行は、水質汚濁だけでなく、用水使用量の増大を通じて、河川水量を減少させている。また、都市内の中小河川では、防災上の理由などからコンクリート護岸や暗渠化が進んでいるため、水辺の自然が喪失し、人々の水辺とのふれあいの機会も減少してきている。

親水とは、水や川に触れることで親しみを深めることである。古来、河川の氾濫は人々に大きな被害をもたらしてきたため、治水が行政にとって重要な課題であった。しかし近年、環境問題がクローズアップされ、河川においても、治水の他に親水が重視されるようになった。

治水のためにコンクリート護岸になってしまった川を、自然護岸あるいはそれに近い状態に戻して人々と川との間の垣根を低くすることで、川への親しみを取り戻し、水質汚濁を防ぎ生物にやさしい川を取り戻したいという市民の欲求が高まってきた。

各地に「水に親しむ」ことを目的とした親水公園がつくられている。親水空間や水辺空間は、川や海など自然の恩恵であったり、涼しさや快適さを演出するため人為的につくられるもので、古今東西の建築空間や都市風景に様々に見出される。かつて高度成長期、水辺を埋め立てて効率優先の土地利用に与した開発からは時代が変わり、環境や景観というテーマを背景に、人が水辺に関わるアプローチが見られるようになった（図6.41、6.42）。

図6.39　雨水利用（二子玉川ライズ）

図6.40　ドラム缶雨水タンク（沖縄県竹富島）

図6.41　親水空間（京都鴨川）

図6.42　水辺空間（市ヶ谷外濠）

1章　建築環境

2章　熱環境

3章　空気環境

4章　光環境

5章　音環境

6章　都市環境

▶ 5 水の効果

(1) マイナスイオン

　物質を形成する原子・分子は、その中央にある原子核の陽子（＋）と、その周囲を回る電子（−）で構成される。陽子と電子は、その数が同じで、全体では（＋）になった原子・分子が「プラスイオン」で、（−）になれば「マイナスイオン」である。自然の大気中では、なんらかの要因でイオンが生成されている。基本的にはプラスイオンとマイナスイオンは同数であるが、実測では**図 6.43**、**6.44**のように、水辺や郊外の清廉な場所でマイナスイオンは多く生成され、都市部や居室内等、空気の比較的汚いとされるような場所ではマイナスイオンの量は少なく、プラスイオンのほうが多く形成される傾向がある。

図 6.43　マイナスイオンが多い噴水（岩国市、吉香公園）

　マイナスイオンは、「水」の流れ落ちるところで多く形成される。これは、水が急激に微粒化されると、大きい水粒子は正に帯電して落下し、小さい水粒子は負に帯電して周りの空気をマイナスに帯電させるために起こる現象で、レナード効果という。

(2) マイナスイオンの効果

　マイナスイオンの効能として、環境に作用するもの、人体に作用するものが、近年報告されている。マイナスイオンは**表 6.7**のように、都市空間における空気浄化、脱臭、除菌、清涼感を与える**環境的効果**や水景にも実益を有するものである。

　マイナスイオンの医療・保健的効果は、未開発の部分もあり、今後の研究が待たれる。

表 6.7　マイナスイオンの効果

効果	作用	備考
環境的効果	空気浄化	噴水等、循環水を使用する水景には、レジオネラ菌感染に注意が必要である。
	脱臭	
	除菌	
	清涼感	
保健的効果	鎮静・催眠	その他、精神安定・体質改善・血液浄化・新陳代謝・抵抗力増進・胃腸消化促進・自律神経調整作用等の効能があるといわれている。
	血圧降下	
	疲労防止・疲労回復	
	食欲増進	
	爽快感	
	脈拍安定	
	制汗	

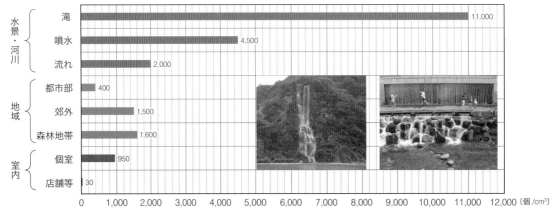

図 6.44　水の効果、マイナスイオンの平均値 （著者実測）

1章 建築環境

2章 熱環境

3章 空気環境

4章 光環境

5章 音環境

6章 都市環境

6-7 都市の緑環境

▶1 緑化効果

緑化を推進することによって、日射の遮蔽、葉面や土壌表面からの蒸発散による表面温度の低下（冷却効果）、さらに土壌の断熱作用による、省エネルギー効果が期待できる。また、植物の光合成により、温熱効果ガスである**二酸化炭素の吸収**効果もあり、**ヒートアイランド現象緩和**の有効な手法とされる（**表** 6.8）。

▶2 気候調整

植物が不利益な微気象を変え、人間にとってより快適な住みやすい環境をつくることは知られている。緑陰樹、防風林、防雪樹などは気候調節のために使用される植栽の例である。

(1) 気温や湿度の調節

市街地付近の緑地などでは、暑い夏などには、森林が太陽の光をさえぎり、木陰をつくることで、涼

表 6.8　緑化の効果

緑化効果			内容・解説
直接的効果	環境の改善	物理的環境改善	夏期、室温の上昇抑制
			騒音の低減
		生理・心理効果	見た目の豊かさ、安らぎ感の向上
			身近な情操・環境教育の場の創出
		防火・防災	火災延焼防止
			火災からの建築物保護
	経済的効果	建築物の保護	酸性雨や紫外線による防水層などの劣化防止
			建物の膨張・収縮による劣化の軽減
		省エネルギー	夏期の断熱、冬期の保温（特に最上階）
			夏期日射の遮蔽（日射面）
		宣伝・集客	ビルの修景
			屋上の活用、アクティビティ
		未利用スペースの利用・活用	従業員等の厚生施設
			地域住民への公開
社会的効果	都市環境改善	環境負荷低減	都市気象の改善（ヒートアイランド現象の緩和、過剰乾燥の防止）
			省エネルギーの推進（エアコンにかかる電力の低減等）
			空気の浄化（CO_2、NO_x、SO_x の吸着等）、雨水流出の遅延・緩和
		自然共生型の都市づくり	都市内への自然的環境の創出
			都市の快適性の向上（うるおい、安らぎ感の創出）
		資源循環型の都市づくり	リサイクル資材の有効利用（下水汚泥、廃コンクリート、廃発泡スチロール等）
熱環境の改善効果	屋上を緑化することにより、緑化土壌の断熱作用や、植物自体が日射を遮ることによる屋内の温度上昇抑制や省エネ効果だけでなく、植物の蒸散作用によって屋外空間の温度上昇を緩和する効果も期待できる。つまり、室内環境の改善や経済的な効果以外に快適な屋上空間の創造、都市全体の環境改善効果など、様々な効果をもたらす。		

しく快適な環境をつくってくれる。

　また、樹木は根から吸い上げた水を葉から蒸散させて太陽の熱を吸収し、気温と湿度の上昇を緩和する（図6.45）。落葉樹は夏に熱い太陽を遮り、冬には葉が落ちて暖かい日射熱が通るため、パッシブ手法の温熱環境に有利である。

（2）風、雪、雨などの緩和

　植栽が風を防ぐ機能として、海に面した沿岸部の防風林はよく知られている。海沿いの地域だけでなく、都市の植栽も、風が上昇してできる「気流の壁」として重要である（図6.46）。植栽は、大雨の時は洪水を防ぎ、みぞれやあられも緩和してくれる機能を持つ。また、スキー場の場合、冬期の常緑樹はその北側の融雪を遅らせれるために利用される。

（3）空気の浄化

　樹木は光合成によって二酸化炭素を吸収し、炭素を樹木内に蓄積する。人、車、住宅の二酸化炭素排出量に対する、樹木による二酸化炭素の吸水量を図

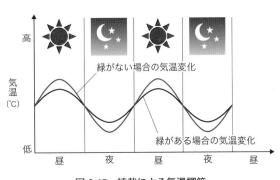

図6.45　植栽による気温調節

図6.46　植栽による風の緩慢と空気の浄化（東京、木場公園）

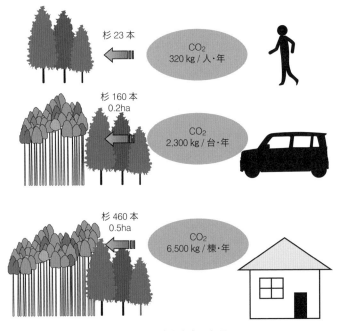

図6.47　植栽による空気の浄化、杉の二酸化炭素吸収量 （出典：環境省のデータを参考に作成）

6.47 に示す。さらに、森林は落ち葉などを通して、土壌中にも大量の炭素を貯留する。

このほか自動車や工場からの排気に含まれる塵などは空気中に放出され、大気が汚れ、わたしたちの健康に影響する。植栽は空気中の塵などを葉や幹に吸着させ、雨水とともに地面に落とし、汚れた空気を浄化し、わたしたちの健康を守ってくれる。まるで**天然の空気清浄機**のフィルターのようである。自動車の交通量が多い道路沿いで、樹林の葉の汚れをみると、いかに樹木が空気の汚れを吸着しているかがわかる。

▶ 3 都市緑化

(1) グリーンインフラ (GI)

自然が有する防災や水質浄化などの力を積極的に利用して、施設整備や土地利用を進める手法をグリーンインフラストラクチャーと呼ぶ。例えば、道路や橋、屋上の緑化、遊水機能を備えた公園、河川の多目的利用など、**環境配慮型の社会基盤整備**がグリーンインフラと捉えられる（**図 6.48、6.49**）。

グリーンインフラを従来インフラの補足手段や代替手段として用いることで、地域の魅力向上や活性化、低コストのインフラ維持管理、生物多様性の保全、防災・減災効果などを得ることが可能となる。つまり、グリーンインフラは、自然環境、地域経済、コミュニティにとって有益な新しい社会基盤である。

グリーンインフラを構成する要素は「水」「緑」「生き物」によって成り立っており、林地、草地、荒地、河川、湖沼、湿地、海岸、農地、公園、庭園、街路樹、屋上緑化など生態系と関連する全ての空間が関わっている。

図 6.48　郊外グリーンインフラの例：河川の多目的利用（東京江戸川）

図 6.49　都心グリーンインフラの例：環境配慮型の都市再生（ソウル清渓川）

緑化屋根（三鷹）

屋上緑化（六甲の集合住宅：安藤忠雄設計）

屋上緑化（ソウル、技文堂社屋）

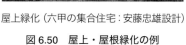

図 6.50　屋上・屋根緑化の例

1章 建築環境
2章 熱環境
3章 空気環境
4章 光環境
5章 音環境
6章 都市環境

（2）屋上緑化

　屋上緑化は、建物では最上階の熱負荷除去に有効である。施工上で留意すべき点は、植物根による防水破損等、防水面が受けるダメージからの防護である。また屋上緑化を、施工途上に実施する場合や、既存の建物に施工する時は、前述の防水への配慮の他、植物育成に芝生で20cm、高木植栽なら1m以上、低木でも最低30cmは土壌層を確保する必要があるので、構造上のチェックを必要とする（図6.50）。

　最近は、軽量土壌の開発により、ひと昔前と比べ、

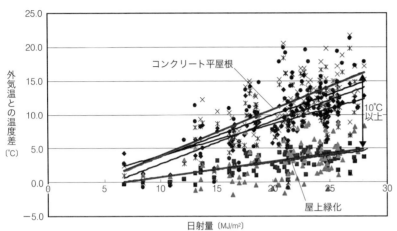

図6.51　屋上緑化の実験データ100日間の散布図（沖縄県糸満市）
日射量が多ければ多いほど屋上緑化の遮熱効果は増す。コンクリートの屋根表面温度と屋上緑化の室内温度差は最大約10℃である。
（14時の室内温度、著者研究による）

図6.52　屋上緑化の実験の様子（沖縄県糸満市）

京橋の商業ビル（東京）　　　　近畿大学（大阪）　　　　ソウル市庁舎

図6.53　壁面緑化の例

屋上緑化の施工がかなり容易になっているが、植物は生き物なので、周到なメンテナンスが必要である。それと、"樹木（植物）は必ず成長するもの"との認識が重要である。設計者は、建物構造や構法の状況をよく把握して、さらに植物の成長過程をイメージしながら植栽計画をしなければならない。

屋上緑化は、建物の**温熱環境改善**と**地球環境改善**に寄与するといえる。実験により日射量が多い沖縄地域で、屋上緑化をした建物の室内気温がコンクリートの平屋根より4～6℃低くなることがわかった（図 6.51、6.52）。

（3）壁面緑化

壁面緑化は、屋上緑化と同等の効果をもたらす（図 6.53）。ゴーヤカーテン等に代表される、夏期における日射面への壁面緑化、特にガラス面の緑化は、外部からの日射遮蔽効果が大きい。一般ビルでの夏期における空調負荷の 20 ～ 30%が窓面からの熱取得といわれることから、その**省エネ効果**が期待できる。

1章 建築環境

2章 熱環境

3章 空気環境

4章 光環境

5章 音環境

6章 都市環境

Column

約 100 年前の上水施設と自転車歩行者道路

東京市の人口増加に対応した水源確保のため、村山貯水池がつくられた。ここから境浄水場へ導水して浄水処理を行い、市内へ給水する目的で、1916 年から 1927 年まで 10 年がかりで建設された人造湖である。この水道管の上には約 11km に及ぶサイクリングロードが整備されている。2014 年からは元の自転車道に幅員 4m の遊歩道の整備が進められ、北側を自転車、南側を歩行者に区分した上で、全体に歩行者優先とされている。沿線には大小の公園などがあり、地域住民も含め歩行者が非常に多い。多数ある一般道との交差点には車止めが設置されている。この送水道と自転車歩行者道路は都市と町をつなぎ、自然と人々を結ぶいわゆる**グリーンインフラ**の「水の道」であり、水の文化と歴史を今に伝えている。

自転車専用道路。植栽の左側は遊歩道

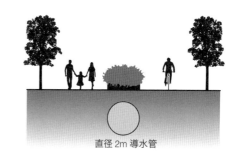

上水施設と自転車歩行者道路の断面

直径 2m 導水管

Column

ごみの山から自然の公園へ、バイオマス燃料の活用

　韓国ソウルの漢江の西側には高さ約100mの頂上が長い山が2つ並んでいる。不自然な形状であるが、実はここはごみ廃棄場であった。昔は自然豊かな平野の島であったが、ごみの廃棄場所に指定されてからは大量のごみで埋め尽くされた。そのごみの量は「ピラミッドの33倍に及ぶ」と例えられるほどで、文字通り「ごみの山」だ。そして1993年には、遂に、ごみが収容限界量に達したため閉鎖された。しかし、ソウル市がその場所に自然公園の造成計画を打ち立て、荒廃していた土地を美しい自然あふれる公園に再生した。

　この公園の地下に埋められているごみから発生したメタンガスを処理して、周辺地域のワールドカップ競技場と集合住宅に天然ガス燃料として供給している。ごみ山から生まれ変わった公園は、自然のエネルギーを利用する、まさに新エコロジー・スタイルの空間といえる。

ゴミ山から自然公園へ　　　　　　　　　　メタンガス処理場

1章 建築環境

2章 熱環境

3章 空気環境

4章 光環境

5章 音環境

6章 都市環境

【第6章　○×問題】

1. 都市の気温が周辺地域に比べて高くて、温度分布図を見ると、都市部がまるで島のように浮かび上がって見える現象をヒートアイランド現象という。

2. 酸性雨は人体の目、喉、肌に刺激などの害を与えるが、コンクリート建物には害はない。

3. ラニーニャ現象は南太平洋の赤道付近から南米にかけての海水面温度が平常より高くなることを指す。

4. エルニーニョ現象が発生すると日本では、冷夏になりやすい。

5. ラニーニャ現象が起こると西の風が強くなり、東側は暖かい海水面になる。

6. 都市全体が大きいドーム状態になって汚染物が空気中に停滞し、部分的に高い濃度の光化学スモッグが発生する現象をバックグラウンド汚染という。

7. 日照阻害とはビルや高架構造物などにより生じる日影がもたらす環境悪化現象（公害）である。

8. 熱線反射ガラスは省エネやデザインがすぐれた建材であり、南側の建物にも光害を与えない。

9. 都市の街灯から長時間光を浴び続ける街路樹は、悪影響はない。

10. 都市空間の開放感や閉鎖感を定量的に表す指標として天空率が利用される。

11. ライトアップは夜間に歴史的建造物、モニュメント、橋、タワー、樹木などに、照明によって景観を演出することをいう。

12. ライトアップは街路灯などで周囲を明るくし、美しく浮かび上がらせる。

13. 高層建築物の建設により、地上風速が建設する前に比べ、どれだけ増加するかを示したものを、風速増加率という。

14. 風の強さを現わすビューフォート風力階級は10段階である。

15. 高層建築物に当たる風の分岐点は、建物高さの20〜30%の部分である。

16. ビル風では剥離流、吹き降ろし、逆流などがある。

17. 風洞実験は対象地域の自然風を、シミュレーションした気流を発生させて、建物周辺の風圧、風速、風向、風力、震動、気温、湿度等を計測する実験である。

18. 風害対策として植栽は約50%の風の減衰が可能である。

19. 目的の音が、他の音によって聞こえにくくなる現象をマスキング効果という。

20. 住宅地の騒音は60〜65dBに制限されている。

21. BOD（生物化学的酸素要求量）は最も一般的な水質指標のひとつであり、水質を数値で判断し、汚染が規制される。

22. BOD（生物化学的酸素要求量）は数値が大きいほどきれいな水である。

23. 人間と水との関連は治水、利水、親水の調和という言葉で表すことができる。

24. 雨水利用の主目的は、敷地外への雨水排水の流出を抑制することと、貯留した雨水を便所の洗浄水や水道水に利用することである。

25. 都市部や室内で空気が汚染された場所ではマイナスイオンの量が多い。

26. 木の葉が日射熱を受ければ、大部分の熱は葉の表面から顕熱によって放出される。

27. 自然の有する防災や水質浄化などの力を積極的に利用して、施設整備や土地利用を進める手法をグリーンインフラストラクチャーと呼ぶ。

28. 樹木は光合成によって二酸化炭素を吸収し、炭素を樹木内に蓄積する。

29. 建物の温熱環境の改善として屋上緑化は有効であるが、壁面緑化は期待できない。

30. 屋上緑化は、太陽の高度が低い地域より、高い地域の方が有利である。

【解答】

1.○　2.×酸性雨はコンクリートを溶かし、金属に錆を発生させる。　3.×ラニーニャ現象はエルニーニョ現象と逆で、南太平洋の赤道付近から南米にかけて海水面温度が平常より低くなる。　4.○　5.×ラニーニャ現象が起こると東の風が強くなり、西側は暖かい海水面になる。　6.○　7.○　8.×光害を与える。　9.×都市の過剰な照明使用はエネルギーの浪費であり、光害は人間や動物、植物に影響を及ぼしている。人間の心理にも害を及ぼすこともある。　10.○　11.○　12.×周りを明るくするのではなく、対象物に効果的に光を照らして美しく見せるのが目的である。　13.○　14.×13段階である。　15.×60〜70%の部分である。　16.○　17.×気温と湿度は関係ない。　18.○　19.○　20.×40〜45dBに制限されている。　21.○　22.×数値が小さいほどきれいな水である。水道1級1mg/ℓ以下（1ppm）、水道2級2mg/ℓ以下、工業用水1級5mg/ℓ以下、工業用水3級10mg/ℓ以下である。　23.○　24.×水道水に使うのは危険であり、雑用水に利用する。　25.×水辺や郊外の清廉な場所でマイナスイオンは多く生成される。　26.×顕熱ではなくて潜熱である。　27.○　28.○　29.×壁面も熱負荷があるので壁面緑化も有効である。　30.○

索引

おわりに

　本書は、はじめて建築を志す方をはじめ、建築士受験のための参考書として、「基礎講座シリーズ」の建築環境学入門書として企画し、出版されるものです。建築環境学は、「はじめに」にも記したように、建築設備と並んで学習すると学習効果が上がります。本書を手に取られた方は、学芸出版社発行の『図説やさしい建築設備』や『基礎講座 建築設備』の併読を強くお奨めします。

　建築環境学は、建築学上「基礎中の基礎である学問」のひとつと位置付けられています。建築学は、日々発展している学問です。本書では極力最新の建築技術に適合させるようにしましたが、部分的に、現在ではあまり使用されない工法、材料、呼称等が記されているものがあることは否めません。また本書には古建築・古民家の写真が随所に挿入されています。これらは、古人の建築環境学的思考のエッセンスが凝縮されているといっても過言ではありません。ここからも建築への夢を膨らませてください。

　また姉妹書籍ともいえる『絵で見る建築環境工学』が韓国技文堂から、わたくしたちの著作により出版されています。本書を通じ日韓両国の技術交流と発展を希望します。

　今回の出版に関して、原稿から出版に至るまで、多くの助言を頂き、奔走された学芸出版社編集部の、中木保代様はじめ、スタッフの皆様方に感謝いたします。

2020 年 6 月　伏見 建・朴 賛弼

参考文献

・渡辺要『建築計画原論　Ⅰ・Ⅱ・Ⅲ』丸善、1965
・日本建築学会編『建築設計資料集成 1 環境』丸善、1978
・山田由紀子『建築環境工学』培風館、1989
・『建築大辞典　第 2 版』彰国社、1993
・健康をつくる住環境編集委員会『健康をつくる住環境』井上書院、1998
・加藤信介ほか『図説テキスト建築環境工学』彰国社、2002
・福田健策・高梨亮子『〈第二版〉専門士課程建築計画』学芸出版社、2004
・倉渕隆『初学者の建築講座　建築環境工学』市ヶ谷出版社、2006
・今村仁美・田中美都『図説やさしい建築環境』学芸出版社、2009
・堀越哲美ほか『〈建築学テキスト〉建築環境工学—環境のとらえ方とつくり方を学ぶ』学芸出版社、2009
・宇田川光弘ほか『建築環境工学—熱環境と空気環境』朝倉書店、2009
・『空気調和衛生工学便覧 1. 基礎編　第 14 版』空気調和衛生工学会、2010
・朴賛弼『清渓川再生　ソウルの挑戦—歴史と環境への復活』鹿島出版会、2011
・田中俊六ほか『最新 建築環境工学 改訂 4 版』井上書院、2014
・建築のテキスト編集委員会『改訂版 初めての建築環境』学芸出版社、2014
・『検定公式テキスト　家庭の省エネエキスパート検定』（一財）省エネルギーセンター、2018
・『エネルギー診断プロフェッショナル　認定試験公式テキスト』（一財）省エネルギーセンター、2019
・国立天文台『理科年表』丸善

関連図書

建築環境工学を学習するに際し、参考文献に挙げた書籍以外にも、以下の書籍を参考としてレベルアップを図り、建築学の奥行を更に広げるとよいでしょう。

・伊藤克三ほか『大学課程 建築環境工学』オーム社、1978
・環境工学辞典編集委員会『環境工学辞典』共立出版、1987
・松浦邦男・高橋大弐『エース建築環境工学Ⅰ』朝倉書店、2001
・鉢井修一ほか『エース建築環境工学Ⅱ』朝倉書店、2002
・柏原士郎『建築デザインと環境計画』朝倉書店、2005
・田中俊六ほか『建築環境工学　演習編』井上書院、2007
・日本民俗建築学会『日本の生活環境文化大事典』柏書房、2010
・飯野秋成『図とキーワードで学ぶ 建築環境工学』学芸出版社、2013
・後藤剛史・濱本卓司『わかりやすい環境振動の知識』鹿島出版会、2013
・小林茂雄ほか『はじめての建築環境工学』彰国社、2014
・原口秀昭『ゼロからはじめる「環境工学」入門』彰国社、2015
・松原斎樹・長野和雄編著『図説 建築環境』学芸出版社、2017
・朴賛弼・伏見建『絵で見る建築環境工学』技文堂、2018
・朴賛弼『日本の風土と景観—西地方編』技文堂、2020

著者略歴

朴 賛弼（パク　チャンピル）
法政大学デザイン工学部建築学科専任教員、環境研究者、
(一社)日本民俗建築学会理事
ソウル生まれ。国費留学生（日本文部省）
法政大学建築学科博士課程終了、工学博士
専門は建築計画、環境・設備、民俗建築
教授・講師歴：漢陽大学校工科大学建築学部元兼任教授、韓
国 KAYWON 芸術大学空間演出学科元招聘教授、東京工学院
専門学校、東京テクニカルカレッジ、武蔵野美術大学、法政
大学工学部建築学科（非常勤講師）
職歴：公信建築研究所（韓国）
授与：日本民俗建築学会竹内芳太郎賞（優秀論文賞）、大韓建
築学会著作賞、武蔵野美術大学建築学科長尾重武賞
著書：『清渓川再生ソウルの挑戦—歴史と環境への復活』鹿島
出版会、技文堂（日韓同時出版）、『SEOUL CHEONG GYE
CHEON STREAM RESTORATION』Kimoondang、『日本の風
土と景観』技文堂、『韓屋と伝統集落』法政大学出版局（以
上単著）、『よみがえる古民家』柏書房、『図説やさしい建築
設備』学芸出版社、『絵で見る建築設備』技文堂、『絵で見る
建築環境工学』技文堂（以上共著）、『民俗建築大事典』柏書
房（編集委員、分担執筆）、『屋根、床の温熱環境に関する研
究』ほか論文多数

伏見 建（ふしみ　けん）
建築環境・設備研究所所長
東京都生まれ。法政大学大学院工学研究科修了
職歴：建築設備設計研究所、(一財)省エネルギーセンター
(技術専門職・エネルギー使用合理化専門員・上級技術専任職)
資格等：建築設備士、省エネ普及指導員、エネルギー管理員、
家庭の省エネエキスパートほか
教員歴：法政大学、武蔵野美術大学、文化女子大学建築学科、
その他建築系専門学校　兼任講師、非常勤講師
著書：『図説やさしい建築設備』学芸出版社、『絵で見る建築
設備』技文堂、『絵で見る建築環境工学』技文堂（以上共著）、
『建築大辞典第2版』彰国社、『空気調和・衛生設備工事標準
仕様書（HASS-010)』空気調和・衛生工学会、『鉄骨建築の基
本と設計』日本建築家協会、『省エネルギー便覧』(一財)省エ
ネルギーセンターほか（いずれも分担執筆）

基礎講座 建築環境工学

2020 年 7 月 31 日　第 1 版第 1 刷発行
2022 年 4 月 20 日　第 2 版第 1 刷発行

著　者………朴 賛弼・伏見 建

発行者………井口夏実
発行所………株式会社学芸出版社
　　　　　　〒 600 - 8216
　　　　　　京都市下京区木津屋橋通西洞院東入
　　　　　　電話 075 - 343 - 0811
　　　　　　http://www.gakugei-pub.jp/
　　　　　　E-mail:info@gakugei-pub.jp

編集担当……中木保代

装　丁………KOTO DESIGN Inc. 山本剛史
ＤＴＰ………村角洋一デザイン事務所
印　刷………創栄図書印刷
製　本………新生製本